univers

science et technologie

MANUEL DE L'ÉLÈVE
1er cycle du secondaire

2

J. Robert Lalonde
Directeur de collection

Mélanie Bélanger

Jean-Marc Chatel

Benoit St-André

E RPI
ÉDITIONS DU RENOUVEAU PÉDAGOGIQUE INC.

5757, RUE CYPIHOT
SAINT-LAURENT (QUÉBEC)
H4S 1R3

TÉLÉPHONE : (514) 334-2690
TÉLÉCOPIEUR : (514) 334-4720
erpidlm@erpi.com

Directrice de l'édition
Monique Boucher

Chargées de projet et réviseures linguistiques
Anne Melançon (chapitres 1 à 3)
Sylvie Racine (chapitres 4 à 6)
Marie-Josée Farley (chapitres 7 et 8)
Sylvie Massariol («La boîte à outils»)

Correcteurs d'épreuves
Marthe Bouchard
Jean-Pierre Paquin

Recherchistes (photos et droits)
Colette Lebeuf
Marie-Chantal Masson

Directrice artistique
Hélène Cousineau

Coordonnatrice graphique
Denise Landry

Couverture
Frédérique Bouvier

Conception graphique
Frédérique Bouvier

Édition électronique
Les Studios Artifisme

Rédacteurs
Anne-Marie Deraspe («Carrefour • Histoire»)
Josée Nadia Drouin («Dans votre univers»,
 chapitres 1, 4 et 7)
Isabelle Jordi («Carrefour • Mathématique»)
Vanessa Lessard («Carrefour • Géographie»)
Raynald Pepin («Dans votre univers»,
 chapitres 2, 5, 6 et 8)

Réviseurs scientifiques
Bruno Calveyrac, microbiologiste (chapitres 3 et 4)
Richard Gagnon, physicien (chapitres 1, 2, 5, 7 et 8)
Donna Kirkwood, professeure de géologie,
 Université Laval (chapitre 5)
Michel Picard, technicien en travaux pratiques,
 école secondaire Saint-Luc, commission scolaire
 de Montréal («La boîte à outils»)
Marc Séguin, professeur d'astrophysique,
 collège de Maisonneuve (chapitre 6)

Consultantes pédagogiques
Geneviève Landry, professeure de sciences,
 commission scolaire des Affluents
Marie-Josée Laventure, professeure de sciences,
 commission scolaire des Hautes-Rivières

Dépôt légal – Bibliothèque et Archives nationales du Québec, 2006
Dépôt légal – Bibliothèque et Archives Canada, 2006

IMPRIMÉ AU CANADA   1234567890 SO 09876
ISBN 2-7613-1733-5   10655 ABCD   OS12

REMERCIEMENTS

Les auteurs et l'éditeur remercient les personnes
suivantes pour leurs commentaires judicieux au
cours de l'élaboration de cet ouvrage : Patrice
Lévesque et Miguel Tremblay.

L'éditeur remercie également la direction de
l'école secondaire Saint-Luc, qui lui a donné accès
à ses locaux ainsi qu'à son matériel et qui lui a
permis de prendre des photos («La boîte à outils»),
de même que Michel Picard, technicien en travaux
pratiques, qui a préparé le matériel à cet effet.

Bienvenue dans votre univers

Cette année, de nouveaux défis vous attendent! Vous aurez à vous pencher sur les aspects scientifiques et technologiques du monde qui vous entoure.

Mais pourquoi avoir réuni, dans un même cours, la science et la technologie? Parce que ces deux disciplines sont étroitement liées. La science explique les phénomènes du monde dans lequel vous vivez. Quant à la technologie, elle étudie les techniques qui permettent de fabriquer un objet. Pour expliquer le monde, la science utilise les développements technologiques. Pour fabriquer des objets, la technologie utilise les principes scientifiques.

Le cours de science et technologie vous amènera à développer trois compétences.

1 **Chercher des réponses ou des solutions à des problèmes d'ordre scientifique ou technologique.**
Cette compétence vise la résolution de problèmes en science et en technologie.

2 **Mettre à profit vos connaissances scientifiques et technologiques.**
Cette compétence vise l'utilisation de vos connaissances scientifiques et technologiques dans la vie quotidienne.

3 **Communiquer à l'aide des langages utilisés en science et en technologie.**
Cette compétence vise l'interprétation et la production de messages à caractère scientifique ou technologique.

Pour développer ces compétences, vous utiliserez les notions réparties dans les quatre univers de votre manuel, ainsi que différentes techniques et stratégies que vous trouverez dans « La boîte à outils », à la fin du manuel.

Les quatre univers explorés dans votre manuel sont:

- **l'univers matériel**, qui vous fera découvrir les transformations et l'organisation de la matière.

- **l'univers vivant**, qui vous amènera à mieux comprendre les phénomènes de la perpétuation et du maintien de la vie.

- **la Terre et l'espace**, qui vous permettront de mieux comprendre certains phénomènes géologiques, énergétiques, astronomiques, etc.

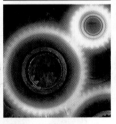

- **l'univers technologique**, qui vous fera découvrir les systèmes technologiques de même que les forces et les mouvements nécessaires à leur fonctionnement.

Le développement des compétences se fera, tout le long de l'année, par la résolution de problèmes qui font appel à des notions de science et de technologie. Mais on ne résout pas des problèmes de n'importe quelle façon. On utilise différentes démarches.

La démarche utilisée en science

La démarche d'investigation scientifique

Le schéma ci-contre montre les différentes étapes que l'on peut suivre **lorsqu'on cherche des réponses ou des solutions à des problèmes d'ordre scientifique**. Ces étapes ne se font pas nécessairement les unes après les autres. Il est toujours possible de revenir, durant la résolution du problème, à une étape précédente.

Cerner le problème.

- Formuler le problème qui est à résoudre, c'est-à-dire reconnaître la nature exacte du problème.

Choisir un scénario d'investigation scientifique.

- Envisager divers scénarios (façons de faire) et en choisir un qui permettra de résoudre le problème.
- Planifier des recherches, des explorations ou des expérimentations.

Mettre en pratique le scénario choisi.

- Effectuer les recherches, les explorations ou les expérimentations qui ont été planifiées dans le scénario.

Analyser les résultats.

- Analyser les résultats des recherches, des explorations ou des expérimentations.
- Revenir sur le travail fait et proposer des améliorations, s'il y a lieu.

Les démarches utilisées en technologie

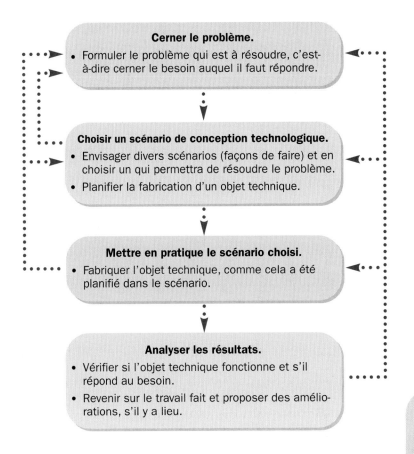

Cerner le problème.
- Formuler le problème qui est à résoudre, c'est-à-dire cerner le besoin auquel il faut répondre.

Choisir un scénario de conception technologique.
- Envisager divers scénarios (façons de faire) et en choisir un qui permettra de résoudre le problème.
- Planifier la fabrication d'un objet technique.

Mettre en pratique le scénario choisi.
- Fabriquer l'objet technique, comme cela a été planifié dans le scénario.

Analyser les résultats.
- Vérifier si l'objet technique fonctionne et s'il répond au besoin.
- Revenir sur le travail fait et proposer des améliorations, s'il y a lieu.

La démarche de conception technologique

Le schéma ci-contre montre les différentes étapes que l'on peut suivre **lorsqu'on cherche des réponses ou des solutions à des problèmes d'ordre technologique**. Ces étapes ne se font pas nécessairement les unes après les autres. Il est toujours possible de revenir, durant la résolution du problème, à une étape précédente.

La démarche d'analyse technologique

Le schéma ci-contre montre les différentes opérations que l'on peut effectuer lorsqu'on veut **comprendre le fonctionnement d'un objet technique**. Lorsqu'il s'agit de **comprendre le fonctionnement d'un système technologique**, la démarche est similaire ; l'information propre au système est notée en rouge dans le schéma.

S'interroger sur le fonctionnement de l'objet technique ou du système technologique ainsi que sur la façon dont il a été fabriqué.

Au besoin, démonter l'objet ou le système pour mieux comprendre son fonctionnement et ses caractéristiques.

Reconnaître les mécanismes utilisés pour que l'objet fonctionne.
OU
Reconnaître les différents sous-systèmes et les mécanismes utilisés à l'intérieur de ceux-ci.

Identifier les pièces et les matériaux qui composent l'objet technique, et observer la façon dont les pièces sont liées.
OU
Identifier les composantes du système et les matériaux qui le composent.

Table des matières

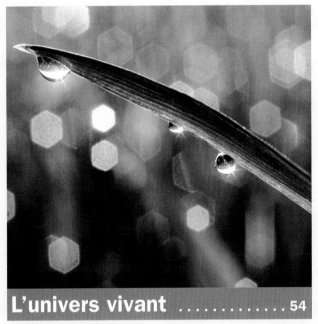

L'univers vivant 54

La Terre et l'espace 114

L'univers technologique ... 178

Votre *univers* en un coup d'œil

Les pages d'ouverture

Le **titre** de l'univers étudié. ●●●●●●

Une brève **présentation** de l'univers. ●●●

L'univers TECHNOLOGIQUE

L'être humain conçoit des objets techniques et des systèmes technologiques de plus en plus ingénieux. Les techniques et les matériaux utilisés pour leur fabrication se diversifient et se raffinent. Par exemple, pour la réalisation d'éoliennes, ces machines qui servent à capter l'énergie du vent, toutes sortes de connaissances en technologie seront mises à profit: le principe de fonctionnement des machines, la force des vents, les procédés de transformation de l'énergie éolienne en énergie électrique, ainsi que les mécanismes de transmission et de transformation du mouvement.

L'**organisation** de l'univers.

L'univers TECHNOLOGIQUE
exploré en 1re année du cycle

Rappel

Avant d'entrer dans ce nouvel univers technologique, faisons un rappel des principales notions vues en 1re année du secondaire.

- En technologie, on analyse, on conçoit et on réalise des projets.
- Les **techniques** sont les moyens mis en œuvre pour fabriquer les objets, les appareils, les systèmes, les édifices, etc.
- La **technologie** est l'étude des différentes techniques.

L'INGÉNIERIE

- L'**ingénierie** est l'ensemble des actions qui ont pour but d'étudier, de concevoir et de réaliser des projets technologiques. Pour mener à terme ces projets, les spécialistes ont besoin de documents (cahier des charges, schéma de principe, schéma de construction), de matières premières, de matériaux et de matériel.

- Le **cahier des charges** est un document qui contient la liste des besoins, des exigences et des contraintes (techniques et financières) qu'il faut respecter lors de la réalisation d'un projet.
- Le **schéma de principe** est un dessin qui représente, de façon simplifiée, le fonctionnement d'un objet. Dans ce type de dessin, les forces (F) et les mouvements en jeu sont bien indiqués.
- Le **schéma de construction** est un dessin qui représente, de façon simplifiée, les pièces et les matériaux qui seront utilisés dans la fabrication d'un objet. Dans ce type de dessin, on indique comment les pièces vont être liées.

- Les **matières premières** sont des substances d'origine naturelle. Elles devront être transformées avant d'être utilisées dans la fabrication d'un objet. (*Exemples*: sable, pierres.)
- Les **matériaux** sont des substances qui ont été transformées par l'être humain. Ils sont utilisés tels quels dans la fabrication d'un objet. (*Exemples*: planches de bois, carreau de verre.)
- Le **matériel** est l'ensemble des appareils, des machines, des instruments, des véhicules et des outils qui servent à la fabrication d'un objet. (*Exemples*: scie, pelle.)

Des matériaux, du matériel et des matières premières.

L'univers (180) technologique

Un **rappel** des notions vues dans le manuel 1.

Quelques pages de chapitres

1 Les changements physiques

Les changements physiques se produisent partout autour de nous. La paraffine que l'on fait fondre est un exemple de changement physique. Un cube de glace qui fond en est un autre exemple de changement physique.

1.1 Les particularités des changements physiques

Si vous faites chauffer doucement un cube de glace, vous obtiendrez de l'eau. La matière peut donc changer d'état (solide, liquide ou gazeux) et conserver sa nature. Elle garde ainsi ses propriétés caractéristiques. Les changements de phase sont des changements physiques. Ils ne modifient pas la nature des substances.

Les changements physiques sont généralement réversibles, c'est-à-dire qu'il est possible de revenir à la situation de départ. Par exemple, si l'on veut obtenir un cube de glace, on pourra faire congeler de l'eau.

Les mélanges constituent également des changements physiques. Ils ne modifient pas la nature des substances. Ainsi, si vous mélangez du sel et de l'eau, ni le sel ni l'eau ne changeront de nature. Le sel dissous dans l'eau n'aura plus l'apparence de cristaux, mais le sel et l'eau garderont leurs propriétés caractéristiques. Et il sera possible de revenir à la situation de départ en séparant l'eau du sel par <u>distillation</u> ou par <u>évaporation</u>.

Comment séparer les mélanges?
Boîte à outils Pages 257 à 262

Un cube de glace qui fond passe de la phase solide à la phase liquide, tout en gardant ses propriétés caractéristiques.

Toutes les transformations de la matière impliquent l'énergie. Certaines transformations de la matière absorbent de l'énergie, d'autres en dégagent. Ainsi, le cube de glace qui fond est un changement physique qui absorbe de l'énergie (de la chaleur). L'eau qui gèle est un changement physique qui dégage de l'énergie (l'eau qui gèle perd de la chaleur).

Le sel et l'eau conserveront leurs propriétés caractéristiques une fois qu'ils auront été mélangés.

Un changement physique est une transformation qui ne change ni la nature ni les propriétés caractéristiques de la matière. Aucune nouvelle substance n'est produite.

Chapitre 1 (9) Les transformations de la matière

Des **renvois** précis sont faits à « La boîte à outils », où l'on traite de la notion étudiée. ●●

Des **mots soulignés**, ●●● définis dans le glossaire (à la fin du manuel).

Des **définitions** en couleur, reprises dans le glossaire.

Ce **pictogramme** indique qu'une activité de laboratoire, en lien avec la notion traitée, est donnée en document reproductible.

La rubrique **Savez-vous que...?** présente de l'information surprenante et, parfois, amusante.

Des tableaux, des **photos** et des illustrations viennent fréquemment appuyer le texte.

Des dessins techniques et des **schémas** vous aident à comprendre le phénomène étudié.

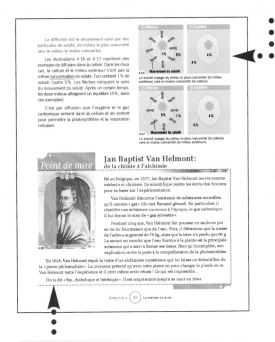

La rubrique **Point de mire** présente, au fil des chapitres, des scientifiques et des technologues d'hier et d'aujourd'hui.

La rubrique **Carrefour** établit des liens avec la mathématique, la géographie et l'histoire.

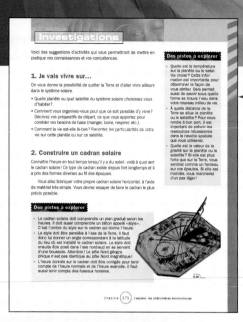

La rubrique **Investigations** suggère des activités sur certaines notions traitées dans le chapitre.

La rubrique **Tout compte fait** propose des questions sur les notions présentées dans le chapitre.

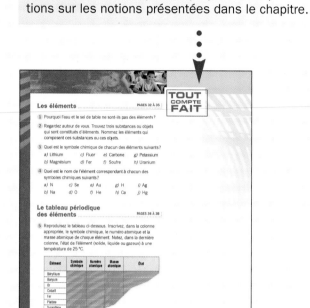

La rubrique **Les secrets du métier** présente divers métiers qui font appel aux notions vues dans le chapitre.

La rubrique **Dans votre univers** porte sur une problématique qui favorise la réflexion.

La boîte à outils

L'**organisation** de « La boîte à outils » est placée à la fin du manuel.

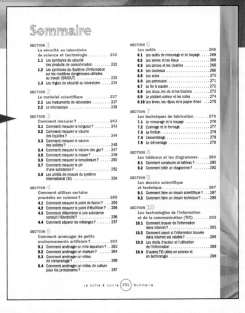

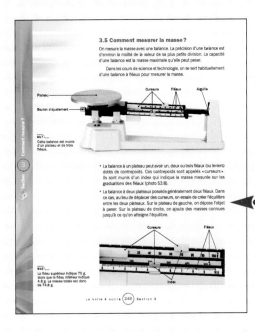

3.5 Comment mesurer la masse ?

On mesure la masse avec une balance. La précision d'une balance est d'environ la moitié de la valeur de sa plus petite division. La capacité d'une balance est la masse maximale qu'elle peut peser.

Dans les cours de science et technologie, on se sert habituellement d'une balance à fléaux pour mesurer la masse.

Plateau
Curseurs   Fléaux   Aiguille

Bouton d'ajustement

S3.7
Cette balance est munie d'un plateau et de trois fléaux.

- La balance à un plateau peut avoir un, deux ou trois fléaux (ou leviers) dotés de contrepoids. Ces contrepoids sont appelés « curseurs ». Ils sont munis d'un index qui indique la masse mesurée sur les graduations des fléaux (photo S3.8).

- La balance à deux plateaux possède généralement deux fléaux. Dans ce cas, au lieu de déplacer des curseurs, on essaie de créer l'équilibre entre les deux plateaux. Sur le plateau de gauche, on dépose l'objet à peser. Sur le plateau de droite, on ajoute des masses connues jusqu'à ce qu'on atteigne l'équilibre.

Curseurs   Fléaux

S3.8
Le fléau supérieur indique 70 g, alors que le fléau inférieur indique 4,6 g. La masse totale est donc de 74,6 g.

La boîte à outils (248) Section 3

La boîte à outils présente différentes techniques en science et en technologie. On y trouve aussi des stratégies efficaces pour recueillir et traiter l'information.

L'index

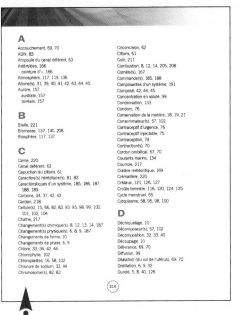

Les mots essentiels à la compréhension des notions abordées dans le manuel sont définis dans le **glossaire**.

Le glossaire

REMARQUES

À la fin de chaque définition, une flèche →· renvoie à la page du manuel où le mot est défini ou souligné. Les mots accompagnés d'un astérisque * ont été définis dans le manuel de 1re année du secondaire.

A

Ampoule (du canal déférent) Partie dilatée du canal déférent, près de la vésicule séminale. →· **p. 63**

Astéroïde Corps de type rocheux en orbite autour du Soleil. La majorité des astéroïdes font partie de la ceinture d'astéroïdes (située entre les orbites de Mars et de Jupiter). →· **p. 166**

Atmosphère* Couche de gaz qui entoure la Terre et qui contient l'air que nous respirons. →· **p. 119**

Atome La plus petite particule en laquelle un élément peut être divisé par des moyens chimiques. →· **p. 39, 40**

Aurore Phénomène lumineux engendré par la collision de particules de l'atmosphère avec les particules du vent solaire. Lorsque le phénomène se produit près du pôle Nord, on l'appelle « aurore boréale ». Lorsque le phénomène se produit près du pôle Sud, on l'appelle « aurore australe ». →· **p. 157**

B

Biomasse Terme qui désigne l'ensemble de la matière vivante, qu'elle soit animale ou végétale. →· **p. 137, 208**

C

Canal déférent Canal qui conduit les spermatozoïdes de l'épididyme jusqu'à l'ampoule du canal déférent, où ils sont entreposés. →· **p. 63**

Caractère héréditaire Caractéristique physique ou psychologique, apparente ou non, qui est transmise des parents à leurs descendants. →· **p. 81**

Cardan Mécanisme de transmission du mouvement de rotation. Le cardan ou « joint de cardan » transmet un mouvement de rotation entre deux axes dont l'orientation peut varier. →· **p. 218**

Cellule* Unité de base de tous les vivants. C'est la plus petite unité de vie. →· **p. 15**

Changement chimique Transformation qui change la nature et les propriétés caractéristiques de la matière. De nouvelles substances sont produites. →· **p. 8, 13, 187**

Changement physique* Transformation qui ne change ni la nature ni les propriétés caractéristiques de la matière. Aucune nouvelle substance n'est produite. →· **p. 8, 9, 187**

Chlorophylle* Substance verte du chloroplaste qui permet aux plantes d'absorber le gaz carbonique de l'air et d'effectuer la photosynthèse. →· **p. 102**

Chloroplaste* Partie de la cellule végétale qui contient la chlorophylle et capte la lumière solaire pour produire de la nourriture. →· **p. 16**

Chromosome Élément du noyau cellulaire qui renferme toute l'information héréditaire. Il a la forme d'un bâtonnet au moment où la cellule se divise. →· **p. 82**

Circoncision Ablation du prépuce. →· **p. 62**

Clitoris Organe érectile (qui peut se gonfler et durcir) de la vulve, très sensible au toucher, qui procure une partie du plaisir sexuel. →· **p. 61**

(302)

Les mots clés, accompagnés de renvois aux pages où ces mots apparaissent, sont présentés dans l'**index**.

L'univers MATÉRIEL

La matière a été formée, il y a environ 15 milliards d'années, à la suite de la naissance de l'Univers. La plupart des choses que l'on peut voir, sentir, toucher et goûter sont faites de matière. Par exemple, les étoiles, l'eau, l'air, un stylo à bille, les montagnes et les êtres vivants sont constitués de matière.

La matière est composée de particules (atomes). Ces particules sont tellement petites qu'elles sont invisibles, même au microscope! Comme la matière change de forme, d'aspect ou de nature, on peut se demander ce qui caractérise ces diverses transformations.

Sommaire

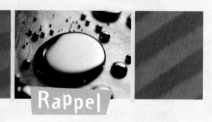

Rappel

Avant d'entrer dans ce nouvel univers matériel, faisons un rappel des principales notions vues en 1re année du cycle.

■ La **matière**, c'est tout ce qui a une masse et qui occupe un volume. Tout ce qui est matière possède des propriétés.

LES PROPRIÉTÉS DE LA MATIÈRE

■ Une **propriété** est une qualité propre à une substance, à un objet, à un groupe de substances ou à un groupe d'objets. Une propriété peut être non caractéristique ou caractéristique.

• Une **propriété non caractéristique** est une propriété qui ne permet ni d'identifier une substance ou un objet, ni de déterminer l'usage qui peut être fait d'une substance ou d'un objet, ni de prévoir l'effet d'une substance ou d'un objet sur l'environnement. La masse, le volume, la température, les états de la matière sont des propriétés non caractéristiques.

■ La **masse** est la mesure de la quantité de matière qui compose un corps.

■ Le **volume** est la mesure de la place qu'un corps occupe dans l'espace, que ce corps soit à l'état solide, liquide ou gazeux.

■ La **température** d'une substance ou d'un objet est la mesure de l'état plus ou moins chaud de cette substance ou de cet objet.

■ La matière existe généralement sous trois **états**: solide, liquide ou gazeux.

– Un **solide** a un volume défini et une forme qu'il a tendance à garder, mais qui peut être modifiée. Il est pratiquement incompressible.

– Un **liquide** a un volume défini, mais il n'a pas de forme déterminée. Il est pratiquement incompressible.

– Un **gaz** n'a pas de volume défini ni de forme déterminée. Il est compressible.

Les liquides prennent des formes diverses.

- Une **propriété caractéristique** est une propriété qui permet d'identifier une substance ou un objet, de déterminer l'usage qui peut être fait d'une substance ou d'un objet, ou de prévoir l'effet d'une substance ou d'un objet sur l'environnement. Le point de fusion, le point d'ébullition, la conductibilité électrique, la masse volumique, la densité, la dureté, la solubilité, l'acidité et la basicité, la conductibilité thermique sont des propriétés caractéristiques.

  - Le **point de fusion** est la température à laquelle une substance passe de l'état solide à l'état liquide.

  - Le **point d'ébullition** est la température à laquelle une substance passe de l'état liquide à l'état gazeux.

  - La **conductibilité électrique** est la capacité qu'a une substance de conduire l'électricité. Les matériaux qui conduisent l'électricité sont des **conducteurs électriques** (cuivre, or, etc.) et ceux qui ne la conduisent pas sont des **isolants électriques** (plastique, verre, etc.).

Dans les lignes électriques à haute tension, les fils métalliques qui conduisent l'électricité sont fixés à des isolateurs en céramique.

- La **masse volumique** d'une substance est sa masse par unité de volume. La **densité** est le rapport entre la masse volumique d'une substance et la masse volumique de l'eau.

- La **dureté** est la capacité qu'a un corps de résister à l'abrasion, à la rayure.

- La **solubilité** est la capacité qu'a une substance de se dissoudre plus ou moins dans une autre substance.

- La mesure de l'acidité ou de la basicité d'une substance est exprimée par le **pH**. La valeur du pH d'une substance est représentée par une échelle graduée de 1 à 14. Un **acide** est une substance dont le pH est inférieur à 7. Une **base** est une substance dont le pH est supérieur à 7. Si le pH est exactement 7, la substance est **neutre**.

Une substance acide fait virer au rouge le papier bleu de tournesol.

- La **conductibilité thermique** est la capacité qu'a une substance de transmettre la chaleur plus ou moins rapidement. Le fer, le cuivre et l'aluminium sont généralement de bons **conducteurs thermiques**. Le bois, le verre et la laine minérale sont de mauvais conducteurs de chaleur ; ce sont des **isolants thermiques**.

- Il existe d'autres propriétés caractéristiques : la ductilité (aptitude à être étiré), la malléabilité (aptitude à être déformé par un choc ou par une pression), la résistance à la corrosion, à la rouille, au feu, à la compression, à la tension, à la fatigue.

LES TRANSFORMATIONS DE LA MATIÈRE

■ Une **transformation** est un changement qui modifie une des propriétés d'une substance.

■ Les transformations qui ne modifient pas la nature des substances sont des **changements physiques**. Les changements de phase et les mélanges sont des changements physiques.

• Un **changement de phase** est le passage d'une forme (solide, liquide ou gazeuse) à une autre.

  – Le passage de la phase solide à la phase liquide est la **fusion**.

  – Le passage de la phase liquide à la phase solide est la **solidification**.

  – Le passage de la phase liquide à la phase gazeuse est la **vaporisation**.

  – Le passage de la phase gazeuse à la phase liquide est la **condensation liquide**.

  – Le passage direct de la phase solide à la phase gazeuse, sans passer par la phase liquide, est la **sublimation**.

  – Le passage direct de la phase gazeuse à la phase solide, sans passer par la phase liquide, est la **condensation solide**.

• Un **mélange** est une association de plusieurs substances. Les propriétés d'un mélange dépendent des substances qui le composent.

• Un **mélange hétérogène** est composé de deux ou de plusieurs substances que l'on peut distinguer. Un mélange hétérogène a donc plusieurs phases (solide, liquide ou gazeuse) visibles.

• Un **mélange homogène** est composé de deux ou de plusieurs substances que l'on ne peut pas distinguer. Un mélange homogène n'a donc qu'une phase (solide, liquide ou gazeuse) visible.

• Une **solution** est un mélange homogène dans lequel une ou plusieurs substances (les **solutés**) sont dissoutes dans une autre substance (le **solvant**).

• Il est possible de séparer les constituants des mélanges en utilisant la technique appropriée.

  – La **décantation** permet aux constituants d'un mélange hétérogène de se séparer sous l'action de la gravité.

  – La **centrifugation** repose sur le même principe que la décantation, sauf que le mélange est placé dans un appareil qui tourne à grande vitesse.

  – Le **tamisage** consiste à faire passer un mélange à travers un tamis qui a des trous de grosseur déterminée.

  – La **filtration** consiste à faire passer un mélange à travers un filtre afin de séparer les constituants solides des constituants liquides.

  – L'**évaporation** consiste à laisser le constituant liquide d'un mélange s'évaporer à la température ambiante afin de récupérer le constituant solide.

  – La **distillation** consiste à faire chauffer un mélange jusqu'à ébullition afin de récupérer les gaz produits.

Des mélanges hétérogènes.

Chapitre

1

Les transformations de la matière

1.1
Les billes de bois seront toujours du bois lorsqu'elles auront été transformées en planches.

La matière peut subir des transformations de toutes sortes. Certaines transformations vont modifier l'aspect de la matière sans en changer la nature (photo 1.1). La matière conservera alors ses propriétés caractéristiques. D'autres transformations vont changer l'aspect et la nature de la matière (photo 1.2). De nouvelles substances seront formées, qui auront des propriétés caractéristiques distinctes.

Supposons que vous voulez fabriquer trois bougies de formes différentes. Vous allez d'abord vous procurer trois blocs de paraffine (blocs de cire). Vous ferez ensuite chauffer doucement chaque bloc de paraffine. Puis, vous verserez la paraffine fondue dans trois moules distincts. Une fois la paraffine refroidie, vous la retirerez des moules. Vous aurez obtenu trois bougies de formes différentes.

1.2
Les arbres qui brûlent ne seront plus du bois lorsqu'ils auront été détruits par le feu.

1.3
Des blocs de paraffine ont servi à mouler des bougies de formes diverses.

Les changements de forme des bougies auront-ils modifié la nature de la paraffine? Les propriétés caractéristiques de la paraffine seront-elles les mêmes que celles des bougies?

En changeant de forme, la paraffine n'a pas perdu sa nature. Ses propriétés caractéristiques sont restées les mêmes. Les blocs de paraffine et les bougies ont la même odeur, le même goût, la même dureté et le même point de fusion. La paraffine qui a été moulée pour former les bougies est restée de la paraffine.

Comme la transformation de la paraffine n'a modifié ni sa nature ni ses propriétés caractéristiques, et qu'aucune nouvelle substance n'a été formée, on dira qu'il y a eu un changement physique.

Supposons maintenant que vous faites brûler une de ces bougies. Après quelques minutes, la forme de la bougie aura changé, son volume aura diminué.

Que s'est-il passé? Selon vous, y a-t-il quelque chose qui s'échappe d'une bougie allumée?

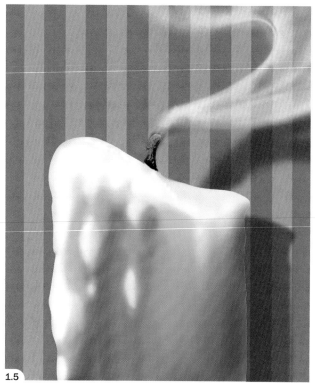

1.5
La fumée d'une bougie qui brûle renferme de la matière.

La bougie qui brûle dégage de la fumée. Cette fumée provient de la combustion de la paraffine, c'est-à-dire que la paraffine brûle. Cette fumée contient plusieurs substances comme de la vapeur d'eau, du gaz carbonique et de la suie (particules solides). La matière qui s'est échappée de la bougie s'est dispersée dans l'air.

Comme la paraffine, en brûlant, a vu sa nature et ses propriétés caractéristiques modifiées, et que de nouvelles substances ont été produites (vapeur d'eau, gaz carbonique, suie), on dira qu'il y a eu un changement chimique.

Dans le présent chapitre, nous verrons en quoi consistent précisément les changements chimiques. Nous nous demanderons également si la quantité de matière reste la même à la suite de telles transformations. Mais commençons d'abord par l'étude des changements physiques.

1.4
Une bougie qui brûle change de forme.

1 Les changements physiques

Les changements physiques se produisent partout autour de nous. La paraffine que l'on fait fondre est un exemple de changement physique. Un cube de glace qui fond est un autre exemple de changement physique.

1.1 Les particularités des changements physiques

Si vous faites chauffer doucement un cube de glace, vous obtiendrez de l'eau. La matière peut donc changer d'état (solide, liquide ou gazeux) et conserver sa nature. Elle garde ainsi ses propriétés caractéristiques. Les changements de phase sont des changements physiques. Ils ne modifient pas la nature des substances.

1.6
Un cube de glace qui fond passe de la phase solide à la phase liquide, tout en gardant ses propriétés caractéristiques.

Toutes les transformations de la matière impliquent de l'énergie. Certaines transformations de la matière absorbent de l'énergie, d'autres en dégagent. Ainsi, le cube de glace qui fond est un changement physique qui absorbe de l'énergie (de la chaleur). L'eau qui gèle est un changement physique qui dégage de l'énergie (l'eau qui gèle perd de la chaleur).

Les changements physiques sont généralement réversibles, c'est-à-dire qu'il est possible de revenir à la situation de départ. Par exemple, si l'on veut obtenir un cube de glace, on pourra faire congeler de l'eau.

Les mélanges constituent également des changements physiques. Ils ne modifient pas la nature des substances. Ainsi, si vous mélangez du sel et de l'eau, ni le sel ni l'eau ne changeront de nature. Le sel dissous dans l'eau n'aura plus l'apparence de cristaux, mais le sel et l'eau garderont leurs propriétés caractéristiques. Et il sera possible de revenir à la situation de départ en séparant l'eau du sel par distillation ou par évaporation.

Comment séparer les mélanges?

Boîte à outils   **Pages 257 à 262**

1.7
Le sel et l'eau conserveront leurs propriétés caractéristiques une fois qu'ils auront été mélangés.

Un changement physique est une transformation qui ne change ni la nature ni les propriétés caractéristiques de la matière. Aucune nouvelle substance n'est produite.

1.2 Des changements de forme

Nous assistons, tous les jours, à des changements de phase et à la formation de mélanges. Mais assistons-nous régulièrement à des transformations qui modifient la forme des matériaux? Ces transformations ont souvent lieu dans le monde de l'industrie où l'on fabrique des objets et des produits de toutes sortes.

Voici quelques exemples de changements physiques qui entraînent des changements de forme.

Le pliage

Le pliage consiste à donner un angle déterminé à une partie d'une pièce de matériau souple. Certains matériaux pourront être pliés à la main, à la température ambiante. D'autres matériaux devront d'abord être chauffés, puis seront pliés à l'aide d'outils spécialisés (étaux, marteaux, plieuses, etc.).

Par exemple, on peut plier du papier pour lui donner le format du produit désiré (un livre, un cahier). On peut plier de l'aluminium pour faire des gouttières. On peut plier une pièce de fer pour lui donner une forme particulière.

1.8
Du fer forgé sur une enclume.

Le découpage

Le découpage consiste, généralement, à tailler une pièce d'un matériau en suivant un contour ou un dessin. Beaucoup de matériaux minces sont découpés avec des ciseaux, une scie ou des outils spécialisés. En métallurgie, on se sert du chalumeau ou du laser pour découper des matériaux. L'acier, la pierre et le verre peuvent être découpés à l'aide d'un jet d'eau additionnée de sable.

1.9
Du métal découpé par jet d'eau.

Par exemple, on peut découper des formes variées dans une pâte à biscuits. On peut découper du papier pour fabriquer des marionnettes. On peut découper de l'acier pour faire des couteaux.

Le déchiquetage

Le déchiquetage consiste à déchirer une pièce d'un matériau en petits morceaux irréguliers.

Par exemple, on peut déchiqueter du papier pour faire du papier mâché (papier trempé dans la colle). On peut déchiqueter du plastique destiné au recyclage pour fabriquer des produits tels que des rideaux de douche. On peut déchiqueter des billes de bois pour faire des copeaux qui serviront à fabriquer des panneaux.

1.10
Du papier déchiqueté.

1.11
Des feuilles d'aluminium.

Le laminage

Le laminage consiste à réduire, à l'aide de cylindres, l'épaisseur d'un matériau (aluminium, fer, acier, etc.) pour en faire des feuilles minces.

Par exemple, on peut laminer de l'aluminium pour faire du papier d'aluminium ou des canettes.

Le moulage

La technique la plus courante de moulage consiste à verser un liquide ou une pâte dans un moule de façon à obtenir un produit qui aura une forme particulière. Une fois que la pâte ou le liquide aura durci, on retirera du moule le produit ainsi fabriqué.

1.12
Du chocolat moulé.

Par exemple, on peut verser du chocolat liquide dans des moules qui en conserveront la forme après solidification. On peut verser des métaux dans des moules pour faire des bijoux. On peut mouler du béton pour faire des dalles.

Savez-vous que...

- L'origami est l'art de plier le papier de façon à lui donner des formes variées, sans faire de découpage ni de collage. Cet art est né en Chine au IIe siècle. Il a été importé au Japon au VIe siècle, puis en Europe au XIIe siècle. Aujourd'hui, l'art de l'origami est universel. Au début, on créait principalement des formes géométriques plutôt simples. Mais on a développé, dans les 30 dernières années, des techniques mathématiques de conception d'origamis. Aujourd'hui, on fabrique des modèles plus complexes comme des chameaux, des cerfs, des araignées, etc.

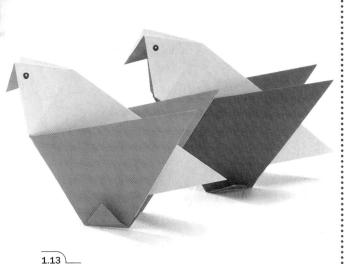
1.13
Des poules en origami.

2 Les changements chimiques

Il n'y a pas que les chimistes travaillant en laboratoire qui peuvent faire des changements chimiques. Il est possible de faire des changements chimiques chez soi, chaque jour. La bougie qui brûle est un exemple de changement chimique. Les aliments qui cuisent, le pain qui grille sont d'autres exemples de changements chimiques.

2.1 Les particularités des changements chimiques

Si vous faites brûler une bûche dans le foyer, vous allez vous rendre compte que le bois qui brûle devient noir. En brûlant, la bûche dégage de l'énergie (de la chaleur) et produit de la fumée. La fumée contient des gaz et de très fines particules solides (la suie). Il se forme également de la cendre dans le foyer, résultat de la combustion du bois.

Le bois qui brûle change non seulement d'aspect, mais aussi de nature. Sa couleur change. De nouvelles substances sont produites. Ces nouvelles substances, la fumée, la cendre et la suie, n'ont pas les mêmes propriétés caractéristiques que le bois. Le bois qui brûle constitue donc un changement chimique.

1.14
Le bois qui brûle se transforme et devient du charbon de bois.

Le mélange de certaines substances peut également provoquer des changements chimiques. L'expérience suivante nous le démontrera.

Expérience

Dans un pot en verre, nous versons 125 ml de vinaigre blanc et nous y ajoutons 3 g de bicarbonate de sodium. Que va-t-il se passer, selon vous ?

1.15
Un changement chimique se produit dans le mélange de vinaigre blanc et de bicarbonate de sodium.

Le mélange va bouillonner, être en effervescence. Ce bouillonnement indique qu'une forte réaction chimique (une transformation) se produit dans le mélange. Et cette réaction chimique amène le dégagement d'un gaz. Il y a donc production d'une nouvelle substance (le gaz) et changement de la nature de la matière.

Au moment de la réaction chimique, le thermomètre que nous avions plongé dans le mélange indiquait une température de 22,5 °C (voir la photo 1.15, page 12). Une fois la réaction chimique terminée, le thermomètre indique une température de 20 °C. Le mélange est donc devenu plus froid.

1.16
La température du mélange, une fois la réaction chimique terminée, a diminué de quelques degrés.

Au lieu de dégager de l'énergie, comme c'est le cas de la bûche qui brûle, le mélange de vinaigre blanc et de bicarbonate de sodium en absorbe. Il y a alors production de nouvelles substances dont un gaz. Ces nouvelles substances n'ont pas les mêmes propriétés caractéristiques que les substances de départ (le vinaigre blanc et le bicarbonate de sodium). Le nouveau mélange ne goûte ni ne sent le vinaigre.

L'énergie mise en jeu lors d'un changement chimique est souvent plus considérable que celle que l'on trouve dans un changement physique.

1.17
Cette réaction chimique de deux liquides est caractérisée par l'effervescence du mélange (un gaz est produit) et un changement de couleur de la matière.

Généralement, les changements chimiques ne sont pas réversibles, c'est-à-dire qu'il n'est pas possible de revenir à la situation de départ. Par exemple, on ne pourrait pas reconstituer une bûche (qui a brûlé) avec de la cendre et de la fumée.

Un changement chimique est une transformation qui change la nature et les propriétés caractéristiques de la matière. De nouvelles substances sont produites.

Il est parfois difficile de faire la différence entre un changement chimique et un changement physique. Voici des indices qui vont nous permettre de savoir si nous sommes en présence d'un changement chimique de la matière.

- Il y a un changement de couleur de la matière (qui indique la présence d'une nouvelle substance).

- Il se dégage un gaz (qu'on perçoit par l'effervescence du mélange).

- Il y a un changement de température (la température augmente ou diminue). ⟶

- Il se forme un solide lors du mélange de deux liquides. Le solide ainsi formé est un <u>précipité</u>. Habituellement, un changement de couleur accompagne la formation d'un précipité.
- Une grande quantité d'énergie est dégagée ou absorbée.
- Le changement n'est généralement pas réversible.

1.18

La présence d'un précipité jaune indique ici qu'une nouvelle substance a été formée lorsque les deux liquides ont été mélangés.

Ces indices sont de bons indicateurs d'un changement chimique, quoique certains d'entre eux puissent aussi être présents lors d'un changement physique. Par exemple, lorsqu'on fait bouillir de l'eau, des bulles de gaz se forment. Lorsqu'on fait congeler de l'eau, des cristaux de glace apparaissent. Et ces changements sont des changements physiques. La seule façon de savoir si l'on est véritablement en présence d'un changement chimique est la formation de nouvelles substances, qui ont leurs propres propriétés caractéristiques.

2.2 Des réactions chimiques

Voici quelques exemples de changements chimiques qui transforment la matière.

La combustion

La combustion est une réaction chimique où une substance réagit avec l'oxygène de l'air, en dégageant une grande quantité de chaleur.

1.19

Le bois qui brûle produit de nouvelles substances.

À une certaine température, des substances brûlent au contact de l'oxygène de l'air. On peut faire brûler, par exemple, du papier, du bois, du plastique, de l'essence, du gaz naturel. La matière qui brûle se transforme. Elle produit de nouvelles substances (de l'eau, du gaz carbonique et, souvent, des cendres) et dégage de l'énergie (de la chaleur).

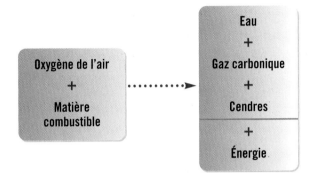

La respiration cellulaire

La respiration cellulaire est une réaction chimique qui fournit l'énergie nécessaire aux cellules pour fonctionner.

Dans nos cellules, comme dans les cellules de la plupart des êtres vivants, il se produit une réaction chimique qui ressemble à une combustion. Quand nous inspirons, nos poumons absorbent l'oxygène de l'air. Ils envoient cet oxygène dans le sang, qui le transporte jusqu'à nos cellules. Une fois dans nos cellules, l'oxygène sert à brûler les sucres que nous avons absorbés.

En brûlant ces sucres, nos cellules produisent de nouvelles substances (de l'eau et du gaz carbonique). Ces nouvelles substances sont transportées par le sang jusqu'à nos poumons, d'où nous les expirons. Nos cellules génèrent ainsi l'énergie qui est nécessaire au fonctionnement de notre organisme.

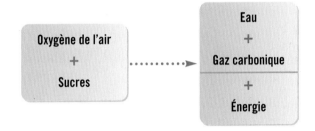

Savez-vous que…

- L'utilisation du bois de chauffage, en milieu urbain, contribue à la pollution atmosphérique et peut être responsable du smog (brouillard très dense, chargé de polluants) en hiver. La fumée qui se dégage du bois qui brûle est un mélange de particules et de produits chimiques toxiques. Dans les foyers et les poêles à bois, de grandes quantités de ces produits sont libérées directement dans la cheminée, puis dans l'atmosphère.

1.20
Montréal, le 5 février 2005 : un épais brouillard recouvrait la ville !

La photosynthèse

La photosynthèse qui se fait dans les plantes est une réaction chimique très importante. Elle transforme des substances simples (eau et gaz carbonique) en oxygène et en substances complexes (sucres) qui seront utilisés par tous les vivants.

1.21
Les plantes captent l'énergie solaire par leurs feuilles.

Les plantes utilisent l'eau contenue dans le sol et le gaz carbonique de l'air pour fabriquer des sucres et rejeter de l'oxygène dans l'air. Pour ce faire, elles se servent de l'énergie solaire. Cette réaction chimique se produit dans les chloroplastes des cellules végétales. Les chloroplastes se trouvent en abondance dans les feuilles des plantes et le plancton végétal (algues microscopiques) des océans. Plus de la moitié de l'oxygène est produite par le plancton végétal des océans.

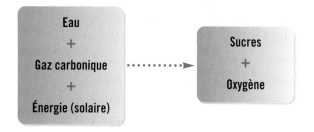

La fermentation

1.22
Les raisins qui serviront à la fermentation doivent être choisis avec soin.

La fermentation alcoolique est une réaction chimique qui se produit sans oxygène de l'air, grâce aux levures. Les levures (des champignons microscopiques) se nourrissent des sucres qui se trouvent dans le jus de raisin et les transforment en alcool et en gaz carbonique. Les levures produisent ainsi de l'énergie (de la chaleur).

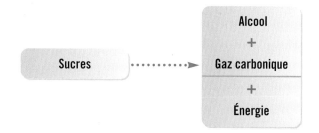

L'oxydation

L'oxydation est la réaction chimique d'un élément avec l'oxygène de l'air.

Plusieurs métaux réagissent avec l'oxygène de l'air pour former de nouvelles substances. Au contact de l'air, l'argent ternit, le cuivre et le bronze deviennent verts. L'exemple le plus connu de l'oxydation est la rouille. Le fer réagit avec l'oxygène de l'air et produit une nouvelle substance : la rouille. La rouille se forme sur les matériaux à base de fer qui sont en contact avec l'air humide.

1.23
Au contact de l'air, la rouille se forme sur le fer.

Fer
+
Oxygène de l'air
········> Rouille

Point de mire

Stephanie Louise Kwolek :
une femme inventive

1.24

Stephanie Louise Kwolek est née en 1923, en Pennsylvanie (États-Unis). Après avoir obtenu un baccalauréat en chimie, en 1946, elle abandonne ses études à cause de difficultés financières. Elle se trouve alors un emploi comme chercheuse dans un laboratoire de textiles (matériaux souples). Passionnée par son travail, elle restera au service de la même entreprise toute sa vie.

Dans ce laboratoire, Stephanie Kwolek travaillera à mettre au point des fibres (filaments) synthétiques légères et résistantes. En 1965, en faisant une expérience, elle obtient un mélange noirâtre qui est très dur. Stephanie Kwolek vient de découvrir, par hasard, le kevlar, une matière plastique cinq fois plus résistante que l'acier. Ce produit sera breveté en 1971.

Le kevlar est utilisé dans les gilets pare-balles et les vêtements qui protègent du feu.

Stephanie Kwolek a reçu plusieurs distinctions honorifiques. En 1995, elle a été admise au National Inventors Hall of Fame, organisation américaine fondée en 1973 pour honorer les inventeurs. Stephanie Kwolek était ainsi reconnue comme une grande inventrice de son temps.

Pendant ses 40 années de carrière, Stephanie Kwolek a créé des dizaines de produits. Son nom apparaît sur 17 brevets. Ses inventions sont utilisées aujourd'hui dans les domaines de l'aéronautique et de l'équipement sportif.

Stephanie Louise Kwolek a pris sa retraite en 1986.

3 La conservation de la matière

LABOS 2, 3, 4

Si vous observez certaines transformations de la matière, vous aurez l'impression qu'une partie de la matière disparaît. La quantité de matière en jeu change-t-elle vraiment au cours de ces transformations ? En d'autres mots, la matière qui est transformée conserve-t-elle la masse qu'elle avait au début de la transformation ?

Quelques expériences simples vont nous permettre de répondre à cette question.

3.1 Une même masse ?

Commençons d'abord par voir si la masse de la matière qui subit un changement physique est conservée. Faisons l'expérience suivante.

Dans ce changement physique, le cube de glace et l'eau ont la même masse. Dans un changement physique, la quantité de matière en jeu ne change pas. La masse de la matière, avant et après la transformation, reste constante.

Si nous n'avions pas recouvert le pot en verre d'une pellicule plastique, il est probable que la masse de l'eau aurait été plus petite que celle du cube de glace. Pourquoi ? Parce qu'il y aurait eu évaporation de l'eau. L'eau aurait-elle disparu ? Non, elle se serait simplement évaporée dans l'air.

Comment mesurer la masse ?

Boîte à outils　　　**Pages 248 et 249**

Expérience A

Nous plaçons, sur une balance, un pot en verre qui contient un cube de glace. Nous recouvrons le pot d'une pellicule plastique. Nous pesons le tout et notons la masse. L'ensemble, constitué du cube de glace et du pot en verre, a une masse de 249,5 g.

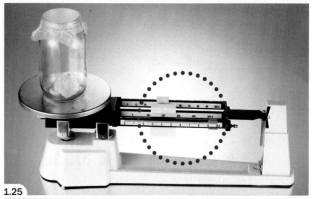

1.25

Lorsque le cube de glace est fondu, nous constatons que la masse est toujours de 249,5 g.

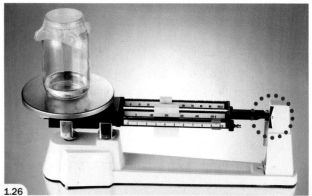

1.26

Et que se passe-t-il lors d'un changement chimique? La matière est-elle également conservée? C'est ce que nous saurons en faisant l'expérience présentée ci-dessous.

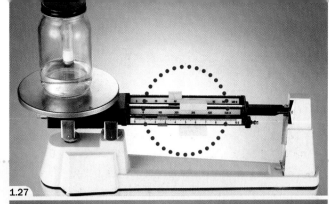

1.27

Expérience B

Nous versons 100 ml de vinaigre blanc dans un pot en verre. Nous mettons 3 g de bicarbonate de sodium dans un petit contenant en plastique. Nous collons ce petit contenant sur l'une des parois du pot en verre. Nous fermons hermétiquement le couvercle du pot (pour éviter les fuites). Nous plaçons le pot sur le plateau d'une balance. Nous pesons le tout et notons la masse. Le pot de vinaigre et le contenant de bicarbonate de sodium ont une masse de 342,7 g (photo 1.27).

Ensuite, nous renversons le pot en verre et le secouons de façon que le bicarbonate de sodium se mélange au vinaigre. Une réaction chimique se produit alors. Des bulles de gaz se forment. Nous notons que la masse du mélange ne semble pas avoir diminué. L'aiguille des fléaux ne s'est pas déplacée (photo 1.28).

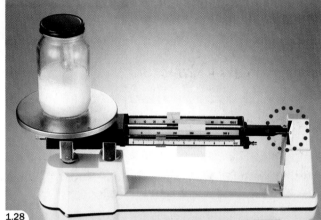

1.28

Lorsque la réaction chimique est terminée, nous constatons que l'aiguille des fléaux est toujours vis-à-vis du zéro (photo 1.29). La masse du mélange n'a donc pas diminué. Elle est toujours de 342,7 g.

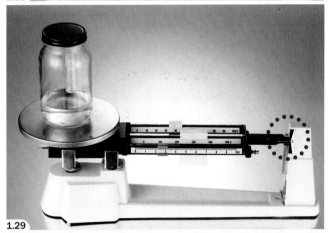

1.29

Dans cette expérience, la masse du mélange est restée la même. Dans un changement chimique, la masse de la matière est donc conservée.

Dans tout changement, qu'il soit physique ou chimique, la quantité de matière reste toujours la même. La masse de la matière ne change pas. C'est ce qu'on appelle la «conservation de la matière».

Même si de nouvelles substances se forment et que ces substances ont des propriétés différentes, la masse totale de la matière en jeu reste la même. Elle est constante entre le début et la fin de la transformation.

Que se serait-il passé si nous n'avions pas fermé le pot en verre dans l'expérience B? Nous allons le découvrir en faisant une autre expérience.

Expérience C

Nous versons 100 ml de vinaigre blanc dans un pot en verre. Nous mettons 3 g de bicarbonate de sodium dans un petit contenant en plastique. Nous plaçons le pot en verre et le contenant en plastique sur le plateau d'une balance. Nous pesons le tout et notons la masse. Le pot de vinaigre et le contenant de bicarbonate de sodium ont une masse de 333,1 g.

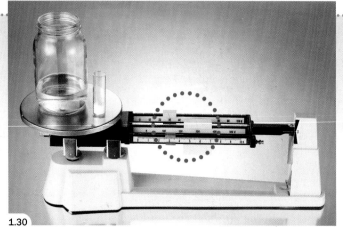

1.30

Ensuite, nous transvidons le bicarbonate de sodium dans le pot de vinaigre. Nous replaçons le contenant en plastique vide sur le plateau de la balance. Dans le pot en verre, une forte réaction chimique se produit alors. Des bulles de gaz se forment. Nous remarquons que l'aiguille des fléaux s'est déplacée.

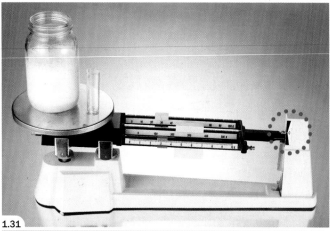

1.31

Lorsque la réaction chimique est terminée, nous constatons que l'aiguille des fléaux n'est plus vis-à-vis du zéro. La masse de l'ensemble a donc diminué. Si nous pesions de nouveau le pot en verre et le contenant vide, nous noterions une masse de 331,5 g.

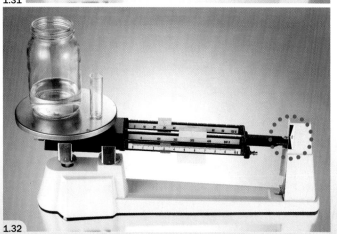

1.32

La masse (du mélange de vinaigre et de bicarbonate de sodium, et du contenant vide) a diminué de plus de 1 g. Il y a donc de la matière qui s'est dissipée. Où cette matière est-elle passée? Comme le pot en verre n'était pas fermé, le gaz qui s'est produit au moment de la réaction chimique s'est dissipé dans l'air.

Cela contredit-il le principe de la conservation de la matière? Non, car la matière ne s'est pas perdue; elle s'est simplement échappée.

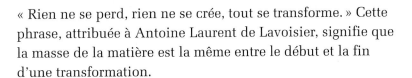

Point de mire

Antoine Laurent de Lavoisier :
la loi de la conservation de la matière

« Rien ne se perd, rien ne se crée, tout se transforme. » Cette phrase, attribuée à Antoine Laurent de Lavoisier, signifie que la masse de la matière est la même entre le début et la fin d'une transformation.

Antoine de Lavoisier est né à Paris, en 1743. Il étudie le droit et devient avocat en 1764. Attiré par les sciences, il décide de suivre des cours de chimie et d'assister à des conférences. En 1768, à l'âge de 25 ans, il est admis à l'Académie royale des sciences comme chimiste adjoint.

C'est dans son laboratoire que Lavoisier entreprend ses premières expériences en chimie, utilisant systématiquement la balance dans ses travaux. Auparavant, la balance n'avait jamais été utilisée sérieusement dans les recherches chimiques. En faisant des expériences sur la transformation chimique de l'étain et du mercure dans un vase scellé, Lavoisier se rend compte que la masse des substances en jeu, avant et après le changement chimique, demeure la même. Lavoisier vient de faire la preuve de la conservation de la matière.

Les recherches et les découvertes de Lavoisier sont brusquement interrompues en 1794. En ces temps de bouleversements sociaux et de Révolution française (1789), Lavoisier est appelé à comparaître devant le tribunal révolutionnaire. Considéré comme un adversaire de la Révolution, il est jugé et condamné à mort. Le 8 mai 1794, Antoine Laurent de Lavoisier est guillotiné.

1.33

3.2 E = mc²

La loi de la conservation de la matière s'applique non seulement aux changements physiques et chimiques usuels, mais aussi aux réactions qui se produisent au cœur même des particules de matière (dans le noyau des atomes). Dans ces réactions, qu'on appelle <u>réactions nucléaires</u>, une partie de la matière est transformée en énergie.

Aujourd'hui, on sait que la matière et l'énergie sont deux formes différentes d'une même chose.

C'est le physicien Albert Einstein qui postula, il y a une centaine d'années, que la masse de la matière pouvait être transformée en énergie. Il démontra ce principe par l'équation $E = mc^2$, où **E** représente l'énergie, **m**, la masse, et **c**, la vitesse de la lumière.

Ainsi, la preuve était faite que la matière renfermait une immense quantité d'énergie « cachée ».

Cette équation permit à l'humanité d'envisager qu'on pourrait, un jour, extraire une quantité colossale d'énergie de la masse de la matière. C'est ce qui s'est produit avec les bombes atomiques.

1.34

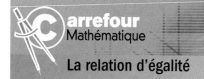

La relation d'égalité

En mathématique, la relation d'égalité est une relation entre deux quantités de même valeur. Elle se note = et se lit « est égal à ». Par exemple, quand on écrit :

$$2 + 4 = 5 + 1$$

cela signifie que la quantité qui se trouve à gauche du signe = a la même valeur que la quantité qui se trouve à droite de ce signe. Cette relation mathématique peut être utilisée pour décrire une réaction chimique.

Supposons, par exemple, que nous jetons 3 g de bicarbonate de sodium dans un pot qui contient 100 g de vinaigre blanc. Qu'observons-nous ? Il y a une forte effervescence qui se produit, des bulles de gaz se forment. Après un certain temps, il ne reste plus qu'un liquide clair dans le pot. La réaction chimique est terminée. L'observation que nous venons de faire est une description qualitative de cette réaction chimique. Elle est utile, mais elle ne

permet pas de comprendre totalement ce qui s'est passé.

Pour bien comprendre ce qui se passe lors d'une réaction chimique, nous avons besoin d'une description quantitative. Nous faisons une description quantitative lorsque nous comparons les masses des substances avant et après la réaction chimique. Nous constatons alors que la masse des substances qui ont réagi est la même que celle des substances qui ont été produites. Il y a donc une égalité des masses.

Antoine Laurent de Lavoisier aurait dit :

la masse des réactifs (avant la réaction)	=	la masse des produits (après la réaction)

C'est en établissant cette relation d'égalité, qui semble bien simple, que ce chimiste français est devenu célèbre au XVIIIe siècle.

Voici des suggestions d'activités qui vous permettront de mettre en pratique vos connaissances et vos compétences.

1. La fabrication du plastique

Autrefois, des jouets, des bibelots, des boutons étaient fabriqués avec du lait. Le lait est constitué d'une protéine, la caséine. Cette protéine se solidifie dans certaines conditions et forme une matière plastique. Ce plastique, qui est biodégradable, peut se conserver indéfiniment. Vous allez donc fabriquer du plastique biodégradable avec du lait.

Des pistes à explorer

- La caséine du lait peut, lorsque certaines conditions sont réunies, devenir très dure.
- Un acide coagule le lait.
- Les solutions acides sont d'usage courant. Vous en trouverez chez vous, dans vos armoires de cuisine.
- Interrogez-vous sur la façon de donner une forme à une substance pâteuse.
- Questionnez-vous sur la façon de colorer ce plastique.
- Vous pourrez trouver de l'information dans Internet, en utilisant les mots clés suivants : lait, plastique et caséine.

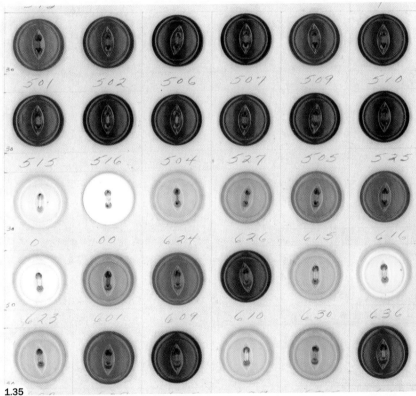

1.35

Un détail d'une carte d'échantillons de boutons. C'est en 1940 qu'une compagnie ontarienne (la Dominion Button Manufacturers) a commencé à utiliser la caséine dans la fabrication des boutons.

2. La fabrication d'une cordelette en nylon

Le nylon est l'un des milliers de produits fabriqués par le monde de l'industrie. Certains de vos vêtements contiennent du nylon, les poils des brosses à dents sont en nylon et des parachutes sont faits avec du nylon. Vous allez fabriquer une cordelette en nylon et tester sa résistance à la tension. (La tension est une force qui tire sur un corps.)

 Les produits utilisés pour faire cette expérience sont toxiques.

 Pour protéger vos yeux, il faudra porter des lunettes de sécurité.

 Pour protéger vos mains, il faudra porter des gants. Ne touchez aucun produit chimique avec vos mains.

 Cette expérience devra être faite dans un endroit bien ventilé, de préférence sous une hotte.

Des pistes à explorer

▸ Faites une recherche dans Internet en utilisant les mots clés suivants : nylon, synthèse du nylon.
▸ Ne vous laissez pas intimider par les noms des produits chimiques.
▸ Consultez les catalogues des compagnies qui fournissent des produits chimiques.
▸ Vous pourriez mesurer la résistance de votre cordelette en la comparant avec une corde de même diamètre que vous trouverez sur le marché. Est-ce qu'il y a une différence ? Pourquoi ?

3. La fabrication d'un extincteur maison

Un extincteur est un appareil destiné à éteindre un incendie. Il contient un agent extincteur qui peut être projeté sur un foyer d'incendie par l'action d'une pression. Cette pression peut être fournie par la libération d'un gaz contenu dans l'appareil.

Vous allez fabriquer un extincteur à l'aide de matériel et de substances que l'on utilise couramment. Vous devriez être en mesure de projeter, avec votre extincteur, des substances pouvant éteindre un léger incendie. Ces substances, des liquides ou des gaz sous pression, devront être propulsées hors de votre appareil.

Des pistes à explorer

▸ Il y a environ 30 ans, on utilisait deux substances dans les extincteurs : le bicarbonate de sodium et un acide.
▸ Le bicarbonate de sodium, qui est une poudre d'usage courant, peut éteindre de légers incendies.
▸ L'usage des solutions acides est également courant. On s'en sert en cuisine.
▸ Si vous mélangez du bicarbonate de sodium à un acide, vous obtiendrez un gaz.
▸ Vous pouvez utiliser un contenant vide de nettoyant pour vitres.

Les changements physiques

PAGES 9 À 11

1 Supposons que vous versez 500 g d'eau dans une casserole et que vous faites bouillir cette eau sur une cuisinière. Après quelques minutes, il ne reste plus que 300 g d'eau dans la casserole.

a) Où sont passés les 200 g d'eau qui manquent?

b) Pourquoi cette transformation constitue-t-elle un changement physique?

2 Donnez deux exemples de changements physiques que vous pouvez observer chez vous, à l'heure du dîner.

Les changements chimiques

PAGES 12 À 17

3 Supposons que vous faites brûler une bougie de 500 g pendant quelques heures. Après ce temps, la bougie n'a plus qu'une masse de 300 g.

a) Où sont passés les 200 g qui manquent?

b) Pourquoi cette transformation constitue-t-elle un changement chimique?

4 Chaque transformation énoncée ci-dessous représente-t-elle un changement chimique ou un changement physique?

a) Une feuille de papier que l'on plie.

b) Une feuille de papier que l'on brûle.

c) Le verre que l'on écrase et que l'on fait fondre pour le recycler.

d) Le papier que l'on déchiquette pour le recycler.

e) Les pneus usagés qui servent de combustibles et que l'on brûle dans des fours à cuisson.

f) Un tronc d'arbre qui pourrit sur le sol de la forêt.

g) Un tronc d'arbre que l'on coupe pour pouvoir fabriquer une table.

h) Une pomme qui est mangée et digérée.

i) Une pomme que l'on réduit en purée dans un robot de cuisine.

j) Un clou qui rouille.

k) Du pain qui brûle dans le grille-pain.

5 Donnez deux exemples de changements chimiques que vous pouvez observer chez vous, à l'heure du souper.

La conservation de la matière .... PAGES 18 À 22

6 Vous placez une bouteille d'eau dans le congélateur. Après quelques heures, vous la reprenez. L'eau est gelée, et la bouteille est bombée, prête à fendre.

La masse de la bouteille a-t-elle changé ? Expliquez votre réponse.

7 Lequel des énoncés suivants est juste (*a*, *b* ou *c*) ?

a) Dans un changement physique, la masse de la matière en jeu est la même avant et après la transformation, mais elle varie dans un changement chimique.

b) Dans un changement chimique, la masse de la matière en jeu est la même avant et après la transformation, mais elle varie dans un changement physique.

c) Dans un changement physique et dans un changement chimique, la masse de la matière en jeu est la même avant et après la transformation.

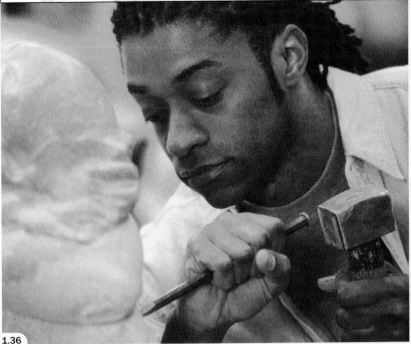

1.36

Le sculpteur réalise des œuvres en trois dimensions en taillant des matériaux comme la pierre, l'argile et le bois.

1.37

Le pâtissier transforme la matière et fait des pièces montées telles que des gâteaux de noces.

Tous les produits manufacturés ont été transformés. Ainsi, le chandail que vous aimez tant porter est probablement fait de fibres synthétiques (polyester, acrylique). Ces fibres synthétiques sont des dérivés du pétrole qui a été transformé chimiquement. Puis des changements physiques se sont ajoutés. Le pétrole transformé est devenu un fil, le fil a été tissé, le tissu a été découpé et assemblé.

Les métiers qui font appel aux changements physiques et chimiques de la matière sont nombreux. Pour exercer certains de ces métiers, il faut un diplôme d'études secondaires. D'autres métiers reliés à la transformation de la matière demandent l'obtention d'un diplôme d'études collégiales ou universitaires.

À la page suivante, nous présentons quelques métiers où l'on exploite les changements physiques et chimiques de la matière, en lien avec les diplômes d'études qui sont requis pour exercer ces métiers.

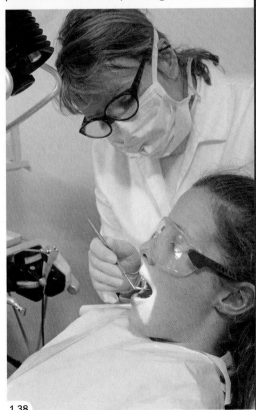

1.38

La dentiste voit au dépistage et au traitement des anomalies de la dentition.

MÉTIERS OÙ L'ON EXPLOITE LES TRANSFORMATIONS DE LA MATIÈRE
SELON LES DIPLÔMES D'ÉTUDES

Diplômes d'études		
secondaires	**collégiales**	**universitaires**
• Mouleurs en sable • Monteurs-installateurs de produits verriers • Assembleurs de structures d'aéronefs • Machinistes (usinage) • Pâtissiers	• Technologues en procédés métallurgiques • Techniciens en transformation de matériaux composites • Techniciens en orthopédie-prothèse • Technologues en sciences forestières • Sculpteurs	• Dentistes • Ingénieurs physiciens • Designers industriels • Ingénieurs chimistes

Profession : technicien ou technicienne en orthopédie-prothèse

Le rôle des techniciens en orthopédie-prothèse est de fournir un support aux personnes qui souffrent d'une incapacité physique de façon que celles-ci puissent fonctionner le plus normalement possible. Ce support consiste en des appareils de soutien (des orthèses) ou des appareils de remplacement (des prothèses).

Les techniciens en orthopédie-prothèse travailleront en collaboration avec les orthésistes-prothésistes. Ils participeront à la conception et à la fabrication des orthèses et des prothèses.

Ces spécialistes devront d'abord comprendre les ordonnances des médecins relatives aux prothèses et aux orthèses. Ils prendront ensuite les mesures et les empreintes nécessaires, puis prépareront les croquis qui serviront à la fabrication des appareils. Ils procéderont aux essayages et feront les ajustements qui s'imposent.

Les personnes qui travailleront dans ce domaine devront être capables de communiquer, avoir de l'empathie et être ingénieuses. Elles devront aussi être habiles de leurs mains et avoir le sens de l'esthétique.

Les milieux de travail des techniciens en orthopédie-prothèse seront, entre autres, les hôpitaux, les centres de réadaptation et les laboratoires.

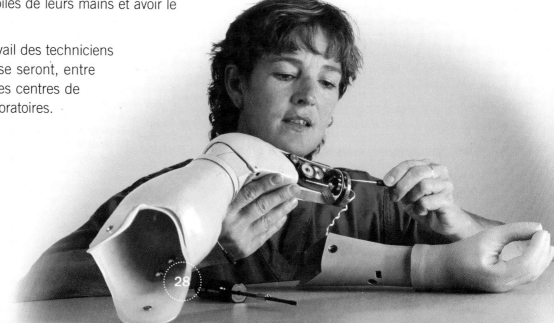

1.39
Cette technicienne en orthopédie-prothèse est en train d'ajuster un membre artificiel.

Les indispensables...

par Josée Nadia Drouin

1.40
Des substances essentielles à l'organisme.

Pour afficher une santé de fer, elles sont inégalables et irremplaçables. Souvent imitées, elles sont au nombre de 13. Elles sont indispensables au corps humain. Comment les nomme-t-on?

Les vitamines

Sans vitamines, le corps humain ne peut fonctionner. Les vitamines participent à la fabrication des cellules, au fonctionnement des organes, à la digestion et elles stimulent le système immunitaire. Malheureusement, le corps humain ne peut toutes les synthétiser (les fabriquer). Pour subvenir à vos besoins, vous devez puiser les vitamines dans votre alimentation.

Une mauvaise alimentation entraîne des carences, c'est-à-dire une insuffisance de substances indispensables à l'organisme. Pour éviter les carences alimentaires, de nombreuses personnes ont recours à différents produits vitaminés : capsules de supplé-ments, produits laitiers enrichis de vitamines, eaux et bientôt... bonbons vitaminés!

Devant cette abondance de produits, comment savoir lesquels sont bénéfiques à l'organisme? Comment savoir si les vertus attribuées à ces produits vitaminés sont réelles?

Une bonne dose de vitamines

Les fruits, les légumes et les aliments d'origine animale regorgent de vitamines. En préparant adéquatement ces aliments et en les consommant en quantité suffisante, vous fournissez à votre organisme toutes les vitamines dont il a besoin. De plus, plusieurs aliments sont enrichis de vitamines, comme le lait, les jus et les céréales.

Néanmoins, de nombreuses personnes – environ 30 % des Québécois – consomment régulièrement des suppléments vitaminiques (vitamine B, vitamine C, etc.) ou minéraux (fer, potassium, etc.) parce qu'elles croient que cet apport leur sera bénéfique. Mais attention : il vaut mieux éviter de prendre des doses massives de ces suppléments ! Prises en trop grande concentration, les vitamines peuvent avoir des effets indésirables (maux de tête, étourdissements, etc.). En règle générale, un supplément vitaminique ne devrait pas excéder de trois fois vos besoins quotidiens en vitamines.

La nature et la chimie

Bien que les vitamines se trouvent à l'état naturel dans tous les aliments, des suppléments vitaminiques sont en vente libre dans les magasins.

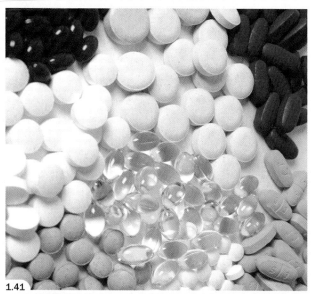

1.41
Des suppléments vitaminiques.

Il y a des suppléments vitaminiques dits « naturels », qui sont fabriqués avec des plantes. Certains procédés d'extraction de ces vitamines exigent même des procédés chimiques ! Quant aux suppléments vitaminiques dits « chimiques », ils sont préparés avec des micro-organismes de source alimentaire. Ces deux types de suppléments vitaminiques sont obtenus par des transformations chimiques. Et la composition de ces suppléments, qu'ils soient naturels ou chimiques, est identique. Malgré cela, les suppléments vitaminiques dits « naturels » ont la faveur des consommateurs.

Choisir les suppléments vitaminiques plutôt que les aliments qui contiennent des vitamines, c'est oublier que les aliments entiers renferment d'autres substances bénéfiques à notre organisme. Manger une tomate, c'est évidemment absorber une bonne dose de vitamine C. Mais c'est également ingérer du lycopène (le pigment qui donne à la tomate sa couleur rouge), qui agirait dans la protection contre le cancer.

La folie des vitamines

Chaque semaine, de nouveaux « produits santé » font leur entrée sur les tablettes des magasins. Parmi ceux-ci, il y a les eaux enrichies de vitamines.

Ces eaux, aux parfums fruités, plaisent aux jeunes sportifs. Avec leur saveur qui diffère totalement de celle de l'eau en bouteille ou de l'eau du robinet, ces eaux sont de plus en plus populaires. Pour leur donner cette saveur irrésistible de citron, de raisin ou de fruit sauvage, les fabricants y ajoutent plusieurs édulcorants (une substance chimique à saveur sucrée qui fournit plus ou moins de calories).

Ces fabricants disent que leur mission est d'encourager les sportifs à mieux s'hydrater. Mais que contiennent ces bouteilles destinées à mieux vous hydrater ? De l'eau, des vitamines et... du sucre !

Mythe ou réalité ?
La discussion est ouverte. Prenez position.

- Le corps humain a besoin d'une multitude de vitamines pour fonctionner. On n'en consomme jamais trop.

- Parmi toutes les vitamines offertes dans les magasins, il faut privilégier les vitamines dites « naturelles ».

- Les nouveaux produits, tels que les eaux vitaminées, sont une excellente source de vitamines.

2

L'organisation de la matière

2.1

La matière a une organisation souvent complexe. Elle se présente sous plusieurs formes et sa nature est infiniment variable. Mais de quoi est-elle constituée ? Si l'on pouvait grossir des milliards de fois une craie, une goutte d'eau et une mine de crayon, que verrait-on ?

La question n'est pas nouvelle. Démocrite, un philosophe grec, se demandait la même chose il y a presque 2500 ans. Ses réflexions l'ont amené à supposer que toute la matière était faite de grains infiniment petits, qu'il a appelés « atomes ». Démocrite croyait que ces « atomes » étaient semblables à des petites billes impossibles à briser et qu'ils constituaient l'unité fondamentale de la matière. Il n'était pas loin de la vérité.

2.2

Tout comme les 26 lettres de l'alphabet sont les unités de base qui permettent de composer un nombre infini de mots et de phrases, la matière est composée d'un certain nombre de particules de base : les atomes.

Ainsi, la pierre, les métaux, une goutte d'eau, une craie, une mine de crayon sont constitués de milliards de particules. Ces particules sont infiniment petites. Comment pouvons-nous les imaginer ? C'est ce que nous verrons dans le présent chapitre.

2.3

De quoi la matière est-elle faite ?

1 Les éléments

Dans un mélange d'eau salée, il y a deux substances de nature différente : de l'eau et du sel. Nous pouvons séparer l'eau du sel en utilisant une technique de séparation des mélanges, comme la distillation. Mais l'eau, pouvons-nous la séparer en d'autres substances par des moyens physiques ou chimiques ? Vous avez peut-être répondu que c'était impossible. De l'eau, c'est de l'eau ! Mais se pourrait-il que l'eau soit composée d'autres substances ?

1.1 L'électrolyse

LABO 5

L'électrolyse est une méthode de décomposition des substances, obtenue par le passage d'un courant électrique. L'expérience de l'électrolyse de l'eau va nous démontrer que l'eau se décompose en deux substances sous l'effet du courant électrique.

Expérience

Pour réaliser cette expérience, nous remplissons un bécher d'eau. Comme l'eau pure est un mauvais conducteur électrique, nous y ajoutons un peu de bicarbonate de sodium pour que l'électricité circule plus facilement. Nous plaçons, dans le bécher, des éprouvettes remplies d'eau. Nous branchons le tout. Que va-t-il se passer ?

Des bulles de gaz vont se former et remplir peu à peu les éprouvettes qui étaient pleines d'eau. Ces gaz sont de l'hydrogène et de l'oxygène. Après quelques minutes, une des deux éprouvettes contiendra deux fois plus de gaz que l'autre.

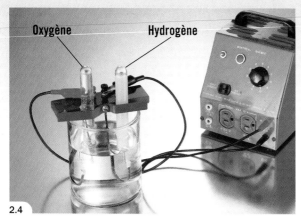

2.4
Dans l'électrolyse de l'eau, un courant électrique décompose l'eau en hydrogène et en oxygène.

Comment savons-nous que ces éprouvettes contiennent de l'hydrogène et de l'oxygène ?

Si nous retirons du bécher l'éprouvette qui contient la plus grande quantité de gaz et que nous y plaçons un bâtonnet de bois enflammé, une petite explosion se fera entendre. L'hydrogène est un gaz explosif.

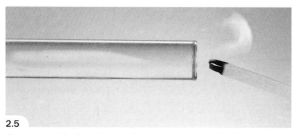

2.5
Ce gaz, qui brûle très rapidement, est de l'hydrogène.

Si nous retirons l'autre éprouvette de la même façon et que nous y plongeons le bâtonnet de bois éteint (dont le bout est encore incandescent), l'extrémité du bâtonnet va se rallumer. L'oxygène est un gaz qui entretient la combustion.

2.6
Ce gaz, qui ravive la combustion du bâtonnet, est de l'oxygène.

L'expérience de l'électrolyse de l'eau a donc démontré que l'eau pouvait être décomposée en deux autres substances : l'hydrogène et l'oxygène. Elle a aussi démontré qu'il y avait, dans l'eau, une quantité deux fois plus grande d'hydrogène que d'oxygène. En effet, il y avait deux fois plus de gaz dans une éprouvette que dans l'autre.

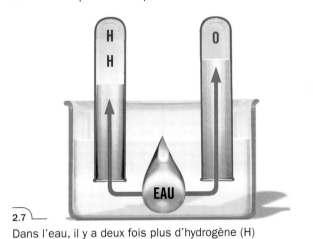

2.7
Dans l'eau, il y a deux fois plus d'hydrogène (H) que d'oxygène (O).

L'hydrogène et l'oxygène pourraient-ils, à leur tour, être décomposés en d'autres substances ? Non. On ne peut diviser l'hydrogène et l'oxygène en d'autres substances en utilisant des moyens physiques ou chimiques. Comme l'hydrogène et l'oxygène ne peuvent être décomposés en d'autres substances, on dit que ce sont des éléments.

Un élément est une substance qui ne peut être séparée en d'autres substances par des moyens physiques ou chimiques.

La décomposition du sel de table est un autre exemple qui démontre bien ce que sont les éléments.

Si nous faisons chauffer du sel de table à une température très élevée, il va fondre et devenir liquide. Si nous utilisons le procédé de décomposition qu'est l'électrolyse et faisons passer un courant électrique dans le sel fondu, les éléments qui composent le sel vont se séparer. Qu'allons-nous obtenir ? Un métal (du sodium) et un gaz (du chlore).

Le sel, qu'on appelle « chlorure de sodium », est donc composé de deux éléments : le sodium et le chlore (document 2.8). Le sodium est un métal très mou qui réagit violemment lorsqu'il est mis au contact de l'eau. Il peut causer une explosion. Le chlore est un gaz jaunâtre toxique.

Sodium + Chlore ···▶ Chlorure de sodium

2.8
Le sel de table est composé de deux éléments : le sodium et le chlore.

2.9
La matière est constituée d'un assemblage d'éléments.

1.2 Un jeu de construction

Le sodium et le chlore sont des éléments, tout comme l'oxygène et l'hydrogène. Ces éléments ne peuvent être séparés en d'autres substances. Par contre, ils peuvent être combinés pour former de nouvelles substances.

Les scientifiques ont identifié 90 éléments naturels, c'est-à-dire des éléments qui sont naturellement présents dans l'environnement. Par exemple, l'or, l'aluminium, le cuivre et le carbone sont des éléments naturels, tout comme le sodium, le chlore, l'oxygène et l'hydrogène. Ces éléments sont un peu comme les briques d'un jeu de construction. Dans un jeu de construction, il y a des briques de formes, de dimensions et de couleurs différentes. Ces briques servent à construire divers objets. De la même façon, les 90 éléments naturels servent à former toutes les substances qui nous entourent.

2.10
La couche réfléchissante des disques compacts est constituée, la plupart du temps, d'aluminium.

1.3 Les symboles chimiques

Pour faciliter la tâche des scientifiques, un symbole a été attribué à chacun des éléments. Ce symbole chimique (une abréviation) est le même dans toutes les langues. Il est constitué d'une ou de deux lettres. La première lettre du symbole est toujours une majuscule et la deuxième lettre, une minuscule.

Vous connaissez le symbole chimique de l'oxygène (O) et le symbole chimique de l'hydrogène (H). Nous vous présentons, dans le tableau ci-dessous, les symboles chimiques des principaux éléments.

LES SYMBOLES CHIMIQUES DES PRINCIPAUX ÉLÉMENTS

Élément	Symbole chimique
Aluminium	Al
Argent	Ag
Azote	N
Calcium	Ca
Carbone	C
Chlore	Cl
Cuivre	Cu
Fer	Fe
Fluor	F
Hélium	He
Hydrogène	H
Iode	I
Lithium	Li
Magnésium	Mg
Mercure	Hg
Nickel	Ni
Or	Au
Oxygène	O
Platine	Pt
Plomb	Pb
Potassium	K
Sodium	Na
Soufre	S
Uranium	U

2.11

Pour la fabrication de pièces de monnaie, on utilise du cuivre. De nombreuses pièces de monnaie contiennent aussi du nickel.

2.12

L'hélium est le gaz utilisé dans les ballons.

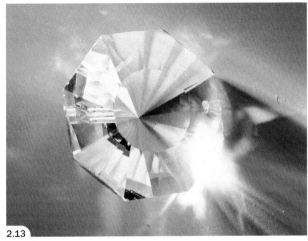

2.13

Les diamants sont constitués de carbone.

2 Le tableau périodique des éléments

2.14
Du carbone.

2.15
Du potassium.

2.16
Du fer.

2.17
Du soufre.

Chaque élément a des propriétés qui lui sont propres. Les divers éléments ne réagissent pas de la même façon les uns avec les autres. Certains sont des gaz, d'autres, des liquides, d'autres encore, des solides. Pour avoir une vue d'ensemble des éléments, les scientifiques les ont recensés et classifiés dans un tableau qu'ils ont appelé le « tableau périodique des éléments ». Grâce à ce tableau, on peut savoir, par exemple, si tel élément est un métal, s'il conduit bien l'électricité, etc.

Outre les éléments naturels, le tableau dénombre les éléments synthétiques (artificiels) qui ont été fabriqués par les scientifiques. À l'heure actuelle, il y aurait, au total, plus de 120 éléments.

Savez-vous que...

• Un chimiste russe, Dmitri Ivanovitch Mendeleïev (1834-1907), élabora le premier tableau périodique des éléments en 1869. En 1870, il prédit que l'aluminium serait le métal de l'avenir. À cette époque, l'aluminium était rare et très coûteux. Il ne servait qu'à faire des bijoux.

Le tableau périodique des éléments est, en quelque sorte, un catalogue qui fournit beaucoup de détails sur les propriétés des divers éléments.

Dans le tableau périodique, tous les éléments sont classés par numéro atomique. Le numéro atomique donne l'ordre de l'élément dans le tableau.

On trouve également, dans le tableau, le symbole chimique de l'élément, son nom et sa masse atomique. La masse atomique est la masse relative d'un élément par rapport à un autre. Par exemple, l'oxygène (O) a une masse atomique de 16. Le soufre (S) a une masse atomique de 32. La masse atomique du soufre est donc deux fois plus grande que celle de l'oxygène.

Dans le tableau périodique, la couleur des cases indique l'état de l'élément (gazeux, liquide, solide) à la température de 25 °C. Les éléments synthétiques (qui sont des solides) sont identifiés par une couleur particulière.

Il existe de nombreux modèles de tableaux périodiques, plus ou moins complexes. Nous vous présentons, à la page suivante, un tableau périodique assez simple comprenant 109 éléments.

Le tableau périodique des éléments

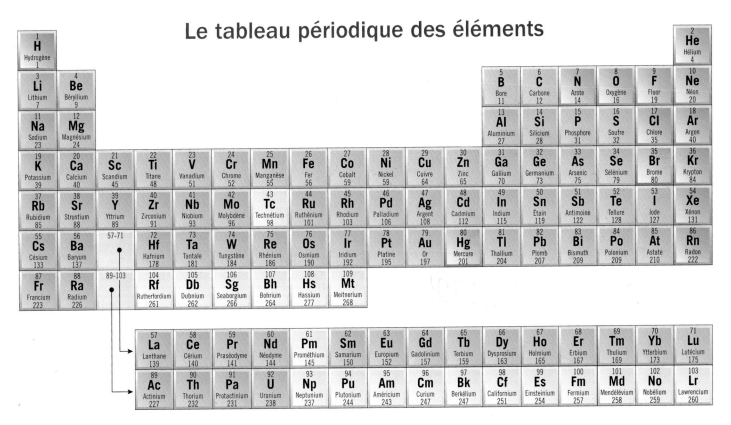

1 **H** Hydrogène 1																	2 **He** Hélium 4
3 **Li** Lithium 7	4 **Be** Béryllium 9											5 **B** Bore 11	6 **C** Carbone 12	7 **N** Azote 14	8 **O** Oxygène 16	9 **F** Fluor 19	10 **Ne** Néon 20
11 **Na** Sodium 23	12 **Mg** Magnésium 24											13 **Al** Aluminium 27	14 **Si** Silicium 28	15 **P** Phosphore 31	16 **S** Soufre 32	17 **Cl** Chlore 35	18 **Ar** Argon 40
19 **K** Potassium 39	20 **Ca** Calcium 40	21 **Sc** Scandium 45	22 **Ti** Titane 48	23 **V** Vanadium 51	24 **Cr** Chrome 52	25 **Mn** Manganèse 55	26 **Fe** Fer 56	27 **Co** Cobalt 59	28 **Ni** Nickel 59	29 **Cu** Cuivre 64	30 **Zn** Zinc 65	31 **Ga** Gallium 70	32 **Ge** Germanium 73	33 **As** Arsenic 75	34 **Se** Sélénium 79	35 **Br** Brome 80	36 **Kr** Krypton 84
37 **Rb** Rubidium 85	38 **Sr** Strontium 88	39 **Y** Yttrium 89	40 **Zr** Zirconium 91	41 **Nb** Niobium 93	42 **Mo** Molybdène 96	43 **Tc** Technétium 98	44 **Ru** Ruthénium 101	45 **Rh** Rhodium 103	46 **Pd** Palladium 106	47 **Ag** Argent 108	48 **Cd** Cadmium 112	49 **In** Indium 115	50 **Sn** Étain 119	51 **Sb** Antimoine 122	52 **Te** Tellure 128	53 **I** Iode 127	54 **Xe** Xénon 131
55 **Cs** Césium 133	56 **Ba** Baryum 137	57-71	72 **Hf** Hafnium 178	73 **Ta** Tantale 181	74 **W** Tungstène 184	75 **Re** Rhénium 186	76 **Os** Osmium 190	77 **Ir** Iridium 192	78 **Pt** Platine 195	79 **Au** Or 197	80 **Hg** Mercure 201	81 **Tl** Thallium 204	82 **Pb** Plomb 207	83 **Bi** Bismuth 209	84 **Po** Polonium 209	85 **At** Astate 210	86 **Rn** Radon 222
87 **Fr** Francium 223	88 **Ra** Radium 226	89-103	104 **Rf** Rutherfordium 261	105 **Db** Dubnium 262	106 **Sg** Seaborgium 266	107 **Bh** Bohrium 264	108 **Hs** Hassium 277	109 **Mt** Meitnerium 268									

57 **La** Lanthane 139	58 **Ce** Cérium 140	59 **Pr** Praséodyme 141	60 **Nd** Néodyme 144	61 **Pm** Prométhium 145	62 **Sm** Samarium 150	63 **Eu** Europium 152	64 **Gd** Gadolinium 157	65 **Tb** Terbium 159	66 **Dy** Dysprosium 163	67 **Ho** Holmium 165	68 **Er** Erbium 167	69 **Tm** Thulium 169	70 **Yb** Ytterbium 173	71 **Lu** Lutécium 175
89 **Ac** Actinium 227	90 **Th** Thorium 232	91 **Pa** Protactinium 231	92 **U** Uranium 238	93 **Np** Neptunium 237	94 **Pu** Plutonium 244	95 **Am** Américium 243	96 **Cm** Curium 247	97 **Bk** Berkélium 247	98 **Cf** Californium 251	99 **Es** Einsteinium 254	100 **Fm** Fermium 257	101 **Md** Mendélévium 258	102 **No** Nobélium 259	103 **Lr** Lawrencium 260

Note : Une version agrandie du tableau périodique des éléments est reproduite à la fin du manuel, à l'intérieur de la couverture.

Légende ▢ Élément solide ▢ Élément gazeux
▢ Élément liquide ▢ Élément synthétique (solide)

La représentation d'une case

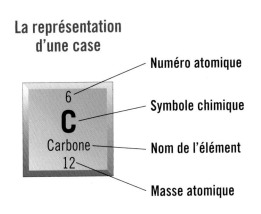

- Numéro atomique
- Symbole chimique
- Nom de l'élément
- Masse atomique

2.18
Le carbone est présent dans les pneus.

2.19

Lise Meitner est née en 1878, à Vienne (en Autriche). Elle est la troisième d'une famille juive de huit enfants.

En 1901, elle entre à l'université de Vienne pour y étudier la physique. En 1907, elle obtient son doctorat. Elle décide alors de déménager à Berlin (en Allemagne), ville où se rassemblent les physiciens du monde entier.

C'est à Berlin que Lise Meitner fait la connaissance du physicien Albert Einstein et du chimiste Otto Hahn. Otto Hahn s'associera à Lise Meitner. Leur collaboration durera 30 ans.

En 1918, Lise Meitner et Otto Hahn donnent le nom de protactinium (numéro atomique : 91, symbole : Pa) à un élément découvert en 1913. En raison de sa toxicité, il n'y a actuellement aucune application de cet élément, à l'exception de la recherche scientifique de base.

Meitner et Hahn sont reconnus pour avoir fait des recherches dans le domaine de la théorie atomique et de la radioactivité (radiations émises par certains éléments). À la suite d'expériences, ils émettent l'hypothèse que des particules d'uranium (numéro atomique : 92, symbole : U) ou de plutonium (numéro atomique : 94, symbole : Pu) peuvent être brisées, libérant ainsi une très grande quantité d'énergie. Ce processus est le principe même de la bombe atomique. Mais Lise Meitner ne sera pas favorable à l'idée qu'une telle bombe puisse être fabriquée.

En 1938, la montée du nazisme, en Allemagne, oblige Lise Meitner à fuir vers la Suède.

En 1945, son collaborateur, Otto Hahn, reçoit le prix Nobel de chimie. À cause de son exil forcé, Lise Meitner ne sera pas associée à cette récompense. Cet oubli sera partiellement corrigé en 1966. Lise Meitner recevra alors, en compagnie de Hahn, le prix Enrico Fermi, décerné par la Commission de l'énergie atomique des États-Unis.

Lise Meitner est décédée en 1968, à Cambridge (en Angleterre). Elle était âgée de 90 ans. Un élément fut nommé en son honneur, le meitnerium (numéro atomique : 109, symbole : Mt). On ne connaît aucune application industrielle de cet élément.

3 Les modèles atomiques et les atomes

La matière est constituée de particules qu'on appelle des <u>atomes</u>. Vous avez sans doute déjà entendu parler des atomes, que ce soit à la télévision, dans les journaux ou ailleurs. Mais qu'est-ce au juste qu'un atome ? Comment peut-on se représenter cette particule ? Depuis Démocrite, il y a 2500 ans, plusieurs scientifiques ont tenté de répondre à cette question. À l'aide de réflexions et d'expériences, ils ont créé divers modèles de l'atome qui ont été qualifiés de <u>modèles atomiques</u>.

2.20
Comment se représenter un atome ?

3.1 Les modèles atomiques

Le philosophe grec Démocrite avait, dès l'Antiquité, exprimé l'idée que la matière était constituée de petites billes indivisibles, c'est-à-dire impossibles à briser en parties plus petites. Il a appelé ces petites billes des « atomes ». Sa théorie n'était fondée sur aucune démonstration. Ce n'était qu'une réflexion. De cette réflexion est né un modèle atomique.

Ce modèle atomique a été approfondi des siècles plus tard par John Dalton (1766-1844), chimiste et physicien britannique. John Dalton a été le fondateur de la théorie atomique, qui stipule que la matière est constituée d'atomes. Dalton a donc repris le mot « atome » que Démocrite avait employé des siècles

auparavant. La représentation que ce savant se faisait de l'atome a été nommée le « modèle atomique de Dalton ».

Aujourd'hui, près de deux siècles plus tard, la plupart des fondements de la théorie atomique énoncés par Dalton sont toujours vrais.

LE MODÈLE ATOMIQUE DE DALTON

- Toute la matière est constituée d'atomes. Les atomes sont tellement petits qu'il est impossible de les observer. Ils ne peuvent être ni créés, ni détruits, ni divisés en parties plus petites.

- Tous les atomes d'un même élément sont identiques. Ils ont la même masse.

- Les atomes d'éléments différents sont différents.

- Dans une réaction chimique, les atomes se séparent les uns des autres, s'unissent ou s'assemblent de façon différente pour former de nouvelles substances.

Les modèles atomiques de Dalton et de Démocrite sont des représentations partielles de la réalité. Ils n'illustrent que certaines caractéristiques de l'atome, à des époques précises. Avec le temps et au fil des nouvelles découvertes, les modèles atomiques ont été perfectionnés et modifiés par les scientifiques.

Par exemple, selon le modèle atomique de Dalton, l'atome ne pouvait être divisé en parties plus petites. Une centaine d'années plus tard, ce modèle subira des transformations. Les scientifiques découvriront que les atomes ne peuvent effectivement être divisés en parties plus petites par des moyens chimiques ou physiques, mais ils peuvent l'être par des <u>réactions nucléaires</u> (réactions qui se produisent au cœur même des particules de matière, dans le noyau des atomes).

Dans le modèle atomique d'aujourd'hui, l'atome est constitué d'un noyau. Le noyau contient des particules diverses. Autour de ce noyau gravitent des particules encore plus petites.

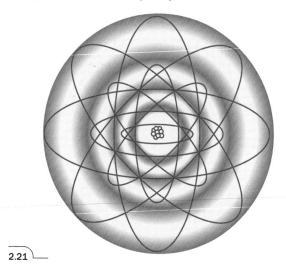

2.21

Un modèle contemporain de l'atome.

3.2 Les atomes

Pour bien comprendre ce qu'est un atome, revenons à l'expérience de la décomposition de l'eau sous l'effet du courant électrique, expérience qui a été faite à la page 32. Cette expérience nous a démontré que chaque particule d'eau pouvait être séparée en trois particules plus petites : deux particules d'hydrogène (H) et une particule d'oxygène (O). Ces particules d'hydrogène et d'oxygène sont des atomes. On illustre souvent les atomes par des billes.

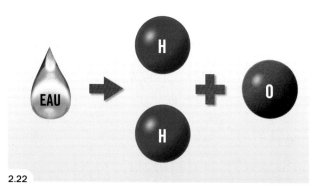

2.22

Une particule d'eau est composée de deux atomes d'hydrogène et d'un atome d'oxygène.

L'atome est la plus petite particule en laquelle un élément peut être divisé par des moyens chimiques.

Deux autres exemples vont vous permettre de mieux comprendre ce que sont les atomes : le fer et l'or. Le fer et l'or sont deux métaux classés dans le tableau périodique des éléments.

Ces deux métaux diffèrent en plusieurs points. Leur dureté, leur masse volumique, leur couleur, leur point de fusion, par exemple, ne sont pas les mêmes. Pourquoi ces métaux sont-ils différents ?

2.23

Les clous sont faits de fer, un métal dur.

2.24

L'or est un métal mou. C'est le plus malléable des métaux.

Le fer et l'or sont composés d'atomes. Tous les atomes de fer sont identiques entre eux. Tous les atomes d'or sont identiques entre eux. Par contre, les atomes de fer sont différents des atomes d'or. Voilà pourquoi ces deux métaux ont des caractéristiques et des propriétés différentes.

Les atomes sont minuscules. Le diamètre d'un atome moyen est de 10^{-10} m, soit un dixième de milliardième de mètre.

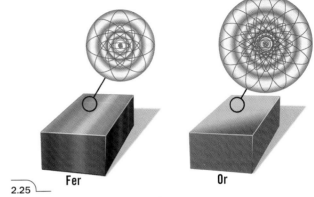

2.25 Le fer et l'or sont constitués d'atomes. Un atome de fer est différent d'un atome d'or.

Point de mire

John Dalton :
le père de la théorie atomique

2.26

John Dalton est né le 6 septembre 1766, à Eaglesfield (en Angleterre). Son éducation fut d'abord prise en charge par son père, qui était tisserand, puis par l'école de sa ville où il reçut une solide instruction en science et en mathématique.

Dès l'âge de 12 ans, John Dalton commence à enseigner dans une école privée. Trois ans plus tard, il dirige un établissement scolaire avec son cousin et son frère aîné. À 27 ans, il est professeur de science dans un collège. Il exercera cette profession avec passion toute sa vie.

À 28 ans, John Dalton découvre qu'il ne voit pas les couleurs de la même façon que les autres. Il confond le rouge et le vert. En 1794, il publie un article sur cette anomalie de la vue, qui sera alors appelée le « daltonisme ».

John Dalton s'intéresse d'abord à la météorologie. C'est son intérêt pour cette science qui le conduit à l'étude de l'air et des gaz. On lui doit d'ailleurs des études sur la dilatation des gaz (les gaz augmentent de volume).

En 1803, John Dalton énonce, pour la première fois, sa théorie selon laquelle la matière est composée d'atomes de masses différentes. Il développe sa théorie lors d'une conférence qu'il prononce devant un auditoire composé de sept personnes. Cette théorie sera sa plus importante contribution à la science. Dalton proposera aussi un tableau périodique qui ne portera que sur six éléments : l'hydrogène, l'azote, le carbone, l'oxygène, le phosphore et le soufre. Il identifiera ces éléments par les symboles H, N, C, O, P et S.

John Dalton s'éteint le 27 juillet 1844, à l'âge de 78 ans.

4 Les molécules

La plupart des atomes ne restent pas seuls. Ils s'associent selon des liens chimiques qui dépendent de leur nature. Lorsque des atomes s'unissent ainsi, ils forment des particules plus grosses. Ces particules plus grosses sont appelées des « molécules ».

Une molécule est un ensemble de deux ou de plusieurs atomes liés chimiquement entre eux.

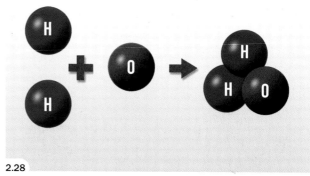

2.28
Deux atomes d'hydrogène (H) unis à un atome d'oxygène (O) forment une molécule d'eau (H_2O).

Lorsqu'un atome de sodium (Na) se combine à un atome de chlore (Cl), cela forme une molécule de sel de table (NaCl).

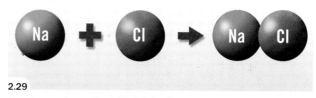

2.29
Un atome de sodium (Na) joint à un atome de chlore (Cl) forment une molécule de sel de table (NaCl).

2.27
Une représentation artistique d'une molécule d'eau.

Lorsque des atomes différents s'unissent, cela forme une autre substance. Ainsi, deux atomes d'hydrogène qui se lient à un atome d'oxygène forment de l'eau. Une substance constituée d'éléments différents est un <u>composé</u>.

4.1 Les propriétés des molécules

Une molécule a des propriétés différentes des atomes qui la composent. Par exemple, le sodium pur est un métal alors que le chlore pur est un gaz toxique. Une fois qu'ils sont liés chimiquement, ils forment le sel de table, qui est comestible. Le sel est une substance qui possède des propriétés caractéristiques que le sodium et le chlore, pris individuellement, n'ont pas.

Prenons, comme autre exemple, le sucre de table. Une molécule de sucre de table est composée de carbone (C), d'hydrogène (H) et d'oxygène (O).

Le carbone est un solide noir (comme le charbon). L'hydrogène est un gaz explosif. L'oxygène est un des gaz que nous respirons. Une fois liés chimiquement, ces éléments peuvent former du sucre de table. Le sucre de table a des propriétés caractéristiques que le carbone, l'hydrogène et l'oxygène, pris séparément, n'ont pas.

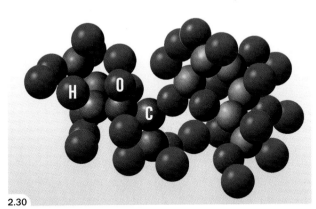

2.30
Le sucre de table ($C_{12}H_{22}O_{11}$) est le résultat de l'union de 45 atomes : 12 atomes de carbone (C), 22 atomes d'hydrogène (H) et 11 atomes d'oxygène (O).

4.2 Les formules chimiques et la nomenclature

La molécule d'eau, qui contient deux atomes d'hydrogène et un seul atome d'oxygène, est symbolisée par H_2O. La molécule de sucre, qui contient 12 atomes de carbone, 22 atomes d'hydrogène et 11 atomes d'oxygène, est symbolisée par $C_{12}H_{22}O_{11}$. Cette écriture symbolique est appelée une <u>formule chimique</u>. Le chiffre, placé en bas et à droite du symbole chimique, est un indice qui renseigne sur le nombre d'atomes qui compose une molécule.

Comme il y a un nombre presque infini de molécules, les scientifiques ont dû trouver une façon de les nommer (par exemple le chlorure de sodium pour NaCl, le dichlorure de calcium pour $CaCl_2$). Cette façon de nommer les molécules est appelée la <u>nomenclature chimique</u>. Elle suit des règles particulières que nous n'étudierons pas ici.

Nous vous présentons, dans le tableau ci-dessous, les formules chimiques les plus courantes, accompagnées de leur nom scientifique et de leur nom usuel.

LA NOMENCLATURE CHIMIQUE DE QUELQUES MOLÉCULES

Formule chimique	Nom scientifique	Nom usuel
H_2O	Eau	Eau
CO_2	Dioxyde de carbone	Gaz carbonique
NaCl	Chlorure de sodium	Sel de table
$CaCl_2$	Dichlorure de calcium	Sel de calcium
HCl	Chlorure d'hydrogène	Acide chlorhydrique ou acide muriatique
O_2	Dioxygène	Oxygène
H_2SO_4	Tétroxyde de soufre et de dihydrogène	Acide sulfurique
$C_{12}H_{22}O_{11}$	Sucrose ou saccharose	Sucre de table
NaOH	Hydroxyde de sodium	Soude caustique
$C_6H_{12}O_6$	Fructose	Sucre de fruits
NH_3	Trihydrure d'azote	Ammoniac
O_3	Trioxygène	Ozone

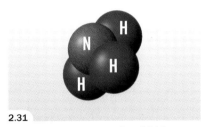

2.31
La molécule d'ammoniac (NH_3).

2.32
La molécule de gaz carbonique (CO_2).

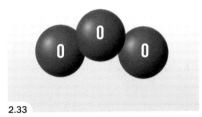

2.33
La molécule d'ozone (O_3).

4.3 Des atomes aux molécules

Faisons une récapitulation de ce que sont les éléments, les atomes et les molécules. Commençons notre résumé avec un exemple que nous avons déjà étudié : le sodium et le chlore.

2.34
Le chlore (Cl) est un élément du tableau périodique. Les piscines sont régulièrement désinfectées au chlore.

- Le sodium (Na) et le chlore (Cl) sont deux éléments du tableau périodique. Ils ont chacun des propriétés caractéristiques distinctes.

- Le sodium et le chlore sont constitués d'atomes. Dans un morceau de sodium, tous les atomes sont identiques. De même, tous les atomes de chlore sont identiques.
- Le sodium et le chlore peuvent s'unir par des liens chimiques pour former une nouvelle substance, le chlorure de sodium (NaCl), qu'on appelle couramment le « sel de table ».

- Cette nouvelle substance, NaCl, n'a pas les mêmes propriétés caractéristiques que le sodium (Na) et le chlore (Cl). Comme cette substance est formée d'éléments différents, on l'appelle un « composé ».
- La molécule de ce composé est constituée d'un atome de sodium et d'un atome de chlore.

Poursuivons notre résumé avec un autre exemple que nous avons également déjà vu : l'hydrogène et l'oxygène.

2.35
L'hydrogène (H) est un élément du tableau périodique. L'hydrogène liquide est utilisé comme combustible dans des moteurs de fusée.

- L'hydrogène (H) et l'oxygène (O) sont deux éléments du tableau périodique. Ils ont chacun des propriétés caractéristiques distinctes.

- L'hydrogène et l'oxygène sont constitués d'atomes. Tous les atomes d'hydrogène sont identiques. Tous les atomes d'oxygène sont identiques.
- Ces deux éléments, l'hydrogène et l'oxygène, peuvent se lier chimiquement pour former une nouvelle substance, l'eau (H_2O).
- Cette nouvelle substance, H_2O, n'a pas les mêmes propriétés caractéristiques que l'hydrogène (H) et l'oxygène (O). Comme cette substance est formée d'éléments différents, on l'appelle un « composé ».
- La molécule de ce composé est constituée de deux atomes d'hydrogène et d'un atome d'oxygène.

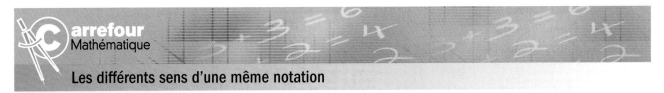

Les différents sens d'une même notation

En mathématique, comme en science, on utilise une écriture symbolique constituée de lettres et d'indices. Mais quel est le sens de cette écriture symbolique? Est-ce le même qu'en science?

En science, CO_2 désigne une formule chimique. Cette formule chimique indique que deux atomes d'oxygène (O_2) liés à un atome de carbone (C) composent la molécule de dioxyde de carbone (CO_2).

En mathématique, l'écriture CO_2 a un tout autre sens. Elle signifie qu'un segment (ou une droite) passe par les points C et O_2. Observez bien la figure 2.36.

Dans cette figure, CD est la médiatrice du segment O_1O_2. Cela veut dire que la droite CD est perpendiculaire au segment O_1O_2, en son centre. L'écriture CO_2 renvoie au segment qui passe par les points C et O_2.

La science et la mathématique ont chacune des codes qui leur sont propres. Il faut apprendre à les différencier.

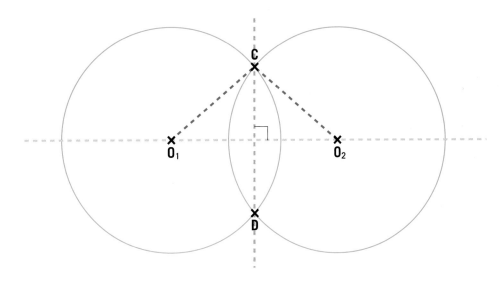

2.36

Les segments CO_1 et CO_2 sont isométriques, c'est-à-dire d'égale longueur.

Voici des suggestions d'activités qui vous permettront de mettre en pratique vos connaissances et vos compétences.

1. La fabrication de carburant non polluant

L'hydrogène, premier élément du tableau périodique, est souvent considéré comme le carburant de l'avenir. On songe à l'utiliser pour remplacer les carburants conventionnels (essence, diesel) des véhicules automobiles. C'est un carburant que l'on dit « propre » parce qu'il produit seulement de l'eau lorsqu'il brûle dans un moteur. Comment obtient-on de l'hydrogène ? En faisant l'électrolyse de l'eau. Vous allez réaliser cette expérience et produire de l'hydrogène de façon simple.

ATTENTION : la présence d'adultes est obligatoire ! En aucun temps, il ne faudra utiliser le courant électrique d'une prise de courant. Vous pourriez vous électrocuter. L'électricité et l'eau ne font pas bon ménage.

2. La fabrication du savon

Le savon est un produit chimique connu depuis très longtemps. Autrefois, les gens le fabriquaient à la maison. Aujourd'hui, on trouve encore des artisans qui font des savons de toutes sortes. Vous allez, à votre tour, fabriquer du savon.

ATTENTION : la présence d'adultes est obligatoire !

CORROSIF — Les produits utilisés pour faire cette expérience sont corrosifs.

Pour protéger vos yeux, il faudra porter des lunettes de sécurité.

Pour protéger vos mains, il faudra porter des gants.

Cette expérience devra être faite dans un endroit bien ventilé, de préférence sous une hotte.

Des pistes à explorer

- Pour faire l'électrolyse de l'eau, il faut du courant continu. Le courant continu est fourni par des piles électriques, un panneau solaire ou un générateur.
- Le Soleil est une source d'énergie gratuite.
- Pour faciliter le passage du courant électrique, il faut ajouter un peu de bicarbonate de sodium ou un peu d'acide à l'eau. Ces substances sont d'usage courant. Vous en trouverez chez vous, dans vos armoires de cuisine.
- Les substances utilisées pour faciliter le passage du courant électrique peuvent réagir avec les parties métalliques qui sont en contact avec l'eau.

Des pistes à explorer

- Le savon est fabriqué avec de la graisse animale ou végétale.
- Il faut ajouter une autre substance à la graisse, de façon à obtenir une pâte.
- Des substances chimiques peuvent donner des propriétés odorantes ou moussantes au savon.
- Vous pouvez colorer et mouler votre savon.

3. Des échantillons d'éléments

Savez-vous à quoi ressemblent les différents éléments du tableau périodique? Pour le savoir, vous allez construire un tableau périodique des éléments et préparer des échantillons qui représenteront le plus d'éléments possible.

 Certains éléments sont toxiques.

 Les produits utilisés pour faire cette expérience sont corrosifs.

2.37

De haut en bas : du soufre, du carbone et du zinc. À gauche : du brome.
À droite : du mercure.

Des pistes à explorer

- ► Certains éléments gazeux et liquides devront être gardés dans des contenants hermétiques.
- ► Les éléments qui sont toxiques ou corrosifs ne pourront pas être représentés tels quels.
- ► Certains éléments, pris séparément, présentent des dangers. Par contre, ils forment des molécules inoffensives lorsqu'ils sont liés à d'autres éléments. Ils pourront donc être remplacés par des composés.
- ► Certains éléments sont très coûteux, mais les minerais dont ils sont extraits ne le sont pas.
- ► On trouve des éléments dans des produits manufacturés. Par exemple, certains éléments radioactifs sont utilisés dans les détecteurs de fumée.
- ► Plusieurs éléments (surtout les métaux) composent des objets d'usage courant.
- ► Des photos d'éléments pourraient remplacer certains éléments.

TOUT COMPTE FAIT

Les éléments

PAGES 32 À 35

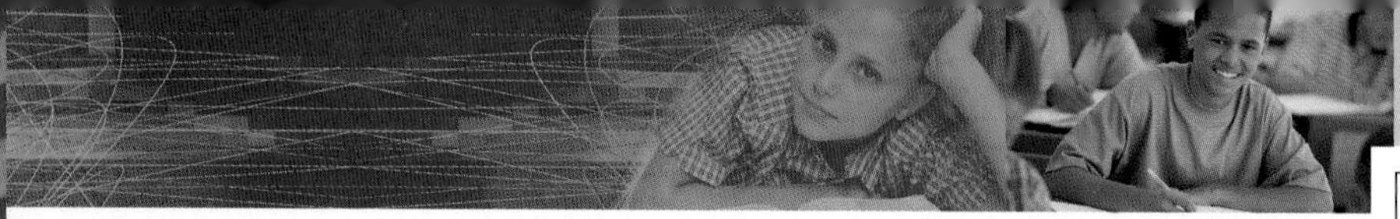

1 Pourquoi l'eau et le sel de table ne sont-ils pas des éléments ?

2 Regardez autour de vous. Trouvez trois substances ou objets qui sont constitués d'éléments. Nommez les éléments qui composent ces substances ou ces objets.

3 Quel est le symbole chimique de chacun des éléments suivants ?

a) Lithium *c)* Fluor *e)* Carbone *g)* Potassium

b) Magnésium *d)* Fer *f)* Soufre *h)* Uranium

4 Quel est le nom de l'élément correspondant à chacun des symboles chimiques suivants ?

a) N *c)* Se *e)* Au *g)* H *i)* Ag

b) Na *d)* O *f)* He *h)* Ca *j)* Hg

Le tableau périodique des éléments

PAGES 36 À 38

5 Reproduisez le tableau ci-dessous. Inscrivez, dans la colonne appropriée, le symbole chimique, le numéro atomique et la masse atomique de chaque élément. Notez, dans la dernière colonne, l'état de l'élément (solide, liquide ou gazeux) à une température de 25 °C.

Élément	Symbole chimique	Numéro atomique	Masse atomique	État
Béryllium				
Baryum				
Or				
Cobalt				
Fer				
Platine				
Tungstène				
Krypton				
Néon				
Brome				

Les modèles atomiques et les atomes

PAGES 39 À 41

6 Voici une série d'énoncés concernant le modèle atomique de Dalton. Lesquels de ces énoncés sont vrais?

a) Les atomes peuvent facilement être divisés en parties plus petites.

b) Tous les atomes de tous les éléments sont identiques.

c) La masse des atomes de tous les éléments est la même.

d) Lorsque des atomes s'unissent ou se séparent, il y a une réaction chimique.

e) Les atomes d'éléments différents ne sont pas identiques.

f) Une nouvelle substance est produite quand deux ou plusieurs atomes s'unissent.

Les molécules

PAGES 42 À 45

7 Indiquez si chaque symbole, formule chimique ou substance correspond à un atome ou à une molécule.

a) F c) NaCl e) Cuivre g) $C_{12}H_{22}O_{11}$

b) Fe d) Sel de table f) Or h) Eau

8 Comment avez-vous fait pour distinguer les atomes des molécules?

9 Reproduisez le tableau ci-contre. Inscrivez d'abord le nombre total d'atomes que chaque molécule contient. Puis, notez le nombre d'atomes de chaque élément qui compose la molécule.

Molécule	Nombre total d'atomes	Nombre d'atomes de chaque élément
H_2O		
$CaCl_2$		
O_2		
H_2SO_4		
$C_{12}H_{22}O_{11}$		

Chapitre 2 **49** L'organisation de la matière

2.38
Les finisseurs de meubles doivent préparer
les meubles sur lesquels ils appliqueront des
produits de finition (vernis, peinture, etc.).

2.39
Pour mieux comprendre les propriétés de la matière, la biochimiste
doit effectuer des analyses en laboratoire.

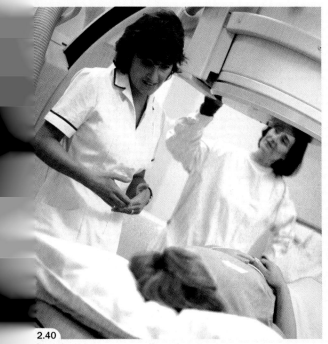

2.40
La technologue en médecine nucléaire effectue
les examens radiologiques.

Les scientifiques ont démontré que toute matière était constituée d'atomes, de molécules. C'est en étudiant la composition de la matière que les chercheurs ont fait d'importantes découvertes sur les propriétés des matériaux. Ils ont pu ainsi créer de nouveau matériaux, comme du caoutchouc synthétique que l'on trouve dans les pneus de voiture.

La composition de la matière couvre un éventail d'activités qui vont de la peinture aux soins faciaux, de l'analyse des produits chimiques à la recherche sur les médicaments, de la protection de l'environnement aux examens radiologiques.

À la page suivante, nous présentons quelques métiers où l'on exploite la composition de la matière, en lien avec les diplômes d'études qui sont requis pour exercer ces métiers.

Diplômes d'études		
secondaires	**collégiales**	**universitaires**
• Peintres en bâtiments • Concierges • Esthéticiens • Finisseurs de meubles • Assistants techniques en pharmacie	• Techniciens en diététique • Technologues en médecine nucléaire • Technologues en chimie-biologie • Techniciens en génie chimique • Techniciens en génie nucléaire	• Pharmacologues • Ingénieurs alimentaires • Agronomes • Biochimistes • Ingénieurs agricoles

Profession : agronome

Les agronomes sont des personnes qui font des recommandations aux entreprises agricoles. Ils travaillent donc avec les agriculteurs et voient à l'utilisation rationnelle des ressources utilisées en agriculture.

À cette fin, ils doivent expérimenter et appliquer les principes de la culture, de l'élevage des animaux, de l'exploitation des sols, de la gestion des entreprises, de la transformation et de la commercialisation des produits agricoles. Ils doivent tout connaître sur les fertilisants, les herbicides, les insecticides et la nature des sols.

Le rôle des agronomes est d'évaluer une situation, de diagnostiquer les problèmes et de proposer des solutions. Pour ce faire, ils doivent bien comprendre les réalités du monde agricole, tout en ayant un souci constant de la santé humaine et de la protection de l'environnement.

Les agronomes devront être de bons communicateurs et de bons vulgarisateurs.

2.41
L'agronome agit comme conseiller auprès de l'agriculteur.

L'atome et la bombe

par Raynald Pepin

2.42

Le 24 juin 1957, une expérience d'explosion nucléaire était faite au Nevada (États-Unis).

Il arrive que les scientifiques aient des décisions d'ordre éthique (ou moral) à prendre. Ce fut le cas dans les années 1930-1940, au moment où l'on faisait des recherches sur le développement de la bombe atomique.

Début 1939. Des expériences montrent que la partie centrale de certains atomes d'uranium ou de plutonium peut se désintégrer et libérer ainsi beaucoup d'énergie. C'est ce qu'on a appelé le « processus de fission ». Ce processus peut entraîner la désintégration d'autres atomes et produire une réaction en chaîne. La quantité d'énergie libérée devient alors colossale. Les physiciens nucléaires entrevoient la possibilité de mettre au point une nouvelle arme très puissante : la bombe atomique.

Or, une guerre entre l'Allemagne et d'autres pays européens se prépare. La Seconde Guerre mondiale commencera un peu plus tard, le 1er septembre 1939. Les physiciens se questionnent sur le bien-fondé de leur démarche : « Doit-on poursuivre les recherches sur la bombe atomique, tout en sachant que cette bombe pourrait détruire une ville entière ? »

Frédéric et Irène Joliot-Curie

En 1939, les physiciens français, Frédéric et Irène Joliot-Curie, montrent que la fission de l'uranium peut mener à une réaction en chaîne. Ils font état de leurs résultats aux alliés britanniques. Pourtant, en 1936, Frédéric Joliot-Curie avait déclaré qu'il serait préférable que les scientifiques ne divulguent pas leurs découvertes. Mais, en ce temps de guerre, on se demande ce qui arriverait aux pays alliés (France, Angleterre, etc.) si l'Allemagne nazie était la première nation à mettre au point la bombe atomique.

Enrico Fermi

Enrico Fermi, physicien italien, est un spécialiste de physique nucléaire. Sa femme étant d'origine juive, le couple quitte l'Italie en 1938 et émigre aux États-Unis. En 1942, Fermi réalise la première réaction en chaîne contrôlée de l'histoire, prélude à la mise au point de la bombe atomique. Fermi ne sera pas aussi tourmenté que d'autres chercheurs par les conséquences de ses travaux.

Franco Rasetti

Franco Rasetti, un des meilleurs physiciens italiens, fait partie de l'équipe de Fermi à l'université de Rome. Malgré son amitié pour Fermi, Rasetti refuse de travailler avec lui à la mise au point d'une bombe. Plutôt que de le suivre aux États-Unis, il accepte un poste comme professeur et chercheur à l'Université Laval, à Québec. En 1942, il est de nouveau sollicité par ses pairs qui lui demandent de se joindre à une équipe de recherches secrètes. Il refuse une autre fois. Il a toujours considéré qu'il avait une responsabilité d'homme de science vis-à-vis de ses semblables.

Albert Einstein

2.43

Albert Einstein, physicien juif et ardent pacifiste, craint que les Allemands mettent au point une bombe nucléaire. En 1933, il quitte l'Allemagne et se réfugie aux États-Unis pour fuir les persécutions des nazis envers les Juifs. En 1939, il écrit une lettre à Franklin D. Roosevelt, alors président des États-Unis. Il le convainc de développer le programme de la bombe nucléaire avant que l'Allemagne n'y parvienne. Il regrettera son geste et ne participera pas à la fabrication de la bombe.

Prenez position !

À cette époque de guerre, le débat sur une question aussi cruciale que la fabrication de la bombe atomique a été esquivé. Mais les progrès de la science et de la technologie soulèvent, en tout temps, plusieurs questions éthiques qui ne sont pas facilement résolues.

- Est-il possible de contrôler la recherche scientifique ?
- Vaut-il mieux orienter la recherche scientifique ?
- Est-il préférable de ne pas laisser l'initiative de la recherche aux seuls chercheurs ?

Le débat est ouvert.

L'univers
VIVANT

Tous les êtres vivants, de la plus simple bactérie à l'être humain, doivent assurer leur survie. Ils y parviennent en se nourrissant, en respirant, en faisant des échanges avec leur milieu de façon à croître et à se développer.

Une fois leur survie assurée, les êtres vivants vont chercher à se reproduire pour assurer, cette fois, la survie de leur espèce. L'aptitude des organismes à se reproduire est l'une des caractéristiques qui distinguent les êtres vivants du monde des objets.

Sommaire

Avant d'entrer dans ce nouvel univers vivant, faisons un rappel des principales notions vues en 1re année du cycle.

- Des milliards de milliards d'êtres vivants vivent sur la Terre. La diversité est la caractéristique principale de la vie.

LA DIVERSITÉ DE LA VIE

- Jusqu'à quel point les êtres vivants diffèrent-ils les uns des autres? Comment s'adaptent-ils à leur milieu? Comment ont-ils évolué? Quel rôle jouent-ils dans leur milieu?

- Une **espèce** regroupe des individus qui ont un aspect semblable et qui peuvent se reproduire entre eux pour donner naissance à des descendants féconds (qui pourront, eux aussi, se reproduire).

- Chaque espèce est désignée, scientifiquement, par deux noms latins écrits en italique. Par exemple, le loup gris est appelé *Canis lupus*. Le premier mot indique le genre du vivant et le deuxième mot, l'épithète. Cette façon de nommer les vivants est la **nomenclature binominale**.

- La **taxonomie** est la science qui classifie les êtres vivants dans diverses catégories.

bactéries

- Les êtres vivants sont regroupés en cinq règnes: le règne des **animaux**, le règne des **végétaux**, le règne des **champignons**, le règne des **protistes** et le règne des **monères**.

  - Chaque règne est subdivisé en plusieurs **embranchements**. (*Exemple:* les cordés.)

  - Chaque embranchement est subdivisé en plusieurs **classes**. (*Exemple:* les mammifères.)

  - Chaque classe est subdivisée en plusieurs **ordres**. (*Exemple:* les carnivores.)

  - Chaque ordre est subdivisé en plusieurs **familles**. (*Exemple:* les canidés.)

  - Chaque famille est subdivisée en plusieurs **genres**. (*Exemple:* le genre *Canis*.)

  - Chaque genre est subdivisé en plusieurs **espèces**. (*Exemple:* le *Canis lupus*.)

Le loup gris (*Canis lupus*) appartient au règne animal.

- Une **population** est l'ensemble des individus d'une même espèce qui vivent sur un territoire géographique déterminé.

- L'**adaptation** est un processus par lequel certaines populations se transforment pour augmenter leurs chances de survie et de reproduction dans un milieu particulier.

- Une **adaptation physique** est une structure (caractéristique physique) qui facilite la vie d'une espèce dans son milieu. (*Exemple :* la forme du bec des oiseaux.)

- Une **adaptation comportementale** est un comportement qui facilite la vie d'une espèce dans son milieu. (*Exemple :* l'oiseau qui s'envole à l'approche d'un prédateur.)

- L'**évolution** est un lent processus qui amène des modifications dans les populations d'organismes vivants, ce qui leur permet de s'adapter aux changements du milieu.

Au fil du temps, les « petites girafes » ont été remplacées par les grandes girafes.

- L'**habitat** est le lieu précis où l'on rencontre habituellement une espèce et où cette espèce trouve les conditions nécessaires à sa survie. (*Exemple :* les orignaux vivent dans les bois, près des marais.)

- Plusieurs **facteurs** (**abiotiques** ou **biotiques**) font qu'une espèce habite un lieu plutôt qu'un autre.

  - Les éléments non vivants d'un milieu (comme le climat et le relief) sont des **facteurs abiotiques**.

  - Les interactions entre les vivants d'un milieu, c'est-à-dire l'ensemble des actions que les vivants d'un milieu ont les uns sur les autres, sont des **facteurs biotiques**.

- La **niche écologique** d'un être vivant est le rôle global qu'il joue dans son milieu.

  - Un **producteur** est un organisme qui produit de la matière vivante (organique) en absorbant et en réorganisant la matière non vivante.

  - Un **consommateur** est un organisme dont le rôle est de consommer d'autres vivants.

  - Un **décomposeur** est un organisme dont le rôle est de se nourrir des déchets et des cadavres d'autres vivants, animaux ou végétaux.

LE MAINTIEN DE LA VIE ET LA PERPÉTUATION DES ESPÈCES

- Tous les êtres vivants ont, malgré leur diversité, certaines caractéristiques communes.

- Un être vivant présente sept **caractéristiques** principales. **(1)** Il a une organisation complexe dont la base est la cellule. **(2)** Il réagit aux stimuli. **(3)** Il fait des échanges avec son milieu. **(4)** Il croît et se développe. **(5)** Il utilise de l'énergie. **(6)** Il se reproduit. **(7)** Il s'adapte aux changements de son milieu.

Les manchots se sont adaptés au milieu aquatique.

- Les cellules animales et végétales ont quatre principales **composantes**.

  - La **membrane cellulaire**, qui contrôle les échanges entre l'intérieur et l'extérieur de la cellule.

  - Le **cytoplasme**, sorte de gelée qui contient plusieurs petits organes appelés «organites».

  - Le **noyau**, qui contrôle les activités de la cellule et qui contient l'information héréditaire.

  - La **membrane nucléaire**, qui contrôle les échanges entre le noyau et les organites.

- Certaines cellules végétales et animales ont une autre caractéristique commune.

  - La **vacuole**, qui est une poche située dans le cytoplasme. Chez les animaux, elle sert à emmagasiner les graisses. Chez les végétaux, elle sert à emmagasiner l'amidon (un sucre) et des déchets.

- Les cellules végétales ont des caractéristiques particulières.

  - La **paroi cellulosique**, qui entoure la membrane cellulaire et qui contient beaucoup de cellulose (substance qui donne de la rigidité aux plantes).

  - Les **chloroplastes**, qui sont contenus dans les cellules végétales et qui captent la lumière solaire pour produire de la nourriture.

Une illustration des cellules du cerveau.

■ Si les êtres vivants sont si nombreux, c'est qu'ils se reproduisent. Ils ont de nombreuses façons de se reproduire.

- La **reproduction asexuée** se fait avec un seul parent qui produit une ou plusieurs «copies» de lui-même. (*Exemples :* la division cellulaire, le bouturage.)

- La **reproduction sexuée** se fait par l'union de deux cellules, une cellule mâle et une cellule femelle.

- Chez les végétaux, les fleurs sont les organes de reproduction.

  - La **pollinisation** est le transport du pollen de l'anthère de l'étamine (mâle) vers le stigmate du pistil (femelle).

  - La **fécondation** est l'union d'une cellule mâle et d'une cellule femelle.

  - La **fructification** est la formation d'un fruit qui porte des graines.

  - Lors de la **germination**, l'embryon contenu dans la graine commence à se développer pour former une plante.

Chaque fleur de pommier a des organes sexuels mâles et femelles.

- Chez les animaux, le développement de l'ovule fécondé se fait à l'intérieur ou à l'extérieur de la femelle.

  - Chez les **vivipares**, l'œuf se développe à l'intérieur de la femelle. L'embryon est relié à la mère avec qui il échange des substances. (*Exemple :* les mammifères.)

  - Chez les **ovipares**, l'œuf se développe entièrement à l'extérieur de la femelle, sans lien ni échange de substances avec elle. (*Exemple :* les oiseaux.)

  - Chez les **ovovivipares**, l'œuf se développe à l'intérieur de la femelle, sans lien ni échange de substances avec elle. (*Exemple :* les reptiles.)

Chapitre 3

La perpétuation de la vie

3.1
Des œufs de saumon.

3.2
Une femelle cougar et ses petits.

La reproduction est essentielle à la vie. Les bactéries, les plantes, les animaux et les êtres humains doivent se reproduire, c'est-à-dire engendrer de nouveaux individus de façon à remplacer ceux qui meurent. Sans reproduction, une espèce disparaît.

Chez les espèces qui ont une durée de vie assez courte et qui laissent leurs progénitures à elles-mêmes dès leur naissance, le nombre de petits est élevé. C'est le cas des poissons. Les saumons, par exemple, pondent des milliers d'œufs pour que quelques-uns, au moins, arrivent à maturité.

Chez les espèces qui ont une longue espérance de vie et qui s'occupent de leurs progénitures, le nombre de petits est faible. C'est le cas des cougars. C'est aussi le cas des êtres humains.

Dans le présent chapitre, nous étudierons la reproduction humaine. Nous découvrirons comment la vie est créée et pourquoi les enfants héritent des caractéristiques de leurs parents. Nous passerons en revue les divers moyens de contrôle des naissances, de même que les principales infections transmissibles sexuellement. Mais voyons d'abord comment fonctionnent les organes reproducteurs.

3.3
Des parents accompagnés de leur enfant.

1 La reproduction humaine

Chez les êtres humains, la reproduction est assurée par un ensemble d'organes spécialisés. Ces organes, les organes reproducteurs, se développent peu à peu pour devenir fonctionnels au début de l'adolescence.

3.4
L'adolescence, une étape importante de la vie.

Au début de l'adolescence, certaines glandes (organes du corps) produisent de plus en plus d'hormones sexuelles.

Les hormones sont des substances chimiques fabriquées par certaines glandes du corps. Elles agissent, de façon générale, sur l'ensemble du corps ou, de façon spécifique, sur certains organes.

Les hormones sexuelles sont des substances chimiques qui agissent sur le développement des organes reproducteurs (les organes génitaux). Elles agissent aussi sur l'ensemble du corps et lui donnent des caractéristiques masculines ou féminines. Cet ensemble de modifications survient à la puberté.

La puberté est le passage de l'enfance à l'adolescence, durant lequel de nombreux changements physiques et psychologiques se produisent.

Les hormones sexuelles sont responsables du déclenchement de la puberté et contrôlent le processus de reproduction.

À partir de la puberté, les organes reproducteurs produisent des cellules spécialisées (spermatozoïdes, ovules), le cycle menstruel apparaît chez la jeune fille et la grossesse devient possible.

1.1 Les organes reproducteurs

Les systèmes reproducteurs de l'homme et de la femme comportent plusieurs organes différents. Les organes génitaux des hommes ne sont pas les mêmes que ceux des femmes. Chaque organe accomplit une fonction spécifique qui est nécessaire à la reproduction.

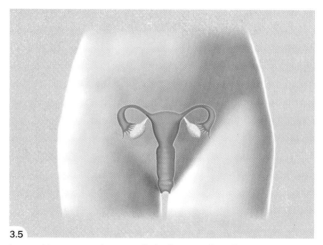

3.5
Le système reproducteur de la femme (localisation).

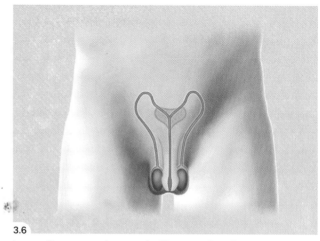

3.6
Le système reproducteur de l'homme (localisation).

Les organes reproducteurs de la femme

Les organes reproducteurs (génitaux) féminins comprennent une partie externe et une partie interne.

1 • Les organes génitaux externes

La partie externe des organes génitaux féminins est formée d'un ensemble qu'on appelle la vulve.

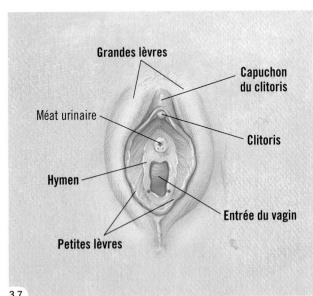

3.7
Les organes génitaux externes de la femme.

La vulve comprend essentiellement les grandes et les petites lèvres, l'entrée du vagin, l'hymen, le clitoris et le méat urinaire.

- Les grandes lèvres sont constituées de deux replis de peau qui entourent les petites lèvres.
- Les petites lèvres sont deux replis de peau mince qui protègent l'entrée du vagin.
- L'entrée du vagin est aussi appelée « l'orifice vaginal ».
- L'hymen est une petite membrane de peau qui ferme partiellement l'entrée du vagin. L'obturation n'est que partielle pour permettre l'écoulement des règles. L'hymen pourra être déchiré lors d'un premier rapport sexuel.
- Le clitoris est un petit organe très sensible au toucher. Il est situé à la jonction supérieure des petites lèvres, sous un petit capuchon.

Le capuchon du clitoris, aussi appelé « prépuce du clitoris », est un repli de peau qui protège le clitoris.

- Le méat urinaire est une petite ouverture, juste en haut de l'entrée du vagin. C'est par cette ouverture que l'urine est évacuée. Le méat urinaire ne fait pas partie des organes reproducteurs.

2 • Les organes génitaux internes

Les principaux organes de reproduction féminins sont situés à l'intérieur du corps. Ce sont les organes génitaux internes.

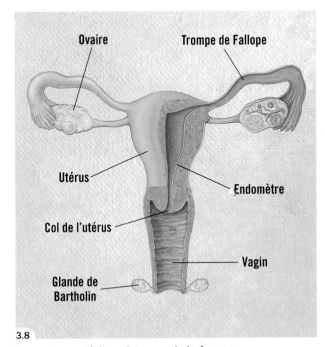

3.8
Les organes génitaux internes de la femme.

La partie interne des organes génitaux féminins est formée des ovaires, des trompes de Fallope, de l'utérus, du vagin et des glandes de Bartholin.

- Les ovaires sont deux petites glandes (petits organes) situées à l'extrémité des trompes de Fallope. Ils ont deux rôles : fabriquer des ovules (cellules sexuelles femelles) et produire des hormones (femelles).

- Les trompes de Fallope sont deux conduits qui permettent à l'ovule de descendre dans l'utérus.

- L'utérus est l'organe génital féminin le plus important. C'est un organe épais, extensible, qui contient beaucoup de muscles et qui a la forme d'une poire renversée. Il est tapissé, à l'intérieur, d'une membrane riche en vaisseaux sanguins. Cette membrane est l'endomètre. C'est dans l'endomètre que l'ovule fécondé (qui deviendra le fœtus) se développera.

  L'utérus se termine par le col de l'utérus. Le col de l'utérus contient une petite ouverture qui permet au sang menstruel de s'écouler dans le vagin. Cette ouverture s'agrandit considérablement lors de l'accouchement.

- Le vagin est un tube souple et élastique. Il relie l'utérus à la vulve, c'est-à-dire à l'extérieur du corps. Cet organe a plusieurs fonctions importantes : il permet notamment l'écoulement extérieur du sang menstruel et la sortie du bébé lors de l'accouchement.

- Les glandes de Bartholin, aussi appelées les « glandes vestibulaires majeures », sont situées de part et d'autre de l'entrée du vagin. Ces glandes produisent un liquide clair qui humidifie la vulve lors des rapports sexuels.

Les organes reproducteurs de l'homme

Les organes reproducteurs (génitaux) masculins comprennent, tout comme chez la femme, une partie externe et une partie interne.

1 • Les organes génitaux externes

La partie externe des organes génitaux masculins est composée du pénis et du scrotum.

- De forme allongée, le pénis est l'organe génital caractéristique de l'homme. Une peau fine recouvre le pénis. L'extrémité du pénis, en forme de cloche, se nomme le gland. L'orifice qui se trouve au bout du gland est le méat urinaire. C'est par le méat urinaire que l'urine et le sperme sont évacués. Le méat urinaire ne fait pas partie des organes reproducteurs.

  La peau qui recouvre le gland est le prépuce. Lorsqu'on enlève chirurgicalement cette peau, on procède à une circoncision.

- Le scrotum est un organe en forme de sac. Ce sac de peau contient les testicules (glandes sexuelles mâles).

2 • Les organes génitaux internes

Les principaux organes de reproduction masculins sont situés à l'intérieur du corps. Ce sont les organes génitaux internes.

La partie interne des organes génitaux masculins comprend les testicules, un réseau de canaux (qui servent au transport des spermatozoïdes jusqu'à l'extérieur du corps) et des glandes (qui servent à nourrir les spermatozoïdes).

Savez-vous que...

- Pour produire des spermatozoïdes (cellules sexuelles mâles) viables, les testicules doivent être un peu plus froids que le reste du corps. C'est pourquoi ils sont contenus dans le scrotum, qui est situé à l'extérieur du corps.

- Les testicules sont contenus dans le scrotum. Ils ont deux fonctions : fabriquer des hormones (mâles) et produire des spermatozoïdes (cellules sexuelles mâles).

- Une fois les spermatozoïdes produits dans les testicules, ils pénètrent dans l'épididyme. Ils y séjournent durant 20 jours environ, le temps qu'ils deviennent aptes à la fécondation. Ils remontent ensuite le canal déférent et sont entreposés dans l'ampoule.

- À la suite d'une excitation sexuelle, des contractions chassent les spermatozoïdes de l'ampoule vers l'urètre.

- Les spermatozoïdes, en se dirigeant vers l'urètre, passent par un court canal qui entre dans la prostate. La prostate ajoute aux spermatozoïdes un liquide qui les active et les nourrit.

- Lors de l'éjaculation, le sperme est projeté à l'extérieur du pénis. Le sperme est un liquide blanchâtre. Il renferme des spermatozoïdes (à 10 %) et des liquides sécrétés par trois glandes (à 90 %) : les vésicules séminales, la prostate et les glandes de Cowper.

- Les glandes de Cowper fabriquent un liquide qui lubrifie l'extrémité du pénis lors des rapports sexuels.

Organes génitaux externes

Organes génitaux internes

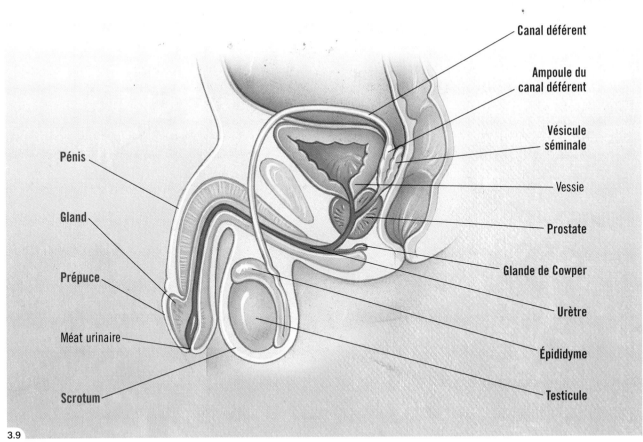

3.9
Les organes génitaux de l'homme.

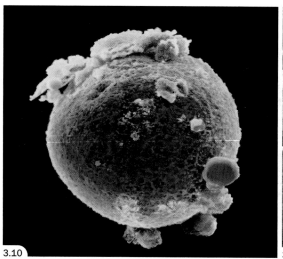

3.10
Un ovule.

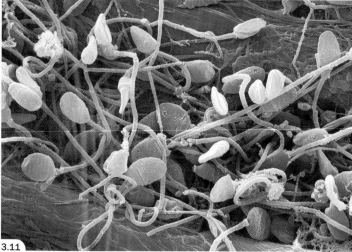

3.11
Des spermatozoïdes.

1.2 Les gamètes

Chez tous les vivants qui se reproduisent de façon sexuée, des cellules reproductrices sont fabriquées. Ces cellules spécialisées pour la reproduction sont les ovules (chez les femmes) et les spermatozoïdes (chez les hommes). On appelle ces cellules des « gamètes ».

Un gamète est une cellule sexuelle servant à la reproduction.

L'ovule est la plus grosse cellule du corps humain. Il a un diamètre d'un dixième de millimètre environ, soit l'épaisseur d'un cheveu. Le spermatozoïde est environ 300 fois plus petit que l'ovule.

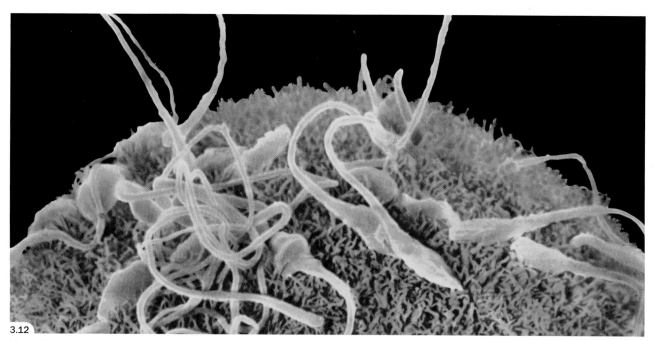

3.12
Un ovule entouré de spermatozoïdes.

1.3 La fécondation

Parmi les centaines de spermatozoïdes qui tenteront de pénétrer dans l'ovule, un seul réussira. Ce spermatozoïde percera la membrane de l'ovule et s'y enfoncera. L'ovule sera fécondé. Une fois que l'ovule aura été percé, aucun autre spermatozoïde ne pourra y entrer.

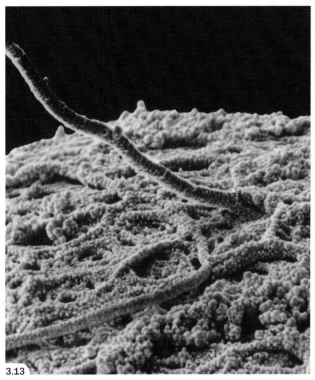

3.13
Un spermatozoïde qui féconde un ovule.

La fécondation est l'union des deux gamètes : l'ovule et le spermatozoïde.

L'ovule fécondé, qui est l'union des gamètes mâle et femelle, prend le nom de zygote.

La production des ovules

Chaque mois, plusieurs ovules commencent à se développer dans les ovaires. Habituellement, il n'y en a qu'un seul qui réussit à survivre. Il sera happé par une trompe de Fallope. Si cet ovule rencontre un spermatozoïde dans une trompe de Fallope, il pourra être fécondé. Pour saisir ce processus, il faut comprendre comment fonctionne le cycle menstruel.

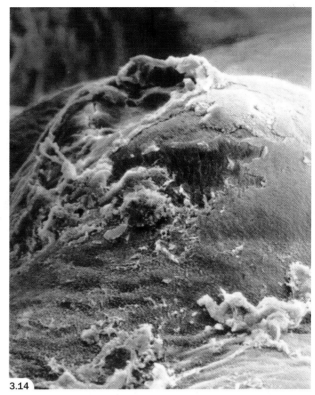

3.14
Lors de l'ovulation, un ovule (en rose) quitte un ovaire.

Le cycle menstruel

La menstruation est la manifestation la plus apparente du cycle menstruel. Elle est caractérisée par un écoulement sanguin.

Généralement, les premières règles commencent au début de l'adolescence. Chez une femme adulte qui a un cycle menstruel régulier de 28 jours (du premier jour des règles aux règles suivantes), la menstruation dure environ 5 jours.

Vers le milieu du cycle, plus précisément 14 jours avant la prochaine menstruation, l'ovule est libéré par un ovaire (photo 3.14). C'est l'ovulation. L'ovule ne reste vivant que deux jours au maximum. Les spermatozoïdes, eux, ne vivent que de deux jours à quatre jours. La période durant laquelle la femme peut devenir enceinte, sa période de fertilité, s'étend de quatre jours avant son ovulation à deux jours après son ovulation (illustration 3.15, page 66).

Tout le long de la première partie du cycle (de la fin des règles à l'ovulation), l'endomètre s'épaissit de façon à recevoir l'ovule fécondé. S'il n'y a pas de fécondation, l'endomètre se détachera de l'utérus deux semaines environ après l'ovulation. Comme il est très riche en vaisseaux sanguins, son détachement de l'utérus causera une perte de sang. Ce sang s'écoulera par le vagin, annonçant ainsi un nouveau cycle.

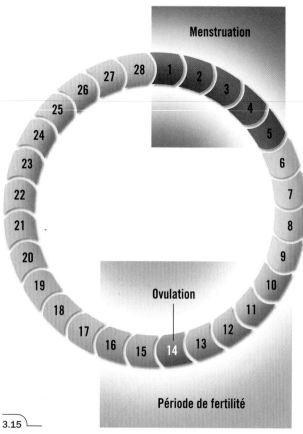

3.15

La période de fertilité est la période durant laquelle une femme peut devenir enceinte.

1.4 La grossesse

Quand l'ovule est fécondé, il descend dans l'utérus pour se développer. La femme est enceinte. Elle commence sa grossesse.

La grossesse est la période durant laquelle la femme porte un embryon (puis un fœtus) dans son utérus.

De l'ovule fécondé au fœtus

Dès la première journée de fécondation, le zygote (l'ovule fécondé) quitte la trompe de Fallope pour se rendre dans l'utérus. Pendant son trajet vers l'utérus, qui va durer trois ou quatre jours, il va se diviser pour former peu à peu un amas de cellules.

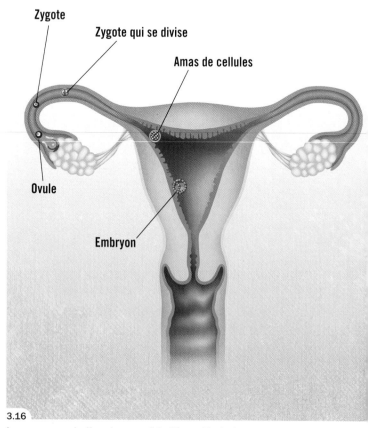

3.16

Le parcours de l'ovule, une fois fécondé, de la trompe de Fallope à l'utérus.

Le zygote se divise d'abord en 2 cellules (photo 3.17, page 67). En descendant vers l'utérus, il va poursuivre sa division et former un amas de 4 cellules, de 8 cellules et de 16 cellules (photo 3.18). Il va continuer à se développer jusqu'à ce qu'il soit composé d'une centaine de cellules. Il va alors s'accrocher à l'endomètre et y faire son nid. C'est ce qu'on appelle la nidation. À partir de ce moment, il portera le nom d'embryon (photo 3.19) jusqu'à 8 semaines. À la neuvième semaine, l'embryon deviendra un fœtus (photo 3.20) jusqu'à la naissance.

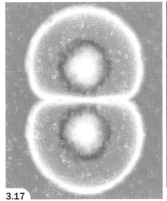

3.17
Le zygote est divisé
en 2 cellules.

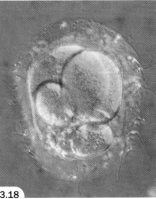

3.18
Le zygote est divisé en
plusieurs cellules.

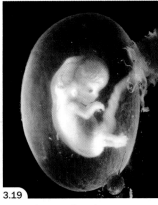

3.19
Un embryon d'environ
5 semaines.

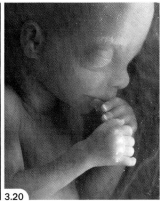

3.20
Un fœtus d'environ
12 semaines.

Le lien vital

L'embryon a besoin de la mère pour se développer. Chez la femme enceinte, des organes spécialisés vont se former pour assurer le développement de l'embryon.

Dès la nidation de l'embryon, un organe particulier va prendre place dans l'endomètre. Cet organe est le placenta. L'embryon est relié au placenta par le cordon ombilical. Le placenta va permettre l'échange de gaz respiratoires (oxygène et gaz carbonique) entre la mère et l'embryon. Il va aussi permettre le transfert de nourriture et l'évacuation des déchets.

L'embryon est entouré d'une poche qu'on appelle le sac amniotique. Ce sac est rempli d'un liquide, le liquide amniotique, qui protège l'embryon contre les chocs extérieurs.

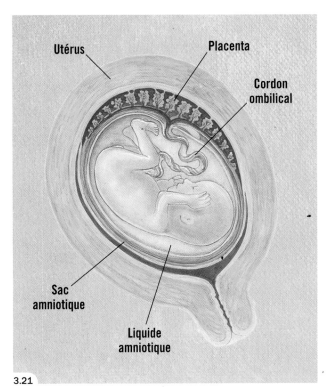

Utérus

Placenta

Cordon ombilical

Sac amniotique

Liquide amniotique

3.21
Le placenta est un organe qui assure les échanges entre la mère et le fœtus.

Savez-vous que...

- Les substances contenues dans la fumée de cigarette, dans l'alcool, les drogues et les médicaments peuvent affecter le développement physique et psychique du fœtus. À l'intérieur du placenta, ces substances passent du sang de la mère à celui du fœtus.

Le développement du futur bébé

Durant les premières semaines de grossesse, l'embryon est particulièrement fragile. C'est à ce moment que les principaux organes du futur bébé se forment.

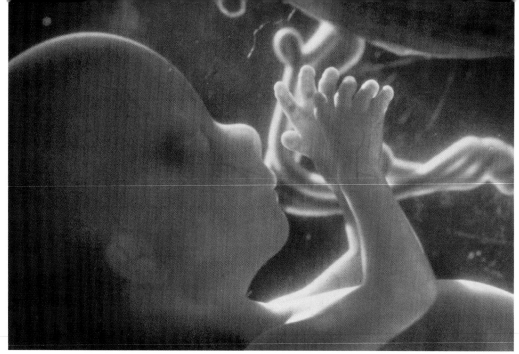

3.22

Entre la treizième et
la seizième semaine,
le fœtus parvient
à étirer ses bras.

À la quatrième semaine, l'embryon mesure à peine 6 mm de longueur. À la huitième semaine, les organes internes sont formés. L'embryon atteint la taille de 2,5 cm et pèse quelques grammes. Vers la douzième semaine, il mesure environ 6 cm. Les membres, les yeux, le nez et la bouche commencent à être reconnaissables. À cinq mois, les cils, les cheveux et les sourcils poussent. À sept mois, le fœtus pèse environ 780 g. Ses yeux s'ouvrent et se ferment. Il peut sucer son pouce. À huit mois, sa taille atteint environ 43 cm.

Généralement, après neuf mois, la taille de l'embryon sera passée de 2,5 cm à plus de 50 cm. Son poids sera passé de quelques grammes à plus de 3 kg.

Ainsi, c'est après environ 270 jours que le développement du foetus est terminé.

Savez-vous que...

- L'échographie est utilisée pour observer le fœtus, évaluer son âge, déterminer son sexe ou dépister certaines anomalies. Cette technique d'exploration de l'intérieur du corps est basée sur les ultrasons. Une sonde est appliquée contre la peau de la mère. Cette sonde envoie des ultrasons dans la zone du corps à explorer. Ces ondes ultrasonores vont être renvoyées à la sonde sous forme d'écho. Cet écho (ce signal) sera analysé par un système informatique et retransmis en direct sur un écran d'ordinateur. L'image pourra ensuite être imprimée.

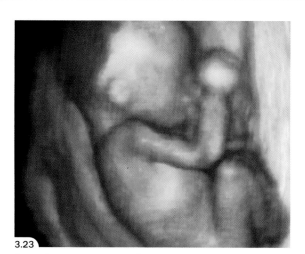

3.23

Cette image montre un fœtus d'environ 18 semaines.

James Young Simpson : première anesthésie au chloroforme

3.24

James Young Simpson est né à Bathgate, en Écosse, en 1811. À 14 ans, il est admis à l'université d'Édimbourg (Écosse). Une fois ses études terminées, cette même université lui accorde un poste de professeur d'obstétrique (spécialité de la médecine consacrée à la grossesse et à l'accouchement).

Son enseignement et sa pratique d'obstétricien ont révolutionné la médecine de cette époque. Dans ces années-là, il n'y avait pas d'anesthésiques. Les chirurgiens opéraient leurs patients à froid, sans anesthésie locale ou générale !

Simpson a changé tout cela. Il a été un pionnier dans l'utilisation des anesthésiques. Il a commencé par expérimenter différents produits anesthésiques sur lui-même et sur ses amis. Après avoir fait l'essai de l'éther et du chloroforme, il est arrivé à la conclusion que le chloroforme était le meilleur anesthésiant.

L'usage du chloroforme pour soulager les femmes pendant l'accouchement a soulevé de fortes objections des médecins et du clergé. Mais, en 1853, la reine Victoria (reine d'Angleterre de 1837 à 1901) a demandé qu'on lui administre du chloroforme pour accoucher du prince Léopold. Dès lors, les objections sont tombées. Et l'usage de l'anesthésie lors d'un accouchement s'est répandu.

En 1866, James Young Simpson a été fait chevalier par la reine pour services rendus à la médecine. À sa mort, en 1870, plus de 100 000 personnes ont suivi son cortège funèbre.

1.5 L'accouchement

Après neuf mois de grossesse environ, des hormones amènent l'utérus à se contracter et déclenchent l'accouchement. L'accouchement se fait en trois phases.

Ces phases, qui mènent à l'expulsion du fœtus à l'extérieur de l'utérus, constituent ce qu'on appelle le « travail ».

Le travail

Les trois phases du travail sont la dilatation, l'expulsion et la délivrance. Voyons globalement comment se déroule chaque phase.

1 • La dilatation

Pendant la première phase du travail, l'utérus commence à se contracter. Chaque contraction pousse le bébé vers le bas, en agrandissant peu à peu l'ouverture du col de l'utérus.

Les contractions de l'utérus sont d'abord légères. Elles durent de 10 à 30 secondes. Puis, elles s'espacent et reviennent toutes les 15 ou 30 minutes. Elles deviennent, peu à peu, plus fortes et plus fréquentes. Une fois totalement dilaté, le col de l'utérus atteindra jusqu'à 10 cm de diamètre. Souvent, pendant cette phase, le sac amniotique se déchire. Le liquide amniotique s'échappe alors par le vagin. On dit que les « eaux ont crevé ».

Pour une femme qui accouche d'un premier enfant, cette phase peut durer de 6 à 12 heures. C'est généralement la phase la plus pénible du travail.

2 • L'expulsion

Pendant la deuxième phase du travail, la tête du fœtus passe par le col de l'utérus, descend dans le vagin et sort du corps de la mère.

Cette phase commence lorsque le col de l'utérus est totalement dilaté. Pendant cette phase, les contractions sont plus fortes. Elles durent environ 1 minute et elles reviennent toutes les 2 ou 3 minutes.

Pour un premier enfant, cette phase peut durer 2 heures. Le sac amniotique se rompt, si ce n'est pas déjà fait.

Le bébé sort. On dégage ses voies respiratoires. On s'assure qu'il respire. On coupe le cordon ombilical.

3 • La délivrance

Une fois le bébé né, il reste certains organes à l'intérieur du corps de la femme : entre autres, le placenta et une partie du cordon ombilical. Dans les 30 minutes qui suivent la naissance du bébé, ces organes seront expulsés et l'accouchement terminé.

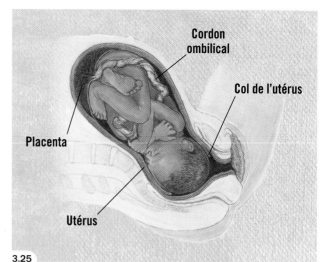

3.25
La phase de dilatation.

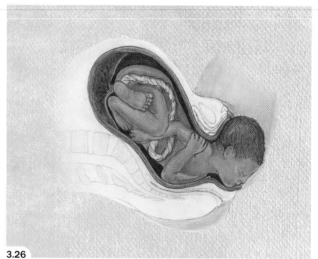

3.26
La phase d'expulsion.

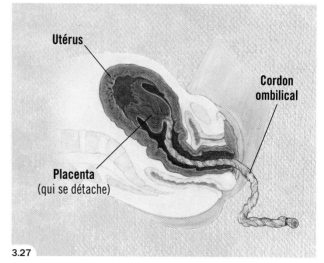

3.27
La phase de délivrance.

- La femme enceinte peut choisir d'accoucher naturellement (c'est-à-dire sans anesthésie) ou avec anesthésie (l'analgésie péridurale). L'analgésie péridurale consiste à rendre insensible tout le bas du corps de la femme, en injectant une substance anesthésique près de la moelle épinière.

- Il peut arriver que, pour diverses raisons (contractions faibles, accouchement trop long),

on doive provoquer l'accouchement. Pour ce faire, on injectera à la mère une hormone qui va stimuler les contractions de l'utérus.

- Dans certaines circonstances (bébé trop gros, bassin de la mère trop étroit, etc.), un accouchement devra se faire par césarienne. Une césarienne est une opération chirurgicale où l'on pratique une incision dans le bas du ventre de la mère afin de retirer le bébé de l'utérus.

1.6 Les stades du développement humain

Les êtres humains, tout comme les autres animaux et les plantes, passent par différents stades de développement au cours de leur vie. Avant la naissance, on considère qu'il y a trois stades de développement : l'étape du zygote, l'étape de l'embryon et l'étape du fœtus. Une fois nés, les êtres humains continuent à évoluer. De la naissance jusqu'à la mort, on compte de multiples stades de développement humain.

Les stades du développement humain sont les différentes périodes qu'un être humain traverse au cours de sa vie.

Nous présentons, dans le diagramme ci-dessous, le cycle de vie formé par les différents stades du développement humain.

Nous verrons, dans les pages qui suivent, en quoi consistent ces différents stades.

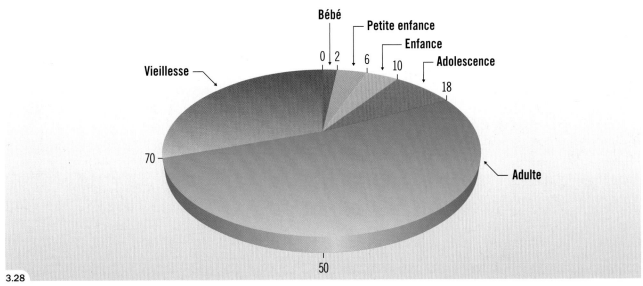

3.28
Le cycle de vie de l'être humain.

De la naissance à l'âge de 2 ans

Cette période de la vie, qu'on appelle «**bébé**», se caractérise par le développement du cerveau et par une très forte croissance physique. Le bébé apprend à marcher vers 1 an et à parler vers 2 ans.

3.29

De 2 ans à 6 ans

Au stade de la **petite enfance**, la croissance est encore très importante. L'enfant oriente toutes ses activités vers le jeu et apprend, entre autres choses, à socialiser avec son entourage.

3.30

De 6 ans à 10 ans

Pendant le stade de l'**enfance**, la croissance physique ralentit. Elle est moins importante. Mais la coordination des mouvements augmente, la force s'accroît.

3.31

De 10 ans à 18 ans

Le stade de l'**adolescence**, qui se termine vers 18 ans, commence par la puberté. La puberté survient chez la jeune fille vers l'âge de 10 ans. Elle survient chez le jeune garçon vers l'âge de 12 ans.

Chez la jeune fille, les hormones femelles agissent sur le développement physiologique : par exemple, les seins prennent forme, les poils apparaissent, les hanches s'élargissent. Les organes reproducteurs deviennent fonctionnels, les menstruations se manifestent. La jeune fille vit des changements psychologiques importants : par exemple, la vulnérabilité, les changements d'humeur.

3.32

Chez le jeune garçon, les hormones mâles agissent sur le développement physiologique : par exemple, les épaules et le torse s'élargissent, la voix mue et devient plus grave, les poils apparaissent. Les organes sexuels se transforment. Le jeune garçon vit des changements psychologiques importants : par exemple, une recherche d'identité, un intérêt plus marqué pour la sexualité.

3.33

De 10 ans à 18 ans *(suite)*

Vers la fin de l'adolescence, la croissance connaît une dernière poussée. Elle se produit vers 12 ans pour les filles, qui cesseront de grandir vers 16 ans. Cette dernière poussée se produit vers 14 ans pour les garçons, qui termineront leur croissance vers 18 ans.

Les amitiés sont essentielles au développement des adolescents. Les jeunes ont besoin de créer des liens, d'échanger et de discuter de ce qu'ils vivent.

3.34

Vers 18 ans

3.35

Le stade de l'**adulte** est l'époque de la maturité. C'est la plus longue période du cycle de vie d'un être humain. C'est pendant cette période qu'il est le plus productif et qu'il s'implique socialement. C'est souvent pendant cette période qu'il fonde une famille.

Chez la femme, l'arrêt de la capacité de se reproduire (la ménopause) a lieu habituellement après 50 ans. L'homme, lui, peut se reproduire jusqu'à la fin de sa vie.

Vers 70 ans

Le stade de la **vieillesse** est caractérisé par une diminution progressive de la masse musculaire et de la force physique. Chez les hommes, cette diminution se produit vers l'âge de 67 ans. Chez les femmes, elle se produit vers l'âge de 70 ans. L'usure généralisée de l'organisme entraîne le dysfonctionnement de divers organes. Pendant la vieillesse, une personne réduit ses activités.

Au Canada, l'espérance de vie est de 76 ans pour les hommes. Elle est de 82 ans pour les femmes.

3.36

2 La contraception

Dans les sociétés industrialisées, le contrôle des naissances connaît une popularité certaine depuis une quarantaine d'années. Dans plusieurs sociétés en développement, la contraception est considérée comme une solution, au moins partielle, à la surpopulation. Les méthodes qui visent à contrôler les naissances ou à empêcher la conception sont nombreuses.

La contraception est l'ensemble des moyens utilisés par l'homme ou la femme pour empêcher une grossesse.

3.37

Avant de choisir une forme ou une autre de contraception, une consultation médicale est essentielle. Comme les médecins sont tenus au secret professionnel, la consultation se fait en toute confidentialité. Dans certains centres de planification familiale, on peut avoir des conseils sur la méthode contraceptive la plus appropriée pour soi.

Voici une brève description des principales méthodes contraceptives.

Les méthodes contraceptives

La plupart des contraceptifs décrits ici sont basés sur la prise d'hormones, sous forme de comprimés, d'injections ou de timbres. Le rôle de ces hormones est de bloquer l'ovulation ou d'empêcher la fixation du zygote (ovule fécondé) dans l'utérus.

LA PILULE CONTRACEPTIVE

Description	La pilule contraceptive est un comprimé qui contient des hormones synthétiques (artificielles) semblables aux hormones fabriquées naturellement par la femme. Généralement, la pilule se prend quotidiennement durant 21 jours. Il y a une semaine d'arrêt pendant laquelle la femme a ses règles. Il est aussi possible d'avoir des boîtiers contenant 28 comprimés. La prise de comprimés se fait alors durant 28 jours. Les 7 derniers comprimés ne contiennent pas d'hormones.
Mode d'action	La pilule contraceptive empêche l'ovulation, c'est-à-dire la libération de l'ovule.
Efficacité	L'efficacité de ce contraceptif oral est de 99,5 %, si les conditions d'utilisation sont respectées. Il est préférable de prendre une pilule à la même heure, chaque jour.

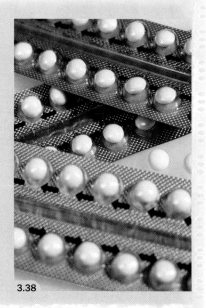

3.38

Il faudra consulter des professionnels de la santé (médecins ou pharmaciens) si l'on oublie de prendre une pilule.

LA PILULE À ADMINISTRATION CONTINUE

Description
La prise de la « pilule continue » est une autre façon d'utiliser les contraceptifs oraux. Cette fois, la femme prend chaque jour, durant 28 jours, une pilule contraceptive contenant des hormones. Il n'y a aucune pause.

Mode d'action
La pilule à administration continue empêche l'ovulation et réduit le nombre de menstruations dans une année.

Efficacité
L'efficacité de ce contraceptif oral est de 99,5 %.

Il faudra consulter des professionnels de la santé (médecins ou pharmaciens) si l'on oublie de prendre une pilule.

LE CONTRACEPTIF INJECTABLE

Description
Tous les trois mois, une hormone synthétique est injectée dans un muscle.

Mode d'action
L'injection d'une hormone empêche l'ovulation pendant trois mois et rend l'endomètre inapte à recevoir l'ovule fécondé.

Efficacité
L'efficacité de ce contraceptif injectable est de 99,7 %.

Avec ce moyen contraceptif, nul besoin de penser à la prise quotidienne d'une pilule.

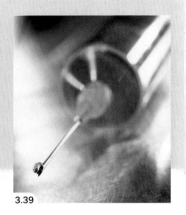
3.39

LE TIMBRE CONTRACEPTIF

Description
Une fois par semaine, pendant trois semaines, la femme colle sur sa peau un timbre carré qui contient des hormones. La quatrième semaine, elle n'applique pas de timbre.

Mode d'action
Le timbre contraceptif agit comme la pilule, c'est-à-dire qu'il bloque l'ovulation.

Efficacité
L'efficacité de ce timbre est de 99 %, s'il est bien utilisé.

Il faudra consulter des professionnels de la santé (médecins ou pharmaciens) si le timbre se décolle.

3.40

LA MINIPILULE

Description La minipilule ne contient qu'une seule sorte d'hormone.

Mode d'action La minipilule ne bloque pas l'ovulation Elle empêche plutôt la fixation du zygote dans l'utérus, c'est-à-dire la nidation de l'ovule fécondé.

Efficacité L'efficacité de ce moyen contraceptif est de 99 % s'il est pris de façon régulière, c'est-à-dire chaque jour à la même heure.

> Il faudra consulter des professionnels de la santé (médecins ou pharmaciens) si l'on oublie de prendre une pilule.

LE CONTRACEPTIF D'URGENCE

Description Le contraceptif d'urgence, appelé couramment « pilule du lendemain », constitue une méthode contraceptive d'exception. Il est utilisé lorsqu'il y a eu une relation sexuelle non protégée (sans contraceptif). Aussitôt après la relation, la femme prend deux comprimés qui contiennent des hormones.

Mode d'action Le contraceptif d'urgence agit principalement en retardant l'ovulation ou en empêchant la fixation du zygote dans l'utérus.

Efficacité Plus le contraceptif d'urgence est utilisé tôt après la relation, plus il est efficace. Son taux d'efficacité est de 95 % s'il est pris dans les 12 heures suivant une relation sexuelle. Il est réduit à 60 % s'il est pris après 5 jours.

> Le contraceptif d'urgence peut être acheté dans les pharmacies, sans ordonnance médicale. On doit cependant le demander au comptoir de façon à recevoir toute l'information nécessaire.

LE CONDOM

Description Le condom est une enveloppe en polyuréthane, en latex ou en membrane naturelle (intestin d'agneau) que l'on applique sur le pénis en érection.

Mode d'action Le condom emprisonne le sperme au moment de l'éjaculation. Les condoms qui contiennent un spermicide tuent les spermatozoïdes. (Un spermicide est un agent qui détruit la cellule reproductrice.)

3.41

Efficacité L'efficacité du condom est de 70 % à 99 % s'il est utilisé systématiquement avant toute relation sexuelle. Les condoms qui contiennent un spermicide sont plus efficaces.

> Le condom empêche le sperme, les bactéries et les virus d'entrer en contact avec les organes génitaux de notre partenaire. C'est le seul accessoire de contraception qui protège contre les infections transmissibles sexuellement.

Il existe d'autres méthodes contraceptives. Elles sont généralement utilisées par des adultes qui ont déjà eu des enfants et qui n'en veulent plus.

Mentionnons, par exemple, la ligature des trompes de Fallope qui consiste à bloquer les trompes de façon à empêcher la fécondation. Nommons également la vasectomie qui consiste à sectionner le canal déférent afin d'interrompre le parcours des spermatozoïdes vers l'ampoule.

La contraception dans les pays en développement

D'un pays à un autre, la croissance de la population ne se fait pas au même rythme. Dans plusieurs pays, la population augmente à une vitesse folle. Lorsque le nombre d'habitants est trop élevé par rapport à la superficie du territoire et à la quantité de nourriture disponible, il y a surpopulation. Par contre, dans d'autres pays du monde, on assiste à une diminution de la population.

Dans certaines régions, le taux de natalité est si faible que le renouvellement de la population n'est pas assuré. (Le taux de natalité est le nombre de naissances pour 1000 habitants.) C'est le cas du Québec où les femmes ont, en moyenne, 1,4 enfant. Ce n'est pas suffisant pour remplacer les décès.

À l'inverse, les pays du continent africain ont un taux de natalité très élevé, supérieur à la moyenne mondiale. Par exemple, au Rwanda, les femmes ont, en moyenne, 5,7 enfants (*L'état du monde*, 2005).

De nombreux pays en développement ont ainsi un taux de natalité très élevé. Comment expliquer ce phénomène ?

Une des raisons qui peut être invoquée est le manque de planification familiale dans

3.42
Des enfants africains.

ces pays (Organisation mondiale de la Santé). De nombreuses femmes des pays en développement n'ont notamment pas accès à l'information sur les contraceptifs ou n'ont pas les moyens de s'en procurer. Dans un rapport de l'Organisation de Nations unies de 2003, on parle d'un taux d'utilisation des contraceptifs de 62 % dans les pays développés contre moins de 30 % dans les pays en développement.

3 Les infections transmissibles sexuellement (ITS)

Les infections transmissibles sexuellement (ITS), qu'on appelle aussi « maladies transmissibles sexuellement » (MTS), sont transmises lors de contacts sexuels non protégés (sans condom). Ces infections se transmettent d'une personne à une autre par la voie des organes génitaux ou, parfois, par le sang. Les organes génitaux sont des milieux humides et chauds, propices au développement des microbes.

Les infections transmissibles sexuellement (ITS) sont des infections et des maladies qui se transmettent par voie sexuelle.

Les infections qui sont transmises sexuellement sont dangereuses, car elles peuvent causer des problèmes de santé, la stérilité et, dans certains cas, la mort. Souvent, ces infections, qui se développent lentement, ne présentent pas de symptômes particuliers. Elles ne provoquent pas, non plus, de grandes douleurs. C'est pourquoi nous pouvons être contaminés et transmettre notre infection à une autre personne sans le savoir.

Par contre, il y a certaines infections qui présentent des symptômes : par exemple, des douleurs anormales dans le bas-ventre ou des sensations de brûlure au moment d'uriner.

Seuls les médecins peuvent nous dire, à l'aide d'un examen clinique et d'un test de dépistage, si nous avons contracté une infection. Pour les patients qui ont plus de 14 ans, les médecins sont tenus au secret professionnel. Les examens et les tests sont gratuits.

Les ITS les plus fréquentes

Voici une courte description des infections transmissibles sexuellement les plus fréquentes.

L'infection à chlamydia

L'infection à chlamydia est causée par une bactérie. C'est l'infection la plus courante en Amérique du Nord. Elle affecte à la fois les hommes et les femmes. Très souvent, la personne infectée n'a aucun symptôme de la maladie. L'infection à chlamydia peut être diagnostiquée au moyen de cultures bactériennes. Elle est facilement soignée à l'aide d'antibiotiques. Chez la femme, cette infection peut causer la stérilité.

La gonorrhée

La gonorrhée est la deuxième infection d'origine bactérienne en importance, en Amérique du Nord. La plupart des personnes atteintes sont des adolescents et des jeunes adultes, hommes et femmes. Souvent, les personnes atteintes n'ont pas de symptômes. Cette infection est traitée à l'aide d'antibiotiques. Une femme enceinte peut transmettre la gonorrhée à son bébé pendant l'accouchement. Le bébé pourra avoir une infection sérieuse aux yeux ou être aveugle. La gonorrhée peut provoquer l'inflammation des voies génitales chez l'homme et la stérilité chez la femme.

La syphilis

La syphilis est une infection bactérienne moins fréquente que la chlamydia et la gonorrhée. Au Canada, les hommes âgés de 20 ans à 24 ans et les femmes âgées de 15 ans à 24 ans sont les personnes les plus touchées par cette infection. La syphilis est traitée à l'aide d'antibiotiques.

Si aucun traitement n'est donné, la syphilis peut provoquer des lésions au cœur, aux nerfs, au cerveau et aux vaisseaux sanguins. Cette infection peut se transmettre au fœtus. En général, les fœtus infectés meurent peu après leur naissance.

Le sida

Le **s**yndrome d'**i**mmuno**d**éficience **a**cquise (sida) est une infection mortelle causée par le virus de l'immunodéficience humaine (VIH). Le virus s'attaque aux cellules du système immunitaire (les globules blancs du sang). La personne atteinte devient alors vulnérable à d'autres infections, comme la pneumonie et la tuberculose. À ce jour, on n'a découvert aucun médicament qui pouvait guérir du sida. Même si l'on peut traiter la maladie et ralentir sa progression, elle demeure mortelle.

L'hépatite B

L'hépatite B est une infection du foie causée par un virus. C'est une infection grave. Elle peut mener à une maladie chronique du foie, à une jaunisse ou au cancer du foie. La majorité des personnes infectées auront les yeux et la peau jaunes. Dans la plupart des cas, il est possible de traiter la maladie. À titre préventif, on peut se faire vacciner contre l'hépatite B.

L'herpès génital

L'herpès, causé par un virus, provoque des lésions cutanées semblables aux boutons de fièvre (« feux sauvages »). Il semble que cette infection puisse se propager des organes génitaux à la bouche et vice-versa. Des médicaments permettent de diminuer les éruptions, mais ils ne réussissent pas à détruire le virus. Les personnes infectées pourront avoir, plusieurs fois par an, des éruptions qui dureront en moyenne une semaine.

Les morpions et la gale

Les morpions, petits parasites, vivent dans les poils de la région génitale. D'autres parasites, qui vivent sous la peau, causent la gale. On peut éliminer ces parasites avec un shampoing spécial ou des médicaments antiparasitaires.

Le virus du papillome humain (VPH)

Le virus du papillome humain (VPH), appelé aussi « papillomavirus humain », est un virus qui s'attaque à la peau, dans la région génitale, et qui provoque des verrues. La grosseur des verrues est très variable. Le papillomavirus humain peut mener au cancer du col de l'utérus, du vagin ou du pénis. Les verrues génitales peuvent être détruites par divers traitements, mais elles réapparaissent souvent. On a mis au point, récemment, un vaccin préventif contre ce virus.

La vaginite à Trichomonas

Le Trichomonas est un protozoaire (organisme unicellulaire) qui cause la vaginite. Les symptômes de cette infection sont, entre autres, une irritation de la vulve et un écoulement verdâtre. On traite ce type de vaginite par l'administration de médicaments. Les vaginites à Trichomonas peuvent aussi se propager sans qu'il y ait contact sexuel (par les maillots de bain souillés, par exemple).

La vaginite à levures

La vaginite à levures est une infection fongique (qui se rapporte aux champignons). Elle se manifeste par des pertes vaginales blanches, sans odeur particulière, des démangeaisons vaginales et des irritations. Le traitement de cette infection se fait à l'aide de médicaments ou de crèmes. Il est possible d'attraper cette infection sans qu'il y ait contact sexuel.

Point de mire

3.43

Réjean Thomas :
médecin du monde

Le docteur Réjean Thomas a toujours été très engagé dans la prévention et le traitement des infections transmissibles sexuellement, autant au Québec, d'où il est originaire, qu'ailleurs dans le monde.

Réjean Thomas a d'abord pratiqué la médecine à Rimouski avant de s'installer à Montréal, en 1979. Avec trois confrères, il fonde l'Annexe en 1984. Cette clinique se spécialise dans le traitement du sida et de l'hépatite. En 1987, l'Annexe, qui jouit d'une renommée internationale, devient l'Actuel.

Le Dr Thomas crée, en 1999, Médecins du monde Canada, une organisation de coopération internationale. Il participera à de nombreuses missions humanitaires, notamment en Haïti, au Viêt Nam, au Zimbabwe et en Afghanistan.

Son implication sociale et scientifique, ainsi que ses travaux lui ont valu de nombreux prix. Nommons, entre autres, le prix Hommage et Reconnaissance des médecins de cœur et d'action.

4 Les chromosomes et les gènes

LABOS 6, 7

Dès la fécondation d'un ovule par un spermatozoïde, les caractères héréditaires de l'enfant à venir sont déterminés. Ainsi, certaines de ses caractéristiques physiques et psychologiques sont fixées à cet instant même.

Plusieurs caractères héréditaires sont communs à tous les êtres humains ou à plusieurs espèces animales. Par exemple, le fait d'avoir deux yeux constitue un caractère héréditaire qui est commun à beaucoup d'espèces. Le fait d'avoir cinq doigts par main est commun à tous les primates.

Certains caractères héréditaires vous distinguent de votre voisin : par exemple, la couleur de votre peau, de vos cheveux, de vos yeux, votre groupe sanguin, la forme de votre nez, de votre menton. Peut-être même avez-vous une fossette sur le menton ? Toutes ces caractéristiques viennent de l'un de vos parents ou des deux.

Savez-vous que...

- Les règles de l'hérédité sont complexes. Une caractéristique, présente chez l'un des deux parents (et même chez les deux), peut ne pas être apparente chez les enfants. L'inverse est aussi vrai. Des enfants peuvent avoir une caractéristique qui n'est pas apparente chez leurs parents.

Un caractère héréditaire est une caractéristique physique ou psychologique, apparente ou non, qui est transmise des parents à leurs descendants.

La transmission des caractères héréditaires d'une génération à l'autre obéit à des règles particulières, que nous n'étudierons pas ici.

3.44

La couleur des cheveux est une caractéristique héréditaire.

4.1 Les chromosomes

Toute l'information héréditaire d'un être vivant est contenue dans chacune de ses cellules. Elle est stockée dans le noyau de chaque cellule, sous forme de longs fils. Au moment de la division cellulaire, ces fils s'enroulent sur eux-mêmes et prennent l'apparence de bâtonnets. Ces bâtonnets sont appelés des « chromosomes ».

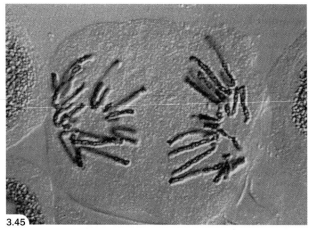

3.45
Des chromosomes dans une cellule en division.

Un chromosome est un élément du noyau cellulaire qui renferme toute l'information héréditaire. Il a la forme d'un bâtonnet au moment où la cellule se divise.

Dans chacune de vos cellules, il y a 23 paires de chromosomes. Un chromosome de chaque paire vient de la mère, l'autre vient du père. On appelle génome la totalité de l'information contenue dans les chromosomes.

Savez-vous que...

• Le nombre de chromosomes contenus dans une cellule est généralement constant pour chaque espèce. Ainsi, le pigeon a 8 paires de chromosomes, le ver de terre, 18 paires, le cheval, 32 paires, le papillon, environ 200 et la fougère, près de 600 !

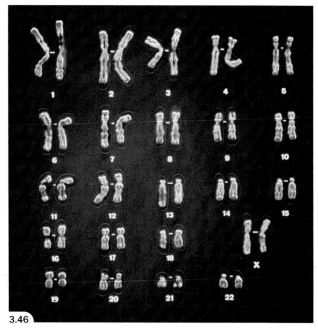

3.46
Les 23 paires de chromosomes constituent le génome humain.

4.2 Les gènes

Si l'on grossit suffisamment un chromosome, on pourra observer au microscope que sa surface est irrégulière. Les chromosomes sont composés de milliers de petites unités qui sont la base de l'hérédité : les gènes.

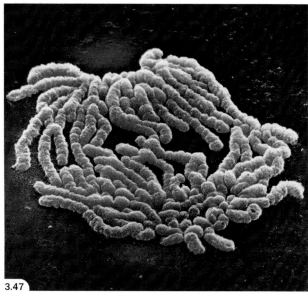

3.47
La surface irrégulière des chromosomes.

Un gène est une unité d'information héréditaire qui occupe un lieu précis dans un chromosome.

Des centaines ou des milliers de gènes forment chaque chromosome. Ce sont les gènes qui sont responsables de vos caractéristiques héréditaires, de la couleur de vos yeux, de la forme de votre visage, de vos cheveux, de la taille que vous aurez une fois adulte. Ils déterminent, en grande partie, ce que vous êtes.

Parfois, un seul gène est responsable d'une caractéristique héréditaire, comme le lobe de l'oreille collé à la tête. Souvent, plusieurs gènes sont responsables de l'expression d'un caractère héréditaire, comme la couleur de la peau.

Les gènes ne font pas que déterminer l'apparence physique d'une personne. Ils jouent un rôle important dans le fonctionnement de toutes les parties du corps humain. Ainsi, certaines maladies comme le cancer, l'autisme, le diabète, l'épilepsie, l'asthme, la fibrose kystique et la dystrophie musculaire peuvent être causées par un gène anormal.

Selon les généticiens (les spécialistes de la génétique), il y aurait environ 40 000 gènes sur les 23 paires de chromosomes d'une cellule humaine.

Savez-vous ce qu'est l'ADN ? L'ADN se trouve à l'intérieur du noyau de chaque cellule. Il entre dans la composition des gènes. Les gènes sont principalement constitués d'une molécule, l'ADN (**a**cide **d**ésoxyribo**n**ucléique). Cette molécule a la forme d'une double hélice. Toute l'information héréditaire y est stockée, sous une forme codée. C'est un peu comme un code secret. On appelle « code génétique » l'information que contient l'ADN.

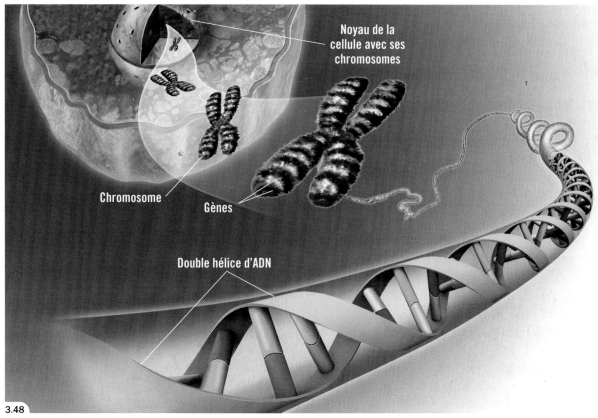

Noyau de la cellule avec ses chromosomes

Chromosome

Gènes

Double hélice d'ADN

3.48
De la cellule à l'ADN.

Voici des suggestions d'activités qui vous permettront de mettre en pratique vos connaissances et vos compétences.

1. Le développement d'un embryon

Comment se déroule le développement d'un embryon ? Qu'est-ce qui se forme en premier ? Le cœur, les os, les muscles, le cerveau ? À quel stade du développement le cœur commence-t-il à battre ?

Pour pouvoir répondre à ces questions, vous allez observer des embryons d'œufs d'oiseaux.

3.49
Des œufs d'oiseaux.

2. L'extraction de l'ADN

L'ADN se trouve dans le noyau de chaque cellule. Il compose les gènes et les chromosomes de tous les organismes vivants. Aujourd'hui, il est possible d'extraire l'ADN des cellules. L'analyse des prélèvements permet, entre autres choses, d'identifier des suspects et de détecter des anomalies génétiques.

Vous allez extraire l'ADN de cellules pour voir à quoi cette molécule ressemble.

Des pistes à explorer

▶ Il faudra d'abord décider de ce que vous ferez des poussins.

▶ Les œufs que l'on achète dans les épiceries ne sont pas fécondés.

▶ On peut se procurer des œufs fécondés dans des couvoirs (où l'on fait l'incubation artificielle des œufs) ou chez les fournisseurs de matériel scientifique.

▶ Les œufs fécondés doivent être couvés. Il faudra donc utiliser une couveuse artificielle.

▶ L'incubation artificielle est liée à certaines exigences.

▶ Les embryons évoluent rapidement dans les premiers jours de l'incubation.

▶ On trouve, dans Internet, diverses façons d'observer un embryon à travers la coquille de l'œuf.

Des pistes à explorer

▶ Il est plus facile d'extraire l'ADN de végétaux (de l'oignon, par exemple).

▶ Il faut briser mécaniquement les parois cellulosiques et les membranes cellulaires des cellules.

▶ La membrane nucléaire des cellules est détruite par certains nettoyants domestiques.

▶ L'ADN a tendance à se détruire s'il n'est pas froid.

▶ L'alcool (éthylique) froid fait précipiter l'ADN.

▶ L'ADN peut être coloré avec des colorants spéciaux.

▶ On trouve plusieurs méthodes d'extraction de l'ADN dans Internet.

La reproduction humaine .... PAGES 60 À 73

1 L'illustration ci-dessous représente les organes reproducteurs de l'homme. Identifiez les organes marqués d'une lettre et décrivez leur rôle. Trouvez ensuite les organes équivalents chez la femme et décrivez leur rôle. Écrivez vos réponses dans un tableau semblable à celui qui est reproduit plus bas.

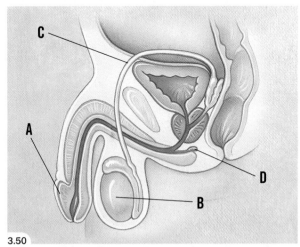

3.50

Les organes reproducteurs de l'homme.

Organes reproducteurs de l'homme	Rôle	Organes reproducteurs de la femme	Rôle
A			
B			
C			
D			

2 Qu'arrive-t-il au système reproducteur d'une femme qui se fait enlever chirurgicalement :

a) les ovaires ?

b) les trompes de Fallope ?

c) l'utérus ?

3 Qu'arrive-t-il au système reproducteur d'un homme qui se fait enlever chirurgicalement :

a) les testicules ?

b) le canal déférent ?

4. Quelles sont les particularités des gamètes mâles et des gamètes femelles ? Écrivez vos réponses dans un tableau semblable à celui-ci :

Particularités \ Cellules reproductrices	Gamète femelle	Gamète mâle
Nom		
Taille		
Nombre		
Durée de vie		
Organe producteur		

5. De la fécondation à l'accouchement, l'enfant à naître porte différents noms. Quels sont ces noms ?

6. Voici l'illustration d'un œuf qui contient un embryon d'oiseau. L'embryon est nourri par le vitellus (le jaune d'un œuf non fécondé). Les déchets de l'embryon sont éliminés dans une poche qu'on appelle l'« allantoïde ». L'élimination du gaz carbonique et l'absorption d'oxygène se font surtout par le chorion. L'embryon baigne dans un liquide qui le protège de l'extérieur.

a) Quel organe, chez la femme enceinte, a la même fonction que le vitellus, l'allantoïde et le chorion ?

b) Chez la femme enceinte, qu'est-ce qui protège l'embryon contre les chocs extérieurs ?

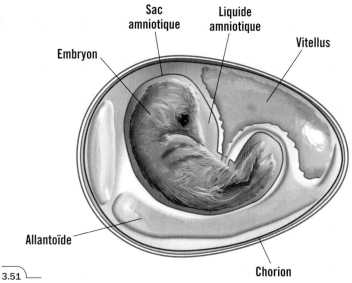

3.51
Un embryon d'oiseau.

7 Reproduisez le tableau ci-dessous. Remplissez-le en écrivant, dans l'ordre, le nom des différentes phases de l'accouchement. Faites ensuite une description de ce qui se produit pendant chacune des phases. Puis, inscrivez la durée moyenne de chaque phase.

Phases de l'accouchement	Description	Durée moyenne

8 Le graphique ci-dessous représente les périodes de vie d'une personne, de sa naissance à sa mort (à 80 ans). Reproduisez ce graphique et inscrivez-y le nom des différents stades du développement humain.

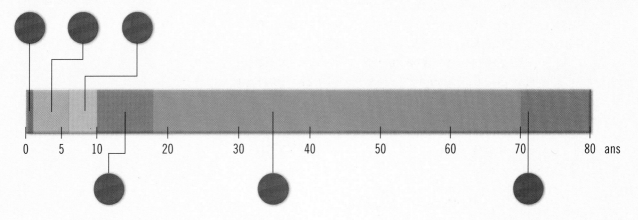

La contraception

PAGES 74 À 77

9 Parmi tous les contraceptifs, lesquels seraient appropriés dans les situations suivantes?

a) Un jeune homme et une jeune femme partent en vacances pour quelques jours. Ils sont amoureux, mais ils ne savent pas s'ils auront des rapports sexuels. La jeune femme ne prend aucun contraceptif. Quel contraceptif devraient-ils apporter avec eux?

b) Un jeune homme et une jeune femme, qui étudient à l'université, décident d'aller vivre ensemble. Comme ils ont plusieurs années d'étude devant eux, ils ne veulent pas d'enfants tout de suite. Quels contraceptifs pourraient-ils utiliser ?

c) Un jeune homme et une jeune femme utilisent un condom lors d'une relation sexuelle. Le condom se déchire. Quel contraceptif la jeune femme devrait-elle prendre ?

Les infections transmissibles sexuellement (ITS)

PAGES 78 À 80

10 Les infections qui sont transmises sexuellement entraînent des problèmes de santé. Certaines peuvent être traitées et guéries. D'autres peuvent être traitées, mais non guéries. D'autres encore peuvent causer la stérilité. Reproduisez le tableau ci-dessous et complétez-le en cochant la case appropriée.

Infection	Peut être traitée et guérie	Peut être traitée, mais non guérie	Peut causer la stérilité
Infection à chlamydia			
Gonorrhée			
Syphilis			
Sida			
Herpès génital			
Morpions et gale			
Vaginite à Trichomonas			
Vaginite à levures			

Les chromosomes et les gènes

PAGES 81 À 83

11 Classez les éléments suivants du plus grand au plus petit :

Cellule • Gène • Chromosome • ADN • Noyau.

Les secrets du métier

3.52
L'auxiliaire familiale et sociale fournit des services à domicile à des personnes en difficulté d'autonomie.

3.53
L'éducatrice en services de garde organise des activités qui favorisent le développement des enfants.

Tous les organismes vivants traversent différents stades de développement. Ils naissent, se développent et meurent. Les éléphants peuvent vivre, en milieu naturel, jusqu'à 65 ans environ. Les êtres humains ont une espérance de vie moyenne de 80 ans.

Plusieurs personnes font des métiers qui se rapportent aux différentes phases de la vie, de la naissance à la mort, en passant par l'enfance et la vieillesse.

À la page suivante, nous présentons quelques métiers associés à la vie, en lien avec les diplômes d'études qui sont requis pour pouvoir exercer ces métiers.

3.54
L'obstétricienne-gynécologue est une médecin spécialiste qui prodigue des soins liés à la grossesse.

MÉTIERS RELIÉS À LA PERPÉTUATION DE LA VIE
SELON LES DIPLÔMES D'ÉTUDES

Diplômes d'études		
secondaires	**collégiales**	**universitaires**
• Secrétaires médicaux • Auxiliaires familiaux et sociaux • Préposés aux bénéficiaires	• Infirmiers • Techniciens en bactériologie • Technologues en production animale • Éducateurs en services de garde • Techniciens en travail social	• Obstétriciens-gynécologues • Sages-femmes • Microbiologistes • Sexologues • Ingénieurs biomédicaux

Profession : microbiologiste

Les microbiologistes étudient les organismes trop petits pour être vus à l'œil nu, les micro-organismes (virus, bactéries, champignons, etc.). La microbiologie touche plusieurs domaines dont la physique, la chimie et la biologie.

Les microbiologistes travaillent dans le but d'empêcher les micro-organismes nuisibles de se propager. Ils travaillent aussi dans le but de favoriser la multiplication des espèces utiles. Ils mettent au point des médicaments et des vaccins. Ils cherchent les causes des épidémies ou des empoisonnements alimentaires. Ils font l'examen des substances ou des êtres vivants exposés à des contaminations.

Pour bien faire leur travail, les microbiologistes doivent avoir un sens de la minutie, de la rigueur et de la propreté. Ils doivent également avoir une bonne connaissance de la structure et du fonctionnement des micro-organismes.

Les microbiologistes travailleront dans les industries chimiques et alimentaires, les hôpitaux, les laboratoires et les universités.

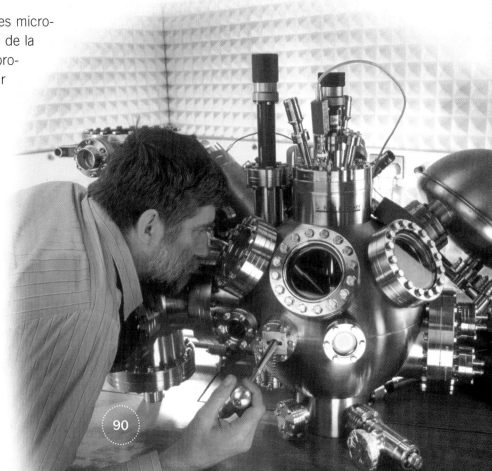

3.55

Un microbiologiste observe un échantillon dans un microscope électronique à balayage (MEB). Ce puissant microscope produit des images à trois dimensions.

Pareil, pas pareil

3.56
De vraies jumelles.

Peu importe leur âge, leur tenue vestimentaire ou la couleur de leur peau, les vrais jumeaux retiennent l'attention. On se retourne sur leur passage, on s'exclame s'ils sourient ou s'ils éternuent en même temps. Mieux encore, on s'attend qu'ils aient les mêmes goûts, les mêmes penchants et qu'ils se comportent de la même manière à la maison, à l'école ou au travail. Leurs parents, qui ne les confondent jamais, vous diront qu'il s'agit de deux enfants uniques. Eux-mêmes vous diront qu'ils sont différents. Mais qu'en est-il au juste? Les caractéristiques qu'ils partagent résultent-elles de leurs gènes ou de l'influence de leur milieu?

Un ou deux ovules ?

Il existe deux sortes de jumeaux : les faux jumeaux et les vrais jumeaux. Les faux jumeaux proviennent de deux ovules différents fécondés par deux spermatozoïdes différents. On parle alors de jumeaux dizygotes, car il y a deux zygotes, c'est-à-dire deux ovules fécondés. Chacun des faux jumeaux possède un patrimoine génétique qui lui est propre, tout comme n'importe quel frère ou sœur. Par opposition, les vrais jumeaux proviennent d'un seul et même ovule : une fois fécondé, l'ovule se divise en deux. On parle alors de jumeaux monozygotes, car il y a un seul zygote, un seul ovule fécondé. Les jumeaux qui se développent à partir de ce même ovule fécondé partagent une information génétique identique.

Comme ils ont hérité des mêmes gènes, les vrais jumeaux ont la plupart du temps les mêmes caractéristiques physiques : même sexe, même taille, mêmes allergies, même groupe sanguin, etc. Mais ont-ils la même personnalité ?

Sous un même toit

De nombreux chercheurs ont tenté de savoir si la personnalité des vrais jumeaux dépendait des gènes ou si elle résultait de l'influence du milieu familial et de l'éducation. La question est loin d'être close. Souvent, les vrais jumeaux partagent les mêmes idées et les mêmes goûts, et sont très attachés l'un à l'autre. Rien de vraiment étonnant quand on songe qu'ils ont subi les mêmes influences : ils ont été élevés par les mêmes parents dans le même milieu. Ils ont aussi beaucoup d'expériences en commun.

Par souci d'affirmer leur personnalité, les vrais jumeaux peuvent tenter de se démarquer l'un de l'autre par des activités ou des signes distincts comme leurs vêtements ou leur coiffure. Ils peuvent aussi adopter des comportements différents. Par exemple, Julien semblera audacieux et Maxime, prudent. Mais les apparences pourraient être trompeuses. Dans les faits, le comportement de ces jumeaux pourrait relever davantage de la complémentarité. De manière générale, le premier s'occuperait plus de l'organisation matérielle des choses et son frère, des questions intellectuelles.

Sous deux toits

De nombreuses histoires circulent autour des vrais jumeaux séparés à leur naissance et réunis des années plus tard. Sur le plan physique et mental, ils se ressembleraient autant que les jumeaux élevés sous le même toit : ils auraient les mêmes goûts, se livreraient aux mêmes activités, exerceraient un métier ou une profession semblable.

Toutefois, les chercheurs qui ont étudié les cas des vrais jumeaux élevés séparément ne peuvent tirer de telles conclusions. Leurs recherches les ont amenés, par exemple, à constater que, chez un couple de vrais jumeaux, l'un pourra développer une maladie mentale grave et l'autre pas. Ou encore, dans le cas de deux vraies jumelles, l'une pourra être atteinte d'un cancer et l'autre pas.

Qu'en pensez-vous ?

Les jumeaux n'ont pas fini de soulever l'intérêt des chercheurs. Quantité d'études sur le sujet sont en cours.

Connaissez-vous des jumeaux ? Savez-vous s'il s'agit de vrais ou de faux jumeaux ? Se ressemblent-ils beaucoup ? Ont-ils une personnalité et des goûts semblables ?

Selon vous, le bagage génétique a-t-il une influence plus forte sur la personnalité que le milieu familial ou social ? Pensez à un trait important de votre caractère et demandez-vous si vous le possédiez à la naissance ou s'il s'est développé sous l'influence de votre famille ou de vos amis.

4

Le maintien de la vie

Tous les êtres vivants font des échanges avec leur milieu. Aucun ne pourrait survivre sans puiser des substances ou en rejeter dans son environnement. Aucun être vivant ne peut survivre isolé. Aucun. Pas même les plus petits, comme les bactéries, ni les plus grands, comme la baleine bleue.

Tous ont besoin de substances du milieu pour se nourrir et subvenir à leurs besoins en énergie. Cette énergie puisée dans leur milieu leur permet d'assurer leur survie et d'effectuer toutes leurs activités.

Certains vivants, comme les végétaux, utilisent l'énergie provenant du Soleil pour fabriquer eux-mêmes leur nourriture. Les vivants incapables de fabriquer leur nourriture, comme les animaux, se nourrissent de matière organique fabriquée par les végétaux. Ils mangent donc des végétaux ou d'autres animaux.

Comme la cellule est l'unité de base de tous les vivants, elle aussi a des besoins en énergie. Pour que l'ensemble des cellules d'un être vivant survivent, elles doivent toutes échanger des substances avec leur milieu. Elles y puisent ce dont elles ont besoin pour fonctionner et y rejettent ce dont elles n'ont pas besoin, ou ce dont une autre cellule aura besoin…

4.1

Que serait un écureuil sans le milieu qui l'entoure ? En avez-vous déjà observé un passer son temps à la recherche de nourriture ?

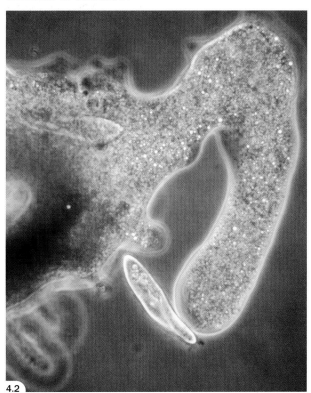

4.2

Les unicellulaires doivent aussi se nourrir. On voit ici une amibe qui étire son cytoplasme en un long bras pour attraper une paramécie (le petit unicellulaire de forme allongée au contour blanchâtre).

1 Les systèmes vivants

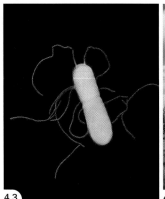

4.3 4.4 4.5

Une bactérie, une plante, un animal sont tous des systèmes vivants. Leurs composantes forment un tout organisé ayant un but précis : le maintien de la vie.

Chaque être vivant forme un tout organisé, un système vivant. Il est composé de plusieurs parties reliées entre elles pour former un ensemble. Chacune de ces parties a un rôle bien précis.

Par exemple, un chien est un système vivant. Il est composé de divers éléments comme un cœur, des poumons, des reins, un estomac, des oreilles, de la fourrure, etc. Tous ces éléments ont un rôle bien particulier : le cœur fait circuler le sang pour oxygéner toutes les parties du corps du chien ; les oreilles servent à entendre et à donner de l'information au chien sur ce qui l'entoure ; la fourrure

permet de protéger le chien du froid. Ainsi, toutes les composantes du chien fonctionnent ensemble dans le but d'assurer la survie du chien.

Un système vivant ne peut se suffire à lui-même. Pour fonctionner, il doit faire des échanges avec son milieu. Il y puise des substances, il les utilise pour son fonctionnement, puis il rejette les substances dont il n'a plus besoin. Poursuivons l'exemple du chien. Celui-ci utilise certaines substances dans son environnement : des intrants (par exemple, des aliments, de l'eau, de l'oxygène). Il en rejette d'autres : des extrants (par exemple, de l'urine, des excréments, du gaz carbonique).

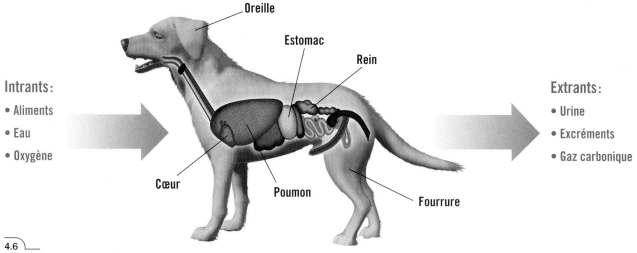

Intrants :
• Aliments
• Eau
• Oxygène

Oreille
Estomac
Rein
Cœur
Poumon
Fourrure

Extrants :
• Urine
• Excréments
• Gaz carbonique

4.6

Le chien est un système vivant.

1.1 La cellule, un système vivant

De quoi sont composées les différentes parties d'un système vivant comme le chien ? De cellules. Certains organismes vivants ne sont formés que d'une cellule. Chez les organismes plus complexes, comme le pissenlit, le ver de terre, le chien ou l'être humain, les cellules ne sont pas toutes identiques. Elles se spécialisent. Les cellules du cœur, des poumons ou du cerveau sont différentes parce qu'elles ont des rôles différents.

Chaque cellule d'un être vivant joue donc un rôle bien précis. Par exemple, des cellules spécialisées fabriquent de la kératine, une substance contenue dans les poils, les plumes, les cheveux. Les cellules nerveuses servent à recevoir de l'information ou à commander des actions. Les cellules des muscles peuvent se contracter pour donner des mouvements.

Pour jouer son rôle, la cellule fait des échanges avec son milieu. Elle se nourrit en y puisant certaines substances (les nutriments) et y rejette celles qu'elle a fabriquées ou des déchets. La cellule est un système vivant. Elle est composée de plusieurs éléments reliés entre eux et qui ont chacun un rôle particulier, afin d'assurer la survie de la cellule. Elle est constituée d'un noyau, d'une membrane nucléaire, d'une membrane cellulaire, d'un cytoplasme et, selon le cas, de chloroplastes, d'une paroi cellulosique, de vacuoles.

Chaque type de cellules joue un rôle différent. Cependant, toutes les cellules ont un besoin en commun : elles ont besoin d'énergie pour jouer leur rôle. Pour obtenir cette énergie, les cellules utilisent des intrants différents, selon qu'elles sont des cellules végétales ou des cellules animales.

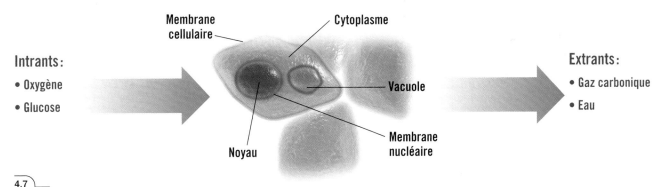

4.7 Les intrants et les extrants de la cellule animale pour la respiration cellulaire.

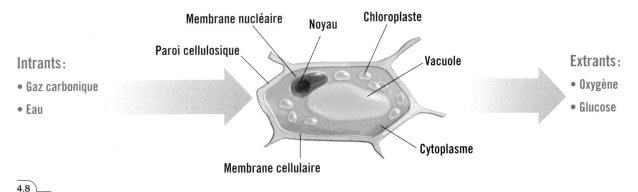

4.8 Les intrants et les extrants de la cellule végétale pour la photosynthèse.

1.2 Les écosystèmes

Une cellule est un système. Un être vivant est un système. Un ensemble d'êtres vivants qui font des échanges entre eux et avec les éléments de leur milieu forment aussi un système : c'est un écosystème. En général, les habitants d'un écosystème y ont leurs habitudes de vie. Ils s'y nourrissent, s'y font un abri, s'y reproduisent, etc. Un écosystème est composé de plusieurs espèces de bactéries, d'herbes, de fleurs, d'arbres, d'animaux, etc., qui y forment une communauté naturelle.

Une forêt est un écosystème. Un lac, une prairie, un désert en sont d'autres exemples. Les vivants d'un écosystème peuvent se déplacer vers un autre écosystème. La science de l'écologie se base sur l'étude de ces systèmes complexes que sont les écosystèmes.

4.10

4.9   4.11

Un lac, une prairie ou une forêt forment des écosystèmes.

La déforestation : une catastrophe à éviter

Les arbres font partie de notre paysage, et nous ne remarquons plus leur présence à la longue. Pourtant, sans en avoir l'air, les arbres jouent un rôle de tout premier ordre sur la Terre. Le problème de la déforestation nous amène à en prendre pleinement conscience.

Qu'est-ce que la déforestation ? Ce terme désigne la diminution des surfaces couvertes par la forêt dans un territoire donné.

L'exploitation de la forêt n'est pas mauvaise en soi ; elle peut même être utile en favorisant la croissance de jeunes pousses. Cependant, certaines pratiques forestières peuvent être très destructrices, en particulier le fait de couper beaucoup d'arbres sans les remplacer par de nouvelles plantations.

Mais pourquoi la déforestation représente-t-elle un si grand danger pour la planète ?

D'abord, détruire une forêt signifie éliminer l'habitat de certaines espèces et risquer de les faire disparaître. Ensuite, notre société produit beaucoup de gaz à effet de serre, notamment du gaz carbonique. Les arbres, en accomplissant la photosynthèse, absorbent une partie de ce gaz.

Les arbres ont aussi un autre rôle, peut-être moins connu : leurs racines aident à retenir le sol en place. Sans les arbres présents sur les versants des montagnes, il y a une augmentation du nombre de glissements de terrain. En 1999, au Venezuela, des pluies torrentielles se sont abattues sur le pays. Les versants des montagnes ayant été déboisés, rien ne pouvait retenir les coulées de boue. Bilan de la catastrophe : 20 000 morts, sans compter les dommages matériels.

4.13
La déforestation, en Amazonie (en Amérique du Sud).

Un autre endroit où la présence des arbres est essentielle : le bord des plages. Les arbres forment une barrière naturelle contre les vents et les vagues provenant du large. Lors du tsunami survenu en Asie en décembre 2004, beaucoup de dommages et de morts auraient pu être évités si les arbres bordant la plage n'avaient pas été coupés.

Les forêts sont importantes pour ces raisons, et pour bien d'autres. C'est pourquoi plusieurs pays ont décidé de protéger cette formidable ressource en créant des espaces protégés. Au Canada, il existe une quarantaine de parcs nationaux, destinés à la conservation des forêts et autres écosystèmes.

Aujourd'hui, on compte environ 100 000 espaces protégés dans le monde, ce qui représente 12 % de la surface terrestre. C'est un bon pas vers la protection de nos forêts, mais il reste beaucoup à faire.

2 La cellule et les échanges avec son milieu

Pour survivre et pour assumer leurs fonctions, toutes les cellules d'un être vivant doivent absorber des substances provenant de leur milieu, les intrants, et en rejeter d'autres à l'extérieur, les extrants.

Comment ces substances font-elles pour entrer dans la cellule ou pour en sortir ? La cellule choisit-elle ce qui entre et ce qui sort ? Comment les intrants et les extrants sont-ils transportés d'un côté ou de l'autre de la membrane cellulaire ?

Une cellule baigne dans un milieu liquide contenant surtout de l'eau. Le cytoplasme de la cellule est aussi constitué d'eau. On peut comparer l'intérieur de la cellule et son milieu extérieur à des solutions : dans les deux cas, l'eau est le solvant et les différentes molécules dissoutes dans l'eau, les solutés.

La membrane cellulaire joue le rôle de frontière entre l'intérieur et l'extérieur de la cellule. La membrane permet seulement à quelques molécules de franchir cette frontière dans un sens ou dans l'autre. Généralement, les plus petites molécules passent plus facilement que les grosses. Parfois, ce n'est pas la grosseur, mais la nature de la molécule qui détermine si elle peut passer cette frontière qu'est la membrane cellulaire. Dans certains cas, c'est la membrane qui sélectionne ce qui peut la traverser.

Les intrants et les extrants d'une cellule utilisent différents moyens pour franchir la membrane cellulaire. Nous étudierons deux de ces moyens : la diffusion et l'osmose.

2.1 La diffusion

Supposons que vous déposez quelques gouttes de parfum au fond de la classe. Les élèves situés à l'avant ne sentiront pas le parfum immédiatement. Il faudra quelques minutes avant que les molécules de parfum se rendent à l'avant de la classe. On dira que les molécules se sont « diffusées » de l'arrière de la classe vers l'avant. Après un certain temps, l'odeur se sera diffusée également dans toute la classe.

La même chose se produit si vous versez quelques gouttes d'un colorant, comme du bleu de méthylène, dans un bécher contenant de l'eau (photo 4.15). Au début, les molécules de colorant dissoutes dans l'eau sont toutes concentrées à l'endroit où vous les avez versées. Après quelque temps, leur mouvement les entraîne vers des endroits où il n'y en avait pas ou peu. Finalement, la solution devient homogène.

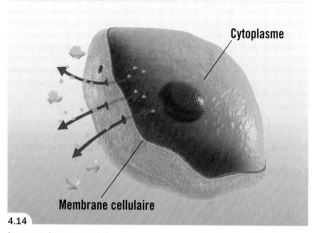

Cytoplasme

Membrane cellulaire

4.14
La membrane ne laisse passer que certaines molécules vers l'intérieur ou vers l'extérieur de la cellule.

4.15
Le soluté, le bleu de méthylène, voyage jusqu'à ce qu'il soit réparti uniformément.

La diffusion est le mouvement suivi par des particules de soluté, du milieu le plus concentré vers le milieu le moins concentré.

Les illustrations 4.16 et 4.17 montrent des exemples de diffusion dans la cellule. Dans les deux cas, la cellule et le milieu extérieur n'ont pas la même <u>concentration</u> en soluté : l'un contient 1 % de soluté, l'autre 5 %. Les flèches indiquent le sens du mouvement du soluté. Après un certain temps, les deux milieux atteignent un équilibre (4 %, dans ces exemples).

C'est par diffusion que l'oxygène et le gaz carbonique entrent dans la cellule et en sortent pour permettre la photosynthèse et la respiration cellulaire.

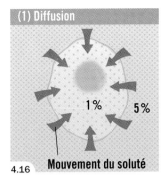
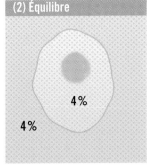

4.16 Le soluté voyage du milieu le plus concentré (le milieu extérieur) vers le moins concentré (la cellule).

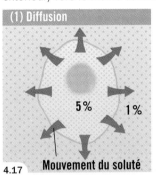
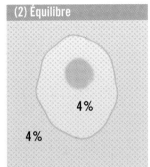

4.17 Le soluté voyage du milieu le plus concentré (la cellule) vers le moins concentré (le milieu extérieur).

Point de mire

4.18

Jan Baptist Van Helmont :
de la chimie à l'alchimie

Né en Belgique, en 1577, Jan Baptist Van Helmont œuvre comme médecin et chimiste. Ce scientifique rejette les écrits des Anciens pour se baser sur l'expérimentation.

Van Helmont découvre l'existence de substances nouvelles, qu'il nomme « gaz » (du mot flamand *ghoast*). En particulier, il identifie une substance inconnue à l'époque, le gaz carbonique : il lui donne le nom de « gaz sylvestre ».

Pendant cinq ans, Van Helmont fait pousser un saule en pot en ne lui fournissant que de l'eau. Puis, il détermine que la masse de l'arbre a augmenté de 75 kg, alors que la terre n'a perdu que 60 g. Le savant en conclut que l'eau fournie à la plante est la principale substance qui a servi à former ses tissus. Bien qu'incomplète, son explication ouvre la porte à la compréhension de la photosynthèse.

En 1618, Van Helmont reçoit la visite d'un alchimiste mystérieux qui lui laisse un échantillon de la « pierre philosophale ». La croyance prétend qu'avec cette pierre on peut changer le plomb en or. Van Helmont tente l'expérience et il croit même avoir réussi ! Ce qui est impossible...

On le dit « fou, diabolique et hérétique ». Il est emprisonné jusqu'à sa mort en 1644.

2.2 L'osmose

Certains solutés ne peuvent franchir la membrane cellulaire à cause de la grosseur ou du type de leurs molécules. Que se passe-t-il alors s'il y a une différence de concentration entre l'intérieur et l'extérieur de la cellule?

Prenons l'exemple d'une cellule qui contient 1 % de sel dans son cytoplasme. Supposons qu'on la plonge dans de l'eau qui contient 5 % de sel et que le sel ne peut pas traverser la membrane cellulaire. Que se passe-t-il alors?

Si le soluté, le sel, ne peut voyager de part et d'autre de la membrane, c'est le solvant, l'eau, qui doit voyager pour tenter d'équilibrer les concentrations des deux côtés de la membrane. L'eau sort donc de la cellule pour tenter de diluer la solution à 5 %. Ainsi, dans le cas de l'osmose, c'est le solvant (l'eau) qui voyage de l'endroit le moins concentré vers le plus concentré. L'illustration 4.19 montre ce phénomène.

L'osmose est le mouvement suivi par des particules de solvant, du milieu le moins concentré vers le milieu le plus concentré.

Quand, par osmose, une cellule végétale perd son eau et diminue de volume, on dit qu'il y a « plasmolyse ».

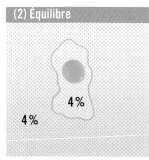
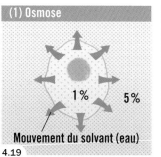

(1) Osmose — 1 % — 5 % — Mouvement du solvant (eau)

(2) Équilibre — 4 % — 4 %

4.19

L'eau voyage du milieu le moins concentré (la cellule) vers le plus concentré (le milieu extérieur).

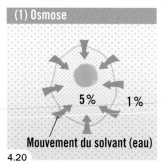
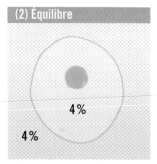

(1) Osmose — 5 % — 1 % — Mouvement du solvant (eau)

(2) Équilibre — 4 % — 4 %

4.20

L'eau voyage du milieu le moins concentré (le milieu extérieur) vers le plus concentré (la cellule).

Si, à l'inverse de l'exemple précédent, on plonge une cellule qui contient 5 % de sel dans une solution à 1 % de sel, l'eau entre alors dans la cellule pour diluer le sel et établir un équilibre. La cellule augmente de volume. (Voir l'illustration 4.20.)

Quand, par osmose, une cellule végétale se gonfle en absorbant de l'eau, on dit qu'il y a « turgescence ».

L'osmose est un des moyens qui permettent aux plantes d'absorber l'eau du sol.

4.21

Un exemple des effets de l'osmose sur les globules rouges du sang, des cellules qui contiennent environ 1 % de sel à l'état normal. Ces cellules ont été grossies pour bien montrer ce qui survient dans trois situations.

1 Dans une solution qui a la même concentration en sel que l'intérieur des globules rouges.

2 Dans une solution qui a une concentration en sel plus faible que l'intérieur des globules rouges. L'eau (le solvant) entre, la cellule se gonfle.

3 Dans une solution qui a une concentration en sel plus grande que l'intérieur des globules rouges. L'eau (le solvant) sort, la cellule diminue de volume et se ratatine.

3 La cellule et l'énergie

Pour accomplir ses fonctions, la cellule a besoin d'énergie. Pour les vivants, il y a deux principales sources d'énergie : la lumière et les aliments.

La lumière du Soleil est utilisée par ceux qui fabriquent leur propre nourriture, comme les végétaux et certaines bactéries. Les aliments sont la source d'énergie pour les autres vivants, comme les animaux.

3.1 La photosynthèse ···· LABOS 9, 10

Les producteurs, principalement les algues microscopiques et les végétaux, sont à la base de toute la vie sur Terre. Ils produisent non seulement leur propre nourriture, mais aussi celle des autres êtres vivants.

Les producteurs sont capables d'utiliser l'énergie contenue dans la lumière du Soleil pour transformer des molécules simples (du non-vivant) en molécules complexes (de grosses molécules caractéristiques du vivant). Ainsi, ils se servent du gaz carbonique (CO_2) et de l'eau (H_2O) pour fabriquer du glucose ($C_6H_{12}O_6$), une sorte de sucre.

Le glucose ainsi fabriqué sert de nourriture aux producteurs. C'est pourquoi on dit que les producteurs fabriquent leur propre nourriture. Les

4.22

producteurs peuvent utiliser le glucose tel quel ou ils peuvent s'en servir pour la fabrication d'autres molécules complexes (des protéines, d'autres sucres comme l'amidon, par exemple).

La photosynthèse produit aussi de l'oxygène (O_2). C'est ce processus qui renouvelle l'oxygène de l'air servant à la respiration.

La photosynthèse

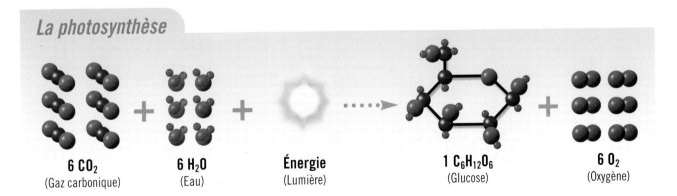

| **6 CO_2** | **6 H_2O** | **Énergie** | **1 $C_6H_{12}O_6$** | **6 O_2** |
| (Gaz carbonique) | (Eau) | (Lumière) | (Glucose) | (Oxygène) |

4.23

Il faut 6 molécules de CO_2 et 6 molécules de H_2O pour faire une molécule de glucose, $C_6H_{12}O_6$. La réaction produit aussi 6 molécules d'O_2.

La photosynthèse s'effectue dans les cellules qui contiennent de la chlorophylle, la substance capable de capter l'énergie lumineuse. On trouve cette substance verte dans les chloroplastes des cellules végétales.

La photosynthèse est le processus par lequel les producteurs utilisent l'énergie de la lumière pour fabriquer leur nourriture (des sucres) en se servant du gaz carbonique et de l'eau. Ce processus s'effectue dans les cellules qui contiennent de la chlorophylle.

Tous les vivants, qu'ils soient producteurs, consommateurs (herbivores, carnivores) ou décomposeurs, dépendent de la photosynthèse, puisqu'elle est à la base de la fabrication de nourriture. En effet, les carnivores dépendent de la photosynthèse des plantes vertes, car ils se nourrissent d'herbivores, ou d'autres carnivores s'étant nourris d'herbivores. Les décomposeurs, eux, se nourrissent de plantes ou d'animaux morts.

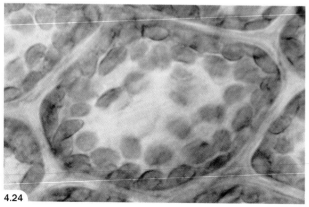

4.24

Tous ces points verts dans les cellules végétales sont des chloroplastes.

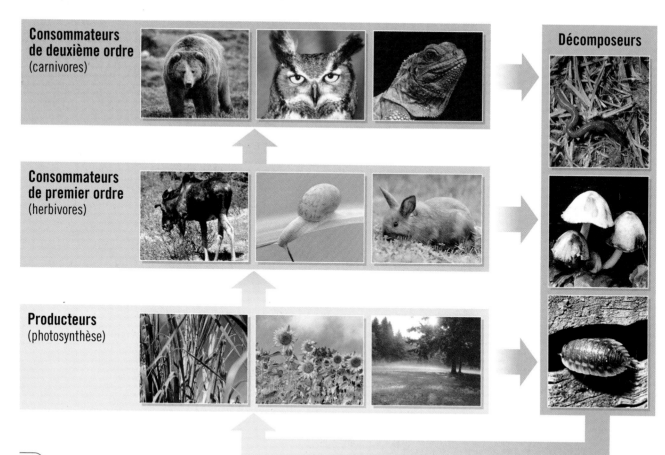

Consommateurs de deuxième ordre (carnivores)

Consommateurs de premier ordre (herbivores)

Producteurs (photosynthèse)

Décomposeurs

4.25

Pour se nourrir, tous les vivants dépendent de la capacité qu'ont les producteurs de faire de la photosynthèse.

Melvin Calvin :
un expert de la photosynthèse

4.26

Né en 1911, Melvin Calvin est un célèbre biochimiste américain. Il fait ses études dans le Michigan et obtient son doctorat à l'université du Minnesota.

Il travaille à l'université de Californie jusqu'à sa retraite, en 1980. Il y entre comme instructeur en 1937, puis il devient professeur de chimie dix années plus tard. En 1963, il obtient le titre de professeur de biologie moléculaire.

Utilisant le carbone 14, qui est radioactif, Calvin et son équipe font l'expérience de suivre la route complète du carbone à travers une plante pendant la photosynthèse. Ils étudient le chemin du carbone depuis son absorption comme gaz carbonique dans l'atmosphère jusqu'à sa conversion en sucre et en d'autres composés organiques. Le groupe de Calvin démontre que la lumière du Soleil agit sur la chlorophylle dans une plante pour alimenter la construction des composés comme les sucres.

Ses travaux sur la photosynthèse sont d'une si grande importance pour l'avancée de la science que Melvin Calvin reçoit le prix Nobel de chimie en 1961. Parmi les autres récompenses qu'il obtient, notons la médaille Davy, qui lui est décernée en 1964. Cette médaille récompense les scientifiques pour des travaux exceptionnels dans le domaine de la chimie. On nomme d'ailleurs « cycle de Calvin » l'une des réactions complexes qui se produisent dans les cellules lors de la photosynthèse.

Dans ses dernières années de recherche active, Calvin étudie l'utilisation de plantes productrices de pétrole en tant que sources d'énergie renouvelables. Il passe aussi plusieurs années à étudier l'évolution chimique de la vie. Il publie un livre sur ce sujet en 1969. Il fait également l'analyse des roches lunaires et des recherches sur le cancer.

Il est décédé en 1997.

3.2 La respiration cellulaire

Les vivants, comme les animaux et les champignons, qui sont incapables de faire de la photosynthèse doivent trouver une autre source d'énergie. Cette source d'énergie vient de leurs aliments.

Les molécules complexes (comme le glucose) fabriquées par les producteurs sont mangées par les herbivores. Ceux-ci sont à leur tour mangés par les carnivores, et ainsi de suite jusqu'aux décomposeurs. Ces derniers réduisent les molécules complexes en molécules simples. Les molécules simples pourront de nouveau servir à la fabrication de molécules complexes par les producteurs. Et le cycle recommence.

C'est principalement le glucose, puisé dans leurs aliments ou produit par photosynthèse, que les vivants utilisent pour produire leur énergie. Tous les vivants, non seulement les animaux, mais aussi les plantes, doivent brûler le glucose à l'aide d'oxygène pour fonctionner, un peu comme une automobile doit brûler de l'essence. C'est la raison pour laquelle les vivants ont besoin d'oxygène. Selon le cas, ils trouveront l'oxygène qui leur est nécessaire dissous dans l'air ou dans l'eau.

Ce processus de production d'énergie par la combustion de glucose (ou d'autres molécules complexes) s'effectue dans toutes les cellules vivantes. C'est ce qu'on appelle la « respiration cellulaire ».

La respiration cellulaire est une réaction inverse de celle de la photosynthèse. À partir de molécules complexes (comme le glucose) et d'oxygène, la cellule produit du gaz carbonique et de l'eau. De l'énergie est aussi libérée, ce qui permettra à la cellule de remplir ses fonctions. Une partie de cette énergie se dégage sous forme de chaleur.

La respiration cellulaire est un processus par lequel les cellules vivantes produisent de l'énergie par la combustion de substances nutritives complexes.

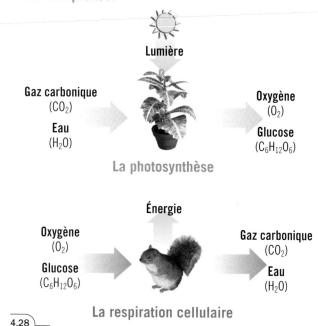

Lumière

Gaz carbonique (CO_2)

Eau (H_2O)

Oxygène (O_2)

Glucose ($C_6H_{12}O_6$)

La photosynthèse

Énergie

Oxygène (O_2)

Glucose ($C_6H_{12}O_6$)

Gaz carbonique (CO_2)

Eau (H_2O)

La respiration cellulaire

4.28

La photosynthèse et la respiration cellulaire sont deux réactions opposées. Les intrants nécessaires pour l'une sont les extrants de l'autre.

La respiration cellulaire

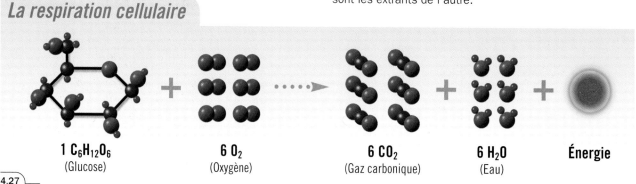

1 $C_6H_{12}O_6$ (Glucose) + **6 O_2** (Oxygène) ····▶ **6 CO_2** (Gaz carbonique) + **6 H_2O** (Eau) + **Énergie**

4.27

Il faut 6 molécules d'oxygène (O_2) pour brûler une molécule de glucose ($C_6H_{12}O_6$). Cette réaction produit 6 molécules de gaz carbonique (CO_2), 6 molécules d'eau (H_2O) et de l'énergie.

Investigations

Voici des suggestions d'activités qui vous permettront de mettre en pratique vos connaissances et vos compétences.

1. La couleur et les plantes

Les plantes ont besoin de lumière pour faire de la photosynthèse. Normalement, elles utilisent la lumière du Soleil. On peut aussi utiliser la lumière artificielle pour faire croître des plantes, comme on le fait souvent dans les serres.

Peut-on faire pousser des plantes en utilisant de la lumière de couleur? Quelles sont les couleurs les plus efficaces?

Mettez au point une expérience qui vous permettra de savoir quelle est la couleur de la lumière la plus efficace pour faire pousser des plantes.

2. Comment produire de l'oxygène pour des astronautes

Si l'on envoyait des astronautes sur Mars, le voyage pourrait durer deux années. La nourriture, l'eau et l'oxygène qu'il faudrait transporter dans l'espace pour trois astronautes, par exemple, constitueraient une charge très lourde. Déjà, pour de longs séjours, on peut recycler l'eau que les astronautes rejettent dans leur urine, par leur respiration et par leur transpiration. Comment recycler l'oxygène qui leur est nécessaire? Comment débarrasser leur vaisseau du gaz carbonique qui devient toxique en grande quantité?

Vous devrez construire un système qui absorbe le gaz carbonique (CO_2) et qui produit de l'oxygène (O_2), et que des astronautes se rendant sur Mars pourraient utiliser.

Des pistes à explorer

▸ Les plantes font de la photosynthèse.
▸ Les astronautes, comme tous les animaux, produisent du gaz carbonique et ont besoin d'oxygène.
▸ On peut utiliser des plantes aquatiques...

Des pistes à explorer

▸ De quelles couleurs est composée la lumière blanche?
▸ Que peut-on faire avec un prisme et de la lumière blanche?
▸ Comment fait-on pour obtenir un éclairage rouge, vert, jaune ou bleu dans un studio de photographie ou de télévision?
▸ Comment mesurer la vitesse de croissance des plantes?
▸ En plus de la lumière, quels facteurs devrez-vous contrôler?
▸ Ces facteurs devront-ils être tous identiques?

4.29
On voit des bulles d'oxygène qui se forment dans l'eau par suite de la photosynthèse des plantes aquatiques.

Les systèmes vivants

PAGES 94 À 96

TOUT COMPTE FAIT

1 Les phrases suivantes décrivent certains aspects de la vie du castor.

A Le castor est un animal herbivore.

B Il est très utile parce qu'il coupe des arbres adultes et permet ainsi aux jeunes arbres de profiter de la lumière.

C Par la construction de barrages, il crée de petits étangs et favorise la survie de plusieurs poissons et amphibiens.

D Ses dents tranchantes ne cessent jamais de pousser.

E Ses doigts palmés lui permettent de bien nager.

F Il n'urine jamais dans sa hutte.

G L'hiver, on peut voir de la buée s'échapper par une ouverture au sommet de sa hutte. Cette buée est causée par l'air qu'il expire.

H Avant de plonger, il inspire une grande bouffée d'air et peut rester sous l'eau longtemps.

I Sa queue lui sert à nager, mais aussi à donner l'alerte en cas de danger.

J Ce qu'il préfère manger, c'est de l'écorce de tremble.

a) Lesquelles de ces phrases se rapportent aux intrants ?

b) Lesquelles de ces phrases se rapportent aux extrants ?

c) Lesquelles se rapportent à la fonction du castor, à son rôle (niche écologique) ?

4.30
Le castor aime se nourrir d'écorce de tremble.

4.31
Le castor construit des barrages et crée de petits étangs.

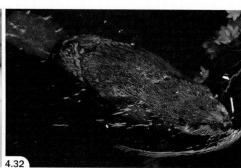

4.32
Le castor est un très bon nageur.

Kathleen L.M 2c.

2 Comparez les cellules végétales et les cellules animales en tant que systèmes vivants.

 a) Ont-elles les mêmes composantes ? Expliquez.

 b) Ont-elles les mêmes intrants ? Expliquez.

 c) Quels extrants des cellules animales sont des intrants pour les cellules végétales ? Expliquez.

La cellule et les échanges avec son milieu

PAGES 98 À 100

3 Comparez la diffusion et l'osmose. Reproduisez un tableau semblable à celui ci-dessous et remplissez-le correctement.

	Osmose	Diffusion
Qu'est-ce qui voyage ?	Le ▬▬▬	Le ▬▬▬
Dans quel sens ?	*Du milieu* ▬▬▬ *concentré vers le milieu* ▬▬▬ *concentré*	*Du milieu* ▬▬▬ *concentré vers le milieu* ▬▬▬ *concentré*

4 Supposons qu'un morceau de pomme de terre est composé de cellules contenant 1 % de sel, et que la membrane des cellules de pomme de terre ne laisse pas passer le sel. Dites ce qui arrivera au morceau de pomme de terre plongé dans de l'eau salée à 10 %. Il grossira ou il rapetissera ? Pourquoi ?

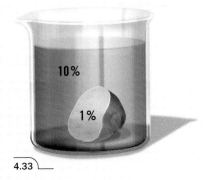

4.33

5 Supposons que le morceau de pomme de terre dont on parle à la question 4 est plongé dans de l'eau pure, à 0 % de sel. Dites ce qui arrivera à ce morceau de pomme de terre. Pourquoi ?

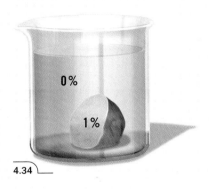

4.34

Pascale Paoust
2E

La cellule et l'énergie

6 Le sucre que vous mangez a probablement été produit par une plante qui pousse dans les pays chauds, la canne à sucre, *Saccharum officinarum*. Expliquez comment ce sucre a été fabriqué par la plante.

4.35
La canne à sucre, *Saccharum officinarum*.

7 La photosynthèse et la respiration cellulaire sont représentées par des équations qui ont des ressemblances et des différences. On dit aussi qu'elles sont complémentaires, que l'une est l'inverse de l'autre.

a) En vous basant sur cet énoncé, expliquez comment les plantes peuvent être utiles aux animaux, et les animaux, utiles aux plantes.

b) Expliquez comment ces deux équations peuvent former un cycle. Illustrez votre réponse par un dessin ou donnez une explication.

Gabrielle Daoust 2F

4.36
L'ouvrier d'érablière effectue diverses tâches liées
à la fabrication des produits de l'érable.

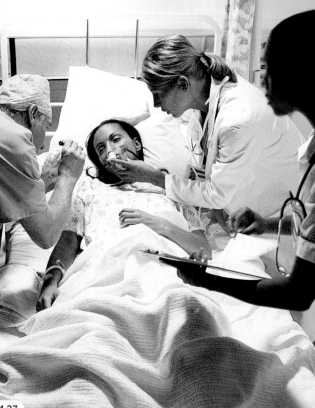

4.37
L'inhalothérapeute participe aux soins cardiorespiratoires
des patients.

Plusieurs métiers se rapportent à la compréhension
du fonctionnement des êtres vivants en tant que
systèmes et à leur besoin d'échanger avec le milieu
pour obtenir de l'énergie. La botanique, la zoologie,
l'agriculture, la médecine, l'écologie ne sont que
quelques-uns des domaines reliés au maintien de
la vie.

Pour travailler dans ces domaines, il faut avoir
une connaissance approfondie des phénomènes qui
se manifestent chez tous les organismes, animaux
et végétaux, de la naissance jusqu'à la mort.

À la page suivante, nous présentons quelques
métiers pour lesquels les connaissances sur le maintien de la vie sont essentielles, en lien avec les
diplômes d'études qui sont requis pour pouvoir
exercer ces métiers.

4.38
La botaniste est une spécialiste des végétaux
et de leur utilisation.

Angelle Paradis 2C

Diplômes d'études		
secondaires	**collégiales**	**universitaires**
• Ouvriers d'érablière • Ouvriers d'exploitation laitière • Opérateurs de station de traitement des eaux usées • Sommeliers • Assistants techniques en pharmacie	• Exploitants agricoles • Inhalothérapeutes • Technologues en horticulture ornementale • Technologues en cytologie • Technologues en assainissement de l'eau	• Botanistes • Zoologistes • Bactériologistes • Biochimistes • Biologistes moléculaires • Écologistes

Profession : exploitant ou exploitante agricole

Le métier de fermier a bien évolué ces dernières années. Aujourd'hui, une ferme est une entreprise commerciale valant des millions de dollars. La gestion des cultures et de l'élevage est assistée par des systèmes informatiques. L'équipement employé est très complexe.

Les producteurs agricoles d'aujourd'hui doivent assumer des responsabilités dans le domaine de la gestion, de l'administration, du développement et de l'organisation des ressources. Ils doivent se tenir informés des nouveaux développements dans tous les domaines de son secteur. En plus d'aimer le travail en plein air, les plantes et les animaux, ils doivent avoir une grande polyvalence.

Parallèlement, un mouvement de retour aux sources commence à favoriser les petits producteurs qui font des produits « biologiques », c'est-à-dire cultivés de façon naturelle, sans produits chimiques. Ceux qui optent pour ce genre de production doivent faire preuve d'originalité, d'une grande rigueur et consacrer beaucoup de temps à leur métier.

4.39
L'exploitant agricole doit s'assurer d'offrir des produits de qualité.

Polluer pour survivre

par Josée Nadia Drouin

4.40
Le DDT s'emploie encore de nos jours en Afrique.

Voici un slogan publicitaire tout désigné pour le DDT, un puissant insecticide utilisé à travers le monde, au cours des

> Une pulvérisation par-ci, une autre par-là, et **dites adieu à ces mouches noires et autres insectes nuisibles!**

années 1950 et 1960. Le DDT semblait être la solution idéale pour éliminer les insectes responsables de la transmission de maladies tropicales, telles que le paludisme (appelé aussi « malaria »), le typhus et la fièvre jaune. Malheureusement, quelques années plus tard, on s'apercevait que ses effets sur l'environnement et sur la santé humaine étaient des plus néfastes. Il est aujourd'hui banni dans plusieurs pays, mais continue d'être utilisé en Asie et en Afrique.

La petite histoire du DDT

Le DDT, ou « dichlorodiphényltrichloréthane », a été produit pour la première fois en 1873. Ce n'est toutefois qu'en 1939 que Paul Müller, employé au sein d'une compagnie pharmaceutique suisse, découvre ses propriétés insecticides.

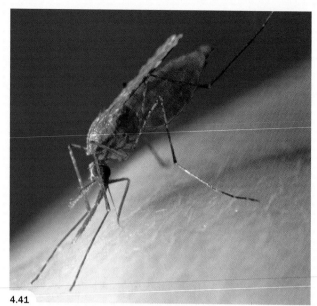

4.41
Ce moustique, l'anophèle, peut transmettre le paludisme (la malaria) par une simple piqûre.

Cette découverte lui vaut d'ailleurs le prix Nobel de médecine et de physiologie en 1948! Le DDT a d'abord été pulvérisé, au cours de la Seconde Guerre mondiale, sur les zones que les militaires étaient sur le point d'envahir (afin de les protéger contre certains moustiques porteurs de maladies). Par la suite, il a été utilisé dans plusieurs pays pour éliminer les insectes responsables de la propagation de maladies tropicales. Finalement, il a été largement vaporisé à travers le monde sur les cultures maraîchères, pour enrayer les insectes ravageurs.

Mais depuis, il a été démontré que le DDT est en fait une substance chimique très toxique, non biodégradable. (Il peut demeurer actif dans l'environnement pendant plus de 30 ans!) Le DDT s'accumule dans les tissus adipeux (dans la graisse) des organismes vivants. Il est « bioaccumulable », c'est-à-dire que sa concentration tend à augmenter, selon les niveaux, dans la chaîne alimentaire. Ainsi, un ours polaire, qui se trouve à un niveau supérieur de la chaîne alimentaire (parce qu'il mange des animaux qui mangent eux-mêmes d'autres êtres vivants), démontre une concentration plus élevée de DDT qu'un saumon, par exemple, qui se trouve à un niveau inférieur de la chaîne. Ce phénomène de « bioaccumulation » entraîne de graves conséquences chez les populations humaines dont l'alimentation demeure traditionnelle, comme chez les Autochtones qui se nourrissent d'aliments provenant d'un environnement contaminé.

La grande famille des POP

Les polluants organiques persistants (POP), tels que le DDT, ne connaissent pas de frontières. Ils subissent un phénomène de diffusion dans l'environnement, surtout dans l'air. À cause des mouvements d'air en altitude, ils peuvent voyager sur de longues distances, voire des milliers de kilomètres, avant de retomber au sol, dans les cours d'eau. Une fois dispersés dans l'environnement, ils peuvent entrer dans les cellules par différents moyens. En raison d'une évaporation difficile en régions plus froides, ils auraient tendance à s'y accumuler.

4.42
Comme il se trouve au sommet de la chaîne alimentaire et qu'il habite une région froide, l'ours polaire risque particulièrement de souffrir des effets néfastes de la bioaccumulation de DDT.

4.43
Chaque année, des millions de personnes souffrent de maladies tropicales. Plusieurs n'y survivent pas.

Interdit de production et d'utilisation depuis une trentaine d'années dans plusieurs pays, le DDT demeure toujours présent dans l'environnement. Sa concentration a cependant beaucoup diminué. Récemment, des traités internationaux ont également été mis de l'avant pour éliminer progressivement la production et l'utilisation du DDT et, à plus large échelle, celles des POP.

Entre deux maux, lequel choisir ?

Plusieurs pays d'Asie et d'Afrique, aux prises avec la prolifération de maladies transmises par des insectes piqueurs, ont trouvé dans le DDT une solution économique et efficace à leur problème. Son utilisation a sauvé de nombreuses personnes d'une mort certaine. Mais ses effets chez l'être humain

sont également multiples : cancer, troubles neurologiques, respiratoires et cardiovasculaires. Il affecterait aussi le développement et la reproduction.

Une question de vie ou de mort

- Selon vous, devrait-on bannir l'utilisation du DDT en Asie et en Afrique, même si cela résulterait probablement dans la prolifération de maladies ?

- Devrait-on plutôt continuer à l'utiliser comme insecticide tout en sachant que ses effets sur l'environnement et sur la santé humaine sont néfastes ?

LA TERRE ET L'ESPACE

La Terre fait partie d'un système de planètes qui tournent autour du Soleil, le système solaire. Elle n'est qu'un des multiples corps célestes de l'Univers. La structure interne de la Terre n'est pas exceptionnelle pour une planète : elle est surtout composée de roches.

Cependant, la Terre possède des caractéristiques qui font d'elle une exception. D'abord, on y trouve de l'eau sous forme liquide ; l'eau couvre environ 70 % de sa surface. Ensuite, son atmosphère contient une quantité importante d'oxygène. De plus, la Terre est une planète relativement proche du Soleil, ce qui lui permet de capter une bonne partie des rayons solaires... Ce sont ces particularités de la Terre qui permettent à la vie d'exister.

C'est pourquoi nous allons poursuivre notre voyage d'exploration dans le monde fascinant de la Terre et des corps célestes qui l'entourent.

Sommaire

LA TERRE ET L'ESPACE
explorés en 1ʳᵉ année du cycle

Rappel

Avant d'entrer dans ce nouvel univers, faisons un rappel des principales notions vues en 1ʳᵉ année du cycle.

Pluton (la 9ᵉ) n'est plus une planète

- La Terre est l'une des ~~neuf~~ *huit* planètes du système solaire. Elle occupe une position privilégiée dans le système solaire.

LA TERRE : SES CARACTÉRISTIQUES, SES PHÉNOMÈNES

- La Terre est faite de différents éléments qui influencent non seulement notre façon de vivre, mais aussi celle de tous les êtres vivants qui peuplent la planète.

- La **structure interne de la Terre** est constituée de la croûte terrestre, du manteau et du noyau.

- Les **enveloppes de la Terre** sont la lithosphère, l'hydrosphère, l'atmosphère et la biosphère.

- La **lithosphère** est l'enveloppe solide de la Terre. Elle englobe tous les éléments du relief : montagnes, plaines, plateaux, volcans, etc.

- Selon la théorie de la tectonique des plaques, la lithosphère est découpée en plus d'une douzaine de **plaques tectoniques** qui flottent sur la partie partiellement fondue du manteau de la Terre. Le mouvement de ces plaques explique les phénomènes qui modifient le relief de la Terre comme la formation des montagnes, les tremblements de terre et les volcans.

  - L'**orogenèse** est un ensemble de processus qui entraînent la formation des montagnes.

  - Un **tremblement de terre**, ou séisme, est une vibration du sol causée par le déplacement soudain des roches le long d'une faille, par une éruption volcanique, etc.

  - Un **volcan** se forme lorsque du magma provenant du manteau traverse la croûte terrestre pour se rendre jusqu'à la surface de la Terre.

- Le **relief** est l'ensemble des formes que l'on trouve à la surface de la lithosphère (élévations, dépressions, pentes). Sur les continents, on trouve :

  - les montagnes et les vallées ;
  - les plateaux et les boucliers ;
  - les plaines et les collines.

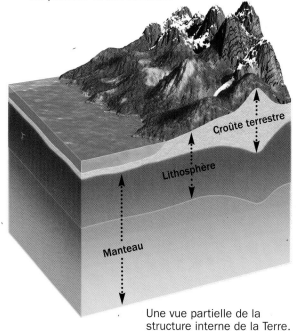

Une vue partielle de la structure interne de la Terre.

- L'**érosion** est l'usure et la transformation des roches ou du sol par les glaciers, l'écoulement des eaux à la surface du sol et les agents atmosphériques (pluie, vent, gel).

- L'**hydrosphère** est l'ensemble des eaux du globe terrestre que l'on trouve sous les états liquide, solide et gazeux : océans, mers, lacs, fleuves, rivières, eaux souterraines, glaciers, vapeur d'eau en suspension dans l'atmosphère.

- La **répartition de l'eau** sur la Terre est la suivante : l'eau salée représente la presque totalité de l'eau sur Terre, soit 97,2 %. L'eau douce représente seulement 2,8 % de la quantité totale d'eau.

- Le **cycle de l'eau** est la façon dont l'eau, sous toutes ses formes, circule dans l'hydrosphère. Il comprend les phénomènes suivants :
  - l'évaporation ;
  - la condensation ;
  - les précipitations ;
  - la transpiration ;
  - le ruissellement ;
  - l'infiltration ;
  - la circulation souterraine.

- L'**atmosphère** est la couche d'air qui entoure la Terre. L'air est composé d'azote (78 %) et d'oxygène (21 %). Les autres gaz (gaz carbonique, argon et vapeur d'eau) représentent 1 % de l'air.

  L'atmosphère est constituée principalement de quatre couches :
  - la troposphère ;
  - la stratosphère ;
  - la mésosphère ;
  - la thermosphère.

- La **biosphère** est la zone de la Terre qui contient toutes les formes de vie : plantes, animaux, bactéries, etc.

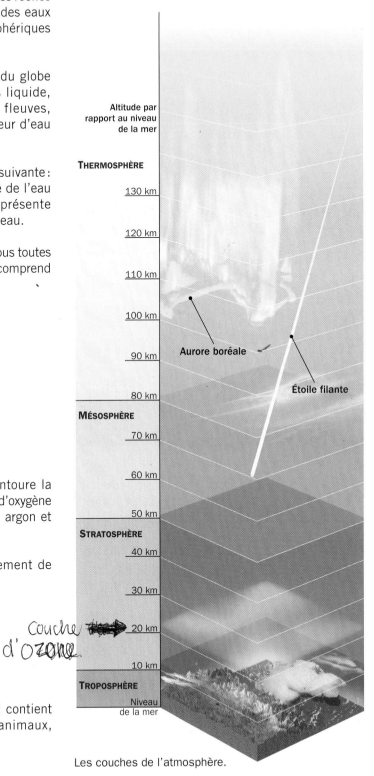

Altitude par rapport au niveau de la mer

THERMOSPHÈRE

130 km

120 km

110 km

100 km

90 km — **Aurore boréale**

80 km

Étoile filante

MÉSOSPHÈRE

70 km

60 km

50 km

STRATOSPHÈRE

40 km

30 km

Couche d'ozone → 20 km

10 km

TROPOSPHÈRE

Niveau de la mer

Les couches de l'atmosphère.

L'ESPACE : LES PHÉNOMÈNES ASTRONOMIQUES

■ L'espace, pour les scientifiques, est la région qui commence au-delà de la thermosphère, soit à quelque 1000 km d'altitude au-dessus du niveau de la mer. Mais nous n'avons pas besoin d'aller dans l'espace pour expliquer ce qui se passe dans le ciel.

- Comme le Soleil est relativement près de la Terre (150 millions de kilomètres), nous ressentons les effets de la lumière qu'il émet.

- La lumière a sept **propriétés** principales. **(1)** Elle est un rayonnement qui a la particularité de pouvoir être détecté par l'œil. **(2)** Elle peut être émise par une source naturelle ou artificielle. **(3)** Elle transporte de l'énergie lumineuse. **(4)** Elle est presque instantanée. **(5)** Elle se propage en ligne droite. **(6)** Elle peut être déviée (réfléchie) ou absorbée. **(7)** La lumière blanche est composée de toutes les couleurs.

- La Terre est la troisième planète à partir du Soleil.

- C'est la rotation de la Terre sur elle-même qui produit l'**alternance du jour et de la nuit**.

- La **rotation de la Terre** est un mouvement qui s'effectue en 24 heures environ et qui se fait de l'ouest vers l'est.

- La Terre tourne sur elle-même tout en étant inclinée par rapport au Soleil. Cet angle d'inclinaison est responsable de la **durée inégale** des jours et des nuits.

- C'est la révolution de la Terre autour du Soleil, accompagnée de l'inclinaison de la Terre, qui détermine les **saisons**. Ce phénomène entraîne une inversion des saisons d'un hémisphère à l'autre.

- La **révolution de la Terre** est un mouvement qui se fait autour du Soleil en 365,25 jours. Ce mouvement s'effectue selon une trajectoire ovale appelée « orbite terrestre ».

- Le **solstice** est le moment de l'année où la position extrême de la Terre marque le début de l'été ou le début de l'hiver.

- L'**équinoxe** est le moment de l'année où la position moyenne de la Terre marque le début du printemps ou le début de l'automne. À ce moment, la durée du jour est égale à celle de la nuit.

- La Lune tourne autour de la Terre en 28 jours environ. Elle tourne également sur elle-même en 28 jours.

- Les **phases de la Lune** désignent les parties de la Lune éclairées par le Soleil, telles qu'elles sont vues de la Terre.

- Une **éclipse** est un phénomène qui se produit quand le Soleil ou la Lune disparaissent, totalement ou en partie, alors qu'ils étaient bien visibles dans le ciel.

  - Lors d'une **éclipse de Soleil**, la Lune se place entre la Terre et le Soleil.

  - Lors d'une **éclipse de Lune**, la Terre se place entre le Soleil et la Lune.

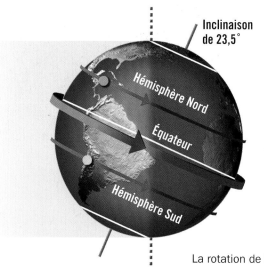

Inclinaison de 23,5°

Hémisphère Nord

Équateur

Hémisphère Sud

La rotation de la Terre sur elle-même.

Chapitre 5

La Terre : ses caractéristiques, ses phénomènes

La surface de la Terre est modelée par une multitude de phénomènes. La pluie, le vent, les éruptions volcaniques, les tremblements de terre, les vagues, les ouragans en sont des exemples.

Dans la lithosphère, ces phénomènes sont à l'origine de la formation des roches et du sol. La lithosphère constitue ainsi un formidable réservoir de ressources naturelles. Le sol ainsi que les roches et les minéraux qu'elles contiennent trouvent divers usages dans notre vie de tous les jours. Dans certains endroits de la planète, le sous-sol renferme aussi de plus ou moins grandes quantités de combustibles fossiles (pétrole, charbon, gaz naturel).

Tout comme dans la lithosphère, on observe des manifestations naturelles de l'énergie dans l'hydrosphère et l'atmosphère : on n'a qu'à penser à la force des vents, des courants marins, des marées ou des rayons solaires. Cependant, l'être humain n'a pas encore su exploiter toutes les possibilités qu'offrent les sources naturelles d'énergie. C'est un des grands défis que nous devrons relever dans les années et les siècles à venir.

5.1
Les phénomènes naturels, comme les vagues, modèlent le paysage.

5.2
L'extraction du pétrole est un exemple de l'exploitation des richesses de la lithosphère par l'être humain.

1 Les matériaux de la croûte terrestre

La croûte terrestre sert de support à de nombreuses activités humaines. Elle est composée de différents types de roches, aux origines aussi variées que les phénomènes qui les produisent. Les minéraux contenus dans les roches possèdent des caractéristiques que les humains exploitent depuis des millénaires. Les différents types de sols ont aussi une immense influence sur l'usage que les êtres humains ont fait ou feront d'une région donnée.

1.1 Les types de roches

Par une belle journée ensoleillée, vous faites une randonnée dans la nature. Si vous vous arrêtez à observer les roches qui vous entourent, que remarquez-vous ?

5.3

D'abord, les roches n'ont pas toutes la même grosseur. Certaines sont impossibles à déplacer tellement elles sont massives. D'autres ne sont que de petits cailloux. Certaines, enfin, s'effritent en plus petits morceaux quand vous les tenez dans votre main. Toutes ces roches ne sont pas de la même couleur ou de la même texture. Certaines ont une couleur uniforme, d'autres ont des grains – des minéraux – de plus d'une couleur. En outre, la région où vous vous promenez fait une différence : vous ne verrez pas les mêmes roches en Gaspésie, dans Lanaudière, ou dans un autre pays, comme la Chine, le Brésil ou l'Égypte.

Pour s'y reconnaître parmi toutes ces variétés de roches, les scientifiques les classent selon la façon dont elles se forment. On distingue ainsi trois grands types de roches : les roches ignées, les roches sédimentaires et les roches métamorphiques.

Les roches ignées

Les roches ignées sont les roches les plus communes de la croûte terrestre. Au Québec, on les trouve surtout dans la région géologique du Bouclier canadien.

Les roches ignées sont les roches qui résultent du refroidissement du magma.

Le mot « igné » est dérivé du mot latin *igneus* (« qui vient du feu »). En se refroidissant, le magma se solidifie et devient de la roche. C'est pour cette raison que l'on appelle parfois les roches ignées des « roches magmatiques ».

Il existe deux types de roches ignées : les roches ignées extrusives (formées à l'extérieur de la Terre) et les roches ignées intrusives (formées à l'intérieur de la Terre).

5.4

Une fois refroidi, le magma devient de la roche.

Les roches ignées extrusives

Les roches ignées extrusives se forment lorsque le magma se refroidit très rapidement à l'extérieur de la Terre.

Cela se produit surtout quand un volcan entre en éruption. C'est pourquoi on appelle parfois les roches ainsi formées des « roches ignées volcaniques ». Parce que le magma se refroidit très rapidement au moment de leur formation, les roches ignées extrusives sont des roches de structure vitreuse ou à grains fins. Les minéraux n'ont pas le temps de s'assembler en gros grains ou en gros <u>cristaux</u> dans ces roches.

5.5
L'obsidienne est une roche ignée extrusive de structure vitreuse.

5.6
La rhyolite est une roche ignée extrusive à grains fins.

Les roches ignées intrusives

Les roches ignées intrusives se forment par refroidissement lent du magma à l'intérieur de la Terre.

Il arrive, en effet, que du magma remontant du <u>manteau</u> n'atteigne jamais la surface de la Terre. Il se refroidit alors très lentement à l'intérieur de la croûte terrestre, ce qui permet la formation de gros grains de minéraux, de gros cristaux dans la roche. On désigne parfois les roches ignées intrusives sous le nom de « roches ignées plutoniques ».

5.7
On peut voir les minéraux de différentes couleurs dans ce gabbro, une roche ignée intrusive.

5.8
La diorite ressemble beaucoup au gabbro, mais elle est de couleur plus claire.

La formation des roches ignées

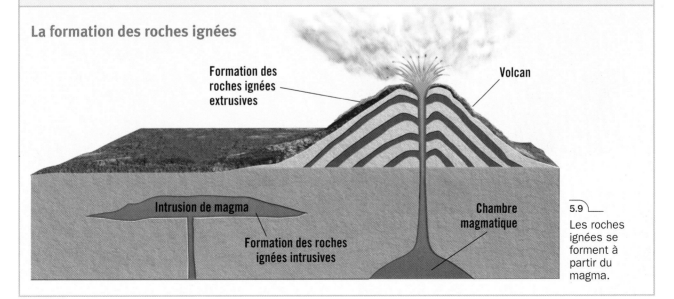

Formation des roches ignées extrusives

Volcan

Intrusion de magma

Formation des roches ignées intrusives

Chambre magmatique

5.9
Les roches ignées se forment à partir du magma.

- La pierre ponce est une roche ignée extrusive. Il s'agit de magma qui s'est refroidi très rapidement, en étant projeté dans les airs au cours d'une éruption volcanique. Cette pierre contient de si nombreuses bulles d'air que sa masse volumique est plus faible que celle de l'eau. Pour cette raison, si on la met dans l'eau, la pierre ponce flotte. Étonnant pour une roche !

5.10

Les roches sédimentaires

Imaginez que vous avez devant vous un récipient d'eau boueuse (photo 5.11). Vous laissez reposer le tout. Après quelques minutes, les plus grosses particules présentes dans l'eau vont se déposer au fond du récipient (photo 5.12). Si vous attendez quelques heures ou quelques jours, même les plus petites particules se seront déposées au fond (photo 5.13).

Imaginez le même processus, mais à plus grande échelle, soit dans un lac ou dans un océan : les matières solides, ou sédiments, s'accumulent au fond de l'eau, peu à peu, au cours de millions d'années. Avec le temps, tous ces sédiments s'écrasent, se compactent, durcissent et se transforment lentement en roches sédimentaires.

Les roches sédimentaires sont les roches formées par l'accumulation graduelle de sédiments.

On distingue deux types de roches sédimentaires : les roches sédimentaires détritiques et les roches sédimentaires chimiques.

5.11
De l'eau boueuse...

5.12
Quelques minutes plus tard...

5.13
Quelques heures plus tard...

Les roches sédimentaires détritiques

Les roches sédimentaires détritiques se forment par l'accumulation de débris.

Les roches s'usent et se désagrègent sous l'effet de l'érosion. Par exemple, sur le bord d'une chute, l'eau gruge peu à peu la roche et le courant transporte les résidus rocheux vers un endroit plus éloigné. Au fil du temps, ces petits fragments rocheux vont s'accumuler au fond de l'eau, se compacter et se cimenter, puis devenir des roches.

5.14
Le grès est un exemple de roche sédimentaire détritique. Comme on peut le voir à sa texture et à sa couleur, cette roche s'est formée à partir de sable.

5.15
Ce shale s'est formé par la compression de plusieurs couches de sédiments. Les grains de cette roche sont beaucoup plus fins que des grains de sable.

Les roches sédimentaires chimiques

Les roches sédimentaires chimiques se forment par la précipitation de substances présentes dans l'eau.

Certaines roches sédimentaires peuvent ainsi se former parce qu'une substance devient trop concentrée dans l'eau et précipite. Cela se produit, par exemple, lorsqu'une petite flaque d'eau de mer s'évapore, laissant apparaître des cristaux de sel.

5.16
Le calcaire est formé principalement de carbonate de calcium ($CaCO_3$). Cette substance provient, par exemple, de la coquille des mollusques.

5.17
La dolomie se compose surtout de carbonate de calcium et de magnésium ($CaMg(CO_3)_2$). La dolomie est plus dure que le calcaire.

La formation des roches sédimentaires

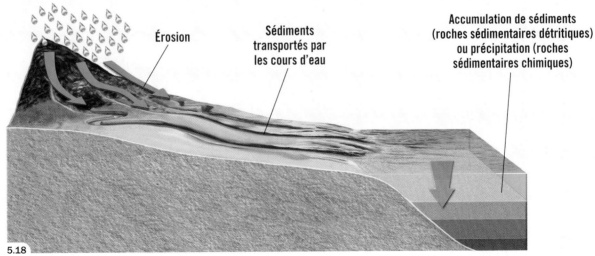

Érosion

Sédiments transportés par les cours d'eau

Accumulation de sédiments (roches sédimentaires détritiques) ou précipitation (roches sédimentaires chimiques)

5.18
Les roches sédimentaires se forment par l'accumulation de sédiments ou par la précipitation de certaines substances présentes dans l'eau.

- On trouve souvent des fossiles dans les roches sédimentaires. Ce n'est pas surprenant, si l'on tient compte de la façon dont ces roches se forment ! En effet, comme les sédiments se déposent lentement, des organismes vivants peuvent parfois rester prisonniers de ces sédiments. Ils laissent alors une empreinte en se décomposant. Au Québec, certains endroits, comme la plaine du Saint-Laurent et le parc national de Miguasha (en Gaspésie), sont propices à la découverte de fossiles dans les roches sédimentaires.

5.19

Voici une roche sédimentaire dans laquelle on trouve un fossile âgé de 370 millions d'années. Cette roche provient du parc national de Miguasha, en Gaspésie.

Les roches métamorphiques

La lithosphère est le siège de phénomènes comme le mouvement des plaques tectoniques, les volcans, les tremblements de terre. Tous ces phénomènes sont assez puissants pour déformer et chauffer à très haute température les roches existantes. Ainsi, lorsque des roches ignées ou des roches sédimentaires sont modifiées à cause de ces phénomènes, elles se transforment en roches métamorphiques.

Les roches métamorphiques sont des roches qui ont subi une « métamorphose », une transformation, à cause de la chaleur ou de la pression présentes dans la croûte terrestre.

Toutes les roches déjà existantes peuvent être métamorphisées : les roches ignées, les roches sédimentaires ; même les roches métamorphiques peuvent subir des transformations.

On distingue deux types de métamorphisme : le métamorphisme régional et le métamorphisme de contact.

5.20

Ce rocher montre des plissements dus à la pression.

Le métamorphisme régional

La collision entre deux plaques tectoniques exerce une pression sur les roches qui les composent. Ces roches se transforment et se plissent sous l'effet de la pression.

On reconnaît facilement les roches métamorphiques issues de ce phénomène à leurs plis, leurs ondulations (on dit parfois qu'elles sont de forme « rubanée », « en forme de rubans »).

Parce que ce phénomène touche l'ensemble des roches d'une région, on parle de métamorphisme régional.

5.21

Le gneiss se forme par la métamorphose de roches telles que le granite.

Le métamorphisme de contact

Le métamorphisme de contact se produit souvent autour de magma présent dans la croûte terrestre. C'est la chaleur dégagée par le magma pendant qu'il se refroidit qui cause cette transformation de la roche environnante.

Par exemple, comme les collines Montérégiennes sont des intrusions de magma, on trouve autour de ces collines une « couronne » de roches métamorphiques. Ces roches étaient autrefois des roches sédimentaires. Celles-ci se sont transformées il y a des millions d'années sous l'effet de la chaleur dégagée par le magma.

5.22

Le marbre est une roche métamorphique provenant de la transformation du calcaire sous l'effet de la chaleur.

La formation des roches métamorphiques

Métamorphisme régional

Métamorphisme de contact

Magma

5.23

Les roches métamorphiques se forment à cause de la pression (métamorphisme régional) ou de la chaleur (métamorphisme de contact) que subissent les roches déjà formées.

1.2 Les minéraux LABO 11

Nous avons vu qu'il existe des roches de différents types. Lorsqu'on regarde attentivement une roche de près, on peut voir qu'elle est souvent composée de petits grains. Ceux-ci n'ont pas tous la même forme, la même couleur ou la même nature. Ainsi, on peut considérer les roches comme des <u>mélanges</u> de plusieurs substances. Ces substances sont appelées des « minéraux ».

Une roche est donc une combinaison de plusieurs minéraux. Chaque minéral possède des propriétés caractéristiques, des propriétés qui lui sont propres. On dit des minéraux que ce sont des <u>substances pures</u>. Il existe des milliers de minéraux différents. Puisque l'étude de ces minéraux dépasse largement le cadre de ce manuel, nous nous limiterons à ne vous en donner que quelques exemples.

La roche est le matériau formé de minéraux qui constitue la croûte terrestre.

Les minéraux sont les constituants des roches.

Voyons, par exemple, de quoi est composée une roche très commune au Québec : le granite.

Le granite est une roche ignée intrusive, formée par le refroidissement lent du magma à l'intérieur de la Terre. En refroidissant, les minéraux contenus dans le magma forment des cristaux de différentes natures. On peut différencier les minéraux d'après la forme de leurs cristaux, mais aussi par leur dureté, leur couleur, etc.

Dans le granite, on trouve trois principaux minéraux : le quartz, le feldspath et la biotite. Le quartz a une dureté plus élevée que les deux autres minéraux. La biotite forme de petits feuillets qui peuvent se détacher les uns des autres. C'est elle qui forme les petits cristaux noirs dans le granite. Le feldspath, lui, donne la couleur rose caractéristique au granite.

Savez-vous que...

- Il est très rare de trouver de l'or natif (« pur »). En général, on doit l'extraire des roches dont il est prisonnier. En comparaison avec les autres minéraux, l'or est peu abondant sur la planète. C'est ce qui fait qu'il est si coûteux.

5.24
De l'or natif.

5.25
Une roche formée de quartz et de grains d'or.

Quartz

Biotite

Feldspath

5.26
Le granite et les principaux minéraux qui le composent.

5.27　5.28　5.29

Quelques exemples parmi les milliers de minéraux qui existent : l'halite, le soufre et le diamant.

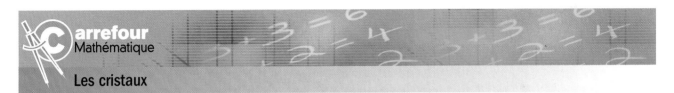

Carrefour Mathématique

Les cristaux

Dans la matière solide, les atomes ou les molécules peuvent s'assembler de façon ordonnée pour former des cristaux. C'est ainsi que les cristaux d'un minéral se forment à partir d'un motif qui se répète. Généralement, un minéral se cristallise en formant toujours le même motif. C'est donc l'une des caractéristiques qui permettent de reconnaître un minéral.

Les cristaux prennent la forme de polyèdres, c'est-à-dire de solides délimités de toutes parts par des polygones. Les cubes, les prismes, les pyramides, les octaèdres, les dodécaèdres sont des polyèdres. Il existe de multiples variations de ces formes de base des cristaux. Le tableau ci-contre montre deux de ces formes.

Par exemple, les atomes de chlorure de sodium (NaCl) s'assemblent pour former des cristaux en forme de cubes. La photo 5.27

montre un échantillon d'halite, c'est-à-dire de chlorure de sodium (de sel) sous forme minérale. On y voit de gros cristaux cubiques.

La cristallographie est la science complexe qui étudie les cristaux.

Forme des cristaux	Exemples de minéraux
	• Halite (photo 5.27) • Argent • Cuivre
	• Quartz (photo 5.26) • Corindon (saphir, rubis) • Calcite

William Logan :
une mine de connaissances

5.30

William Logan est né à Montréal en 1798. À l'âge adulte, il étudie d'abord à l'université d'Édimbourg, en Écosse. Puis, il devient gérant d'une mine de cuivre et de charbon appartenant à son oncle à Swansea, au pays de Galles.

Grâce à cette expérience de travail, il développe ses connaissances en géologie. Il prépare une carte géologique du sud du pays de Galles. Il note plus particulièrement les endroits où se trouve probablement du charbon. Il émet l'hypothèse que la couche d'argile située sous les poches de charbon est en fait un ancien sol. Les plantes à l'origine du charbon ont grandi dans ce sol. La carte géologique établie par Logan est suffisamment exacte et précise pour qu'il soit reconnu comme une personne ayant des compétences certaines en géologie.

Sa réputation d'expert le ramène au Canada lorsqu'on lui demande de faire le relevé géologique du Haut-Canada et du Bas-Canada (l'Ontario et le Québec d'alors). En 1842, il devient le premier directeur d'un nouvel organisme gouvernemental qui existe encore aujourd'hui : la Commission géologique du Canada. En faisant ses explorations pour la Commission, il détermine que le Haut-Canada et le Bas-Canada ne contiennent aucun gisement de charbon, parce que ces régions géologiques sont beaucoup plus anciennes que toutes celles qui en contiennent normalement. On nommera plus tard ces régions « le Bouclier canadien ».

En 1863, celui qui deviendra Sir William Logan publie *Geology of Canada* pour la Commission. Quelques années plus tard, il produit une carte géologique du Canada très précise pour l'époque. Compte tenu de ces nombreuses réalisations, William Logan est l'un des scientifiques canadiens les plus importants de cette époque. Plusieurs endroits, comme le mont Logan en Gaspésie, portent aujourd'hui son nom. Il est décédé en 1875.

1.3 Le sol ········ **LABOS 12, 13, 14**

Dans la vie de tous les jours, on utilise le mot « sol » dans divers contextes. « On marche sur le sol », « un avion atterrit au sol », etc. D'un point de vue scientifique, qu'est-ce que le sol exactement ?

Le sol est la couche superficielle et meuble de la croûte terrestre.

Les principaux matériaux de la croûte terrestre sont les roches et les minéraux, que nous venons d'étudier. Le sol se forme à partir des roches qui se dégradent et des restes des êtres vivants qui se décomposent, comme nous le verrons plus loin. Cette couche superficielle de la Terre est plutôt meuble, facile à creuser, à labourer.

Le sol nous sert de support pour nous déplacer, pour bâtir nos maisons, pour nous nourrir. Le sol est si important qu'il nous faut bien l'étudier et bien le classer pour savoir quoi en faire. Chaque type de sol peut servir à un usage particulier. Un bon classement des sols est particulièrement important pour l'agriculture.

Il existe plusieurs systèmes de classification des sols. L'échelle utilisée par les scientifiques est très complexe. Nous nous limiterons à présenter brièvement comment les sols se construisent, quelles particules ils contiennent et quels sont les types de sols.

La construction d'un sol

Avant de voir comment se construit un sol, observons un endroit où le sol est quasi inexistant. Prenons l'exemple d'un cap rocheux, comme celui que l'on peut voir sur la photo 5.31.

Il n'existe presque pas de sol à cet endroit. Ce que l'on voit fait partie de la formation rocheuse (du Bouclier canadien, dans ce cas particulier). On appelle cette roche la « roche-mère ». Le sol correspond à la couche qui se trouve au-dessus de la roche-mère. C'est à partir de cette roche que se formera le sol, par suite d'une lente dégradation. Ainsi, un sol se

5.31

Le cap Trinité, en bordure de la rivière Saguenay, au Québec.

construit lentement, par accumulation des fragments de roches et de minéraux transportés par les agents d'érosion, comme l'eau et le vent.

À ces fragments rocheux s'ajoute presque toujours un peu de matière organique dans le sol. Cette matière provient de la décomposition des organismes vivants. C'est pourquoi on la trouve surtout dans la couche supérieure du sol. Elle donne la couleur noire au sol. La couche de surface, qui contient beaucoup de matière organique, et que l'on remarque surtout en forêt, s'appelle de l'humus.

Comme la construction d'un sol se fait par un lent processus de dégradation des roches et des organismes en décomposition, un sol très jeune sera donc très mince. Plus le sol est vieux, plus il s'épaissira si les éléments ont la possibilité de s'accumuler normalement.

5.32

De gauche à droite, on voit l'évolution d'un sol : la roche-mère se dégrade de plus en plus.

Dégradation de la roche-mère

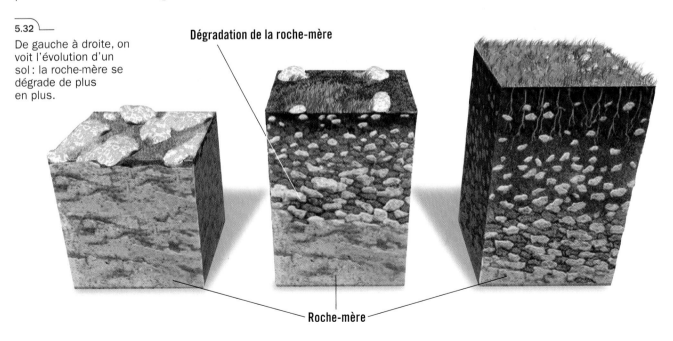

Roche-mère

Les particules minérales du sol

Le sol contient des particules de différentes grosseurs. Comme nous l'avons vu, ces particules proviennent en grande partie de la dégradation des roches. Selon le type de roches (plus ou moins dures) et la force des agents d'érosion (l'eau, le vent, etc.), cette dégradation peut produire des particules plus ou moins grosses.

Le tableau suivant montre la classification des particules minérales du sol selon leur grosseur.

PARTICULES MINÉRALES DU SOL

Matériau du sol	Grosseur des particules
Argile	Inférieure à 0,002 mm
Limon	Entre 0,002 mm et 0,05 mm
Sable	Entre 0,05 mm et 2 mm
Gravier	Supérieure à 2 mm

Les types de sols

Dans la vie de tous les jours, on classifie les sols d'après les particules qu'ils contiennent. On dira ainsi qu'un sol est argileux, limoneux, sableux ou humifère selon qu'il contient des particules d'argile, de limon, de sable ou de matière organique en plus grand nombre. Pour savoir quelles particules sont en majorité dans un sol, il suffit d'en prendre un échantillon dans la main et d'en analyser la texture.

- Un <u>sol argileux</u> est un sol qui contient surtout de l'argile. Lorsque vous le serrez dans votre main, les particules restent collées ensemble, un peu comme de la pâte à modeler. C'est simplement parce que les

5.33
Un sol argileux.

particules sont en majorité très petites dans un tel sol. Elles se collent facilement les unes aux autres et laissent peu d'espace pour la circulation de l'air ou de l'eau. Ainsi, un sol argileux se gorge d'eau très rapidement sous une forte pluie. On utilise parfois le mot « glaise » pour désigner un sol argileux.

- Un <u>sol limoneux</u> est un sol qui contient surtout du limon. Lorsque vous le serrez dans votre main, ses particules tiennent ensemble, mais elles se désagrègent en petits morceaux si vous continuez à le

5.34
Un sol limoneux.

manipuler. Comme ses particules sont un peu plus grosses que celles d'un sol argileux, l'espace entre elles est plus grand. Un sol limoneux laisse donc mieux circuler l'air et l'eau qu'un sol argileux. Cependant, sous une forte pluie, il s'érode plus rapidement.

- Un <u>sol sableux</u> est un sol qui contient surtout du sable. Lorsque vous le serrez dans votre main, ses particules ne se tiennent pas ensemble et glissent entre vos doigts. Les particules de sable sont plus

5.35
Un sol sableux.

grosses que celles d'argile et de limon. Elles laissent donc une plus grande quantité d'air ou d'eau s'infiltrer. Un sol sableux laisse l'eau s'écouler très rapidement au cours d'une forte pluie. Comme il retient l'eau difficilement, il ne convient pas à la culture de la plupart des végétaux ayant besoin de beaucoup d'eau.

- Un <u>sol humifère</u> est un sol qui contient surtout de la matière organique. Il retient bien l'eau. Son nom lui vient de la grande quantité d'humus qu'il contient.

5.36

Aucun type de sol n'est meilleur que les autres. En fait, la qualité d'un sol dépend surtout de l'utilisation que l'on veut en faire. En agriculture, un bon sol doit être bien équilibré : il doit contenir une bonne proportion de particules d'argile, de limon et de sable, ainsi qu'une bonne quantité de matière organique.

Un sol se construit lentement, par accumulation d'éléments de diverses grosseurs et provenances. Cette accumulation de matière fait qu'un sol se compose de différentes couches. Scientifiquement, on appelle ces couches des « horizons ».

Le système de classification très évolué qu'utilisent les scientifiques tient compte des différents horizons que comporte un sol. Il y est question, par exemple, de « podzol », de « gleysol », de « pergélisol ».

Au Québec, l'un des sols les plus courants est le podzol. Le podzol est un sol typique des régions nordiques de la planète. On le retrouve souvent dans des forêts de conifères. Sa principale caractéristique est qu'il est « lessivé », c'est-à-dire que les matériaux du sol situés dans sa première couche traversent les couches inférieures à cause de l'infiltration d'eau.

5.37

Une vue en coupe d'un podzol.

2 Les manifestations naturelles de l'énergie

Le monde qui nous entoure est constitué de matière ; nous en avons déjà étudié plusieurs caractéristiques. Il est aussi constitué d'énergie.

Mais qu'est-ce que l'énergie ?

L'énergie est un concept très difficile à saisir. Il est impossible d'observer l'énergie : on ne peut qu'en constater les effets. Par exemple, à regarder un litre d'essence, on n'apprend rien sur la quantité d'énergie qu'il contient. Si on brûle ce litre d'essence, cependant, il provoquera un grand dégagement de chaleur, qui pourrait faire chauffer de l'eau et la faire évaporer. Ce qui nous permet d'évaluer la quantité d'énergie dans ce cas, c'est le changement que la combustion du pétrole a provoqué sur l'eau.

L'énergie, c'est la capacité de provoquer un changement.

Dans la nature, l'énergie se manifeste sous plusieurs formes. Les pages suivantes résument les manifestations naturelles de l'énergie selon l'enveloppe de la Terre où elles se présentent. Comme c'est grâce à l'énergie solaire que plusieurs autres formes d'énergie existent, voyons d'abord en quoi consiste cette énergie.

L'énergie solaire

Le Soleil libère une énorme quantité d'énergie. Une partie de cette énergie est transportée par le rayonnement solaire jusqu'à la Terre. Sur Terre, cette énergie se transforme et entraîne d'autres manifestations naturelles de l'énergie, comme nous le verrons plus loin.

Nous pouvons utiliser l'énergie solaire pour nos besoins. Par exemple, le rayonnement solaire peut servir à chauffer de l'eau contenue à l'intérieur de panneaux solaires thermiques. On peut aussi se servir de panneaux solaires photovoltaïques, des panneaux qui transforment le rayonnement solaire en électricité.

5.38
On peut transformer l'énergie solaire en électricité à l'aide de panneaux photovoltaïques.

2.1 Les manifestations de l'énergie dans l'hydrosphère

L'hydrosphère est à l'origine de multiples manifestations naturelles de l'énergie.

L'eau : un immense réservoir d'énergie

Les océans couvrent près de 70 % de la surface de la Terre. L'eau des océans emmagasine une grande quantité d'énergie provenant des rayons du Soleil, puis elle s'évapore en quantité phénoménale (illustration 5.39). Une fois rendue dans l'air, l'eau se condense et libère l'énergie qu'elle a accumulée, ce qui fait augmenter la température de l'air (illustration 5.40).

Ce phénomène est le moteur de la presque totalité des phénomènes météorologiques de notre planète. Par exemple, les ouragans puisent leur énergie dans les océans et perdent de leur puissance lorsqu'ils arrivent au-dessus des continents.

5.41
L'hydroélectricité est une source d'énergie très importante au Québec.

L'énergie hydraulique

L'énergie hydraulique, c'est l'énergie que l'on peut tirer de l'eau en mouvement. Ainsi, on utilise parfois l'action de la gravité sur l'eau pour obtenir de l'énergie. Par exemple, on a construit d'immenses barrages sur certaines rivières du Nord québécois pour accumuler de grandes quantités d'eau. Une fois l'eau accumulée dans un réservoir, on la force à « tomber » en passant dans un tuyau. La force fournie par l'eau fait tourner une turbine qui, elle, fait tourner un alternateur (un dispositif qui crée de l'électricité). Cette « énergie hydroélectrique » fournit la majeure partie de l'électricité consommée au Québec.

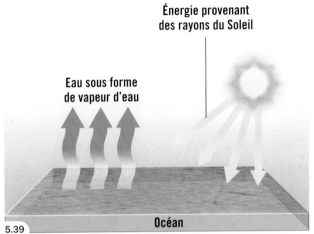

5.39
L'évaporation: l'eau doit emmagasiner de l'énergie pour changer de phase (devenir un gaz).

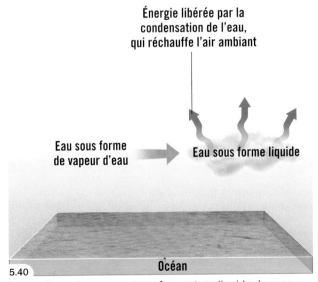

5.40
La condensation: en se transformant en liquide, la vapeur d'eau libère de l'énergie et réchauffe l'air ambiant.

Savez-vous que...

- Chaque jour, l'énergie fournie par les rayons solaires fait évaporer environ 1,16 million de milliards de litres d'eau, soit l'équivalent de 371 millions de fois le volume d'une piscine olympique ! En se condensant dans l'atmosphère, l'eau libère l'équivalent de 48 millions de fois la quantité d'énergie libérée lors de l'explosion de la bombe atomique larguée sur Hiroshima ! Et ce phénomène se reproduit chaque jour...

5.42

La centrale marémotrice de la Rance fournit de l'électricité depuis 1966.

L'énergie marémotrice

Partout sur la planète, deux fois par jour, toutes les plages situées sur le bord des océans subissent l'effet des marées, qui font monter et descendre le niveau de l'eau, parfois de plusieurs mètres. Ce sont ainsi des milliards de litres d'eau qui sont entraînés dans ce mouvement périodique. Cela représente une très grande quantité d'énergie, de l'énergie marémotrice, que certains pays exploitent. On trouve en France,

par exemple, la centrale marémotrice de la Rance, l'une des plus connues. Il existe une seule centrale de ce type en Amérique du Nord. Elle se trouve entre la rivière Annapolis et la baie de Fundy, en Nouvelle-Écosse.

L'énergie des vagues et des courants marins

L'eau des océans est constamment en mouvement. À la surface de l'eau, le vent produit des vagues qui vont se briser sur les plages. Cette source d'énergie est importante, mais elle varie beaucoup (parfois il y a des vagues, parfois il n'y en a pas). C'est pourquoi elle est très peu utilisée.

Un phénomène naturel semblable se produit à plus grande échelle : les courants marins. Ces courants sont de grandes masses d'eau des océans qui circulent sur des milliers de kilomètres.

Les courants marins chauds comme le Gulf Stream transportent une grande quantité d'énergie avec eux, ce qui réchauffe l'air. Cela explique qu'une ville comme Paris (en France) a un climat totalement différent de la ville de Chibougamau (au Québec) tout en étant située à peu près à la même latitude. Ainsi, la température moyenne de janvier est de 5 °C à Paris et de −18 °C à Chibougamau.

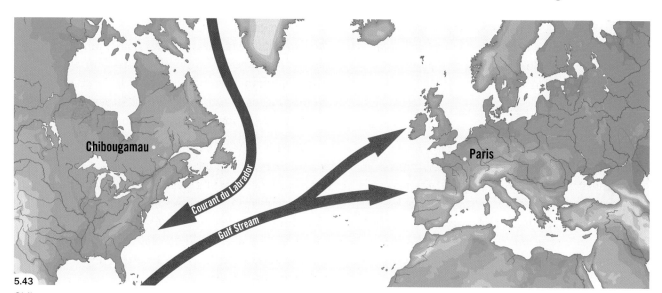

5.43

Chibougamau et Paris : à peu près la même latitude, mais des climats très différents.

Carrefour Géographie

Faire d'une pierre deux coups !

5.44
L'eau froide du lac Ontario sert à deux usages importants pour la ville de Toronto.

Certaines régions du monde sont choyées par la nature. Elles regorgent de ressources naturelles leur permettant de s'alimenter presque indéfiniment en énergie. Jusqu'à tout récemment, on croyait que la ville de Toronto ne faisait pas partie de ces privilégiées. On pensait qu'elle était dépendante de ressources énergétiques non renouvelables qu'elle devait se procurer dans d'autres régions. Mais voilà que la science et la technologie ont fait des pas de géant qui changent les données pour Toronto…

Géographiquement, Toronto jouit d'une excellente situation : elle se trouve sur le bord du lac Ontario. Ce grand lac lui assure l'eau potable, le transport pour le commerce, les activités récréatives. De plus, il s'agit d'une réserve incroyable d'eau froide. Depuis quand l'eau froide est-elle une bénédiction ? Depuis qu'elle permet aux tours à bureaux du centre-ville de réduire de moitié leur facture d'électricité !

En effet, une compagnie a eu l'idée d'installer trois tuyaux dans le fond du lac, à 85 m de profondeur, et de pomper l'eau froide qui s'y trouve. Cette eau froide sert d'énergie afin de climatiser les tours à bureaux. Mais comment cela peut-il fonctionner l'été, alors que l'eau du lac se réchauffe ? Si vous vous êtes déjà baigné dans un lac, vous savez que plus on se dirige vers le fond, plus l'eau est froide. L'eau obéit au même principe que l'air : l'air chaud, plus léger, monte au-dessus de l'air froid, plus lourd. Ce principe physique explique donc qu'à 85 m de profondeur, l'eau du lac Ontario est à une température constante de 4 °C.

Plusieurs personnes avaient peur que le fait de puiser cette eau froide du lac ait pour conséquence d'en augmenter la température et d'en bouleverser l'équilibre. Certaines études ont démontré que cela ne serait pas le cas, à cause du climat canadien : avec les hivers que nous connaissons, la température de l'eau est stable au fond du lac.

En plus de diminuer les coûts de climatisation des édifices de la ville, cette solution présente un autre avantage : elle permet d'alimenter le réseau d'aqueduc en eau potable. Compte tenu de sa masse volumique qui la maintient au fond, l'eau froide du lac Ontario ne se mélange presque pas avec celle de la surface qui, elle, est polluée. Il en résulte une eau de très bonne qualité.

Pour cette raison, la ville s'est associée avec la compagnie de chauffage. L'eau est pompée, puis acheminée vers l'usine de traitement des eaux. On la dirige ensuite vers les convertisseurs de chaleur des immeubles à bureaux de la ville, puis elle se retrouve dans les robinets des consommateurs. L'expression « faire d'une pierre deux coups » prend tout son sens dans cette situation.

La ville de Toronto se sert donc de son environnement immédiat pour évacuer de la chaleur en trop, et cela, sans endommager l'environnement. Au contraire, elle fait du recyclage en utilisant deux fois la même ressource !

Voilà un bon exemple de développement durable, c'est-à-dire de l'emploi des ressources naturelles tout en préservant l'équilibre du milieu. Qui aurait pu croire que l'eau froide du lac Ontario pourrait devenir si utile au centre-ville de Toronto ?

2.2 Les manifestations de l'énergie dans l'atmosphère

Les vents se forment à cause des différences de température de l'air d'une région à une autre.

L'eau qui se condense dans l'atmosphère libère de l'énergie et fait augmenter la température de l'air. Quand l'air se réchauffe, il occupe un espace plus grand, mais sans changer de masse. Par conséquent, sa masse volumique diminue. L'air froid, au contraire, a une masse volumique plus grande.

L'air a tendance à se déplacer d'une région où sa masse volumique est grande (on parlera de « zone de haute pression ») vers une région où sa masse volumique est faible (on parlera de « zone de basse pression »).

Le fait que la Terre tourne sur elle-même peut produire ou orienter les vents. Sans la rotation de la Terre, les vents circuleraient surtout en ligne droite.

Grande masse volumique (air plus froid)   **Faible masse volumique** (air plus chaud)

5.45

L'air se déplace d'une zone de haute pression vers une zone de basse pression.

Cela permet de comprendre pourquoi les ouragans et les tornades ont cette forme caractéristique de spirale…

5.46

La forme de spirale des ouragans est due à la rotation de la Terre sur elle-même. On voit ici Katrina, un ouragan dévastateur qui a frappé les États-Unis le 29 août 2005. Ses vents ont atteint jusqu'à 280 km/h.

Le vent est un déplacement d'air causé par la différence de pression entre deux endroits et par la rotation de la Terre.

On appelle énergie éolienne l'énergie emmagasinée par les masses d'air que l'on peut extraire du vent. Son nom provient d'Éole, qui était le dieu grec du vent. On peut transformer l'énergie éolienne en énergie électrique à l'aide d'appareils spéciaux : des éoliennes.

2.3 Les manifestations de l'énergie dans la biosphère

La vie nécessite l'utilisation d'énergie. Les vivants ont développé toutes sortes de mécanismes pour en produire et en emmagasiner. Les végétaux tirent leur énergie directement des rayons solaires pour leur photosynthèse : par ce processus, ils créent de la matière organique. Les animaux, eux, ne peuvent fabriquer eux-mêmes leur nourriture et doivent manger des végétaux ou d'autres animaux pour obtenir l'énergie dont ils ont besoin.

5.48

La biomasse est le terme employé pour désigner l'ensemble de la matière vivante. L'être humain emploie une partie de l'énergie contenue dans la biomasse pour se nourrir, comme le font les autres vivants, mais il s'en sert aussi à d'autres usages. Le bois que l'on brûle pour se chauffer en est un exemple.

5.47

Un parc d'éoliennes dans la région du Bas-Saint-Laurent.

2.4 Les manifestations de l'énergie dans la lithosphère

La lithosphère contient trois grandes sources d'énergie utilisées par l'homme : l'une provient d'anciens êtres vivants, une autre, des profondeurs du manteau, et la dernière, de roches particulières.

Les énergies fossiles

Les énergies fossiles sont les énergies qui proviennent de la transformation de végétaux en substances minérales. Ce sont surtout le charbon, le pétrole et le gaz naturel.

Imaginez, il y a des milliers d'années, une forêt très dense, avec un grand nombre de végétaux. À cause des changements périodiques survenus dans le climat de la Terre, cette forêt s'est retrouvée inondée, ou ensevelie sous un glissement de terrain. Avec l'accumulation de débris et la compression, après quelques centaines de milliers d'années, ces substances végétales se sont transformées peu à peu en charbon, en pétrole ou en gaz naturel. Ces énergies fossiles sont donc la plupart du temps prisonnières de roches sédimentaires, soit sur les continents, soit au fond des océans.

On utilise actuellement les sources d'énergies fossiles pour le transport (dans les automobiles, les avions, etc.) ou pour leur transformation en électricité dans les centrales thermiques.

L'énergie géothermique

Plus on descend en profondeur dans la lithosphère, plus la température augmente. Ce phénomène se comprend facilement : sous la lithosphère se trouve du magma fondu, extrêmement chaud. L'énergie géothermique, c'est l'énergie qui provient de la chaleur interne de la Terre.

Dans certaines régions du monde, le magma remonte très près de la surface de la Terre. L'eau qui s'infiltre dans les fissures ou les failles rocheuses peut descendre très loin à l'intérieur de la croûte terrestre. Elle s'y réchauffe à cause de la chaleur intense qui y règne et peut remonter à la surface sous forme de vapeur d'eau. On observe alors des phénomènes comme les sources chaudes, les geysers, les mares de boue bouillonnante.

Pétrole prisonnier de roches sédimentaires

5.49

On doit forer pour trouver du pétrole parce qu'il se forme sous des couches de roches sédimentaires.

Savez-vous que...

- Le Québec ne fait pas partie de ces régions où le magma remonte près de la surface. Il nous est donc impossible d'exploiter l'énergie provenant de la chaleur du sol sans un système particulier : une thermopompe géothermique. Ce système nécessite l'usage de grands tuyaux installés dans le sol et reliés à la maison. Malheureusement, à cause de ses coûts élevés, cette technologie est peu répandue. (Il ne faudrait pas confondre les thermopompes géothermiques avec les thermopompes courantes qui fonctionnent en extrayant la chaleur de l'air.)

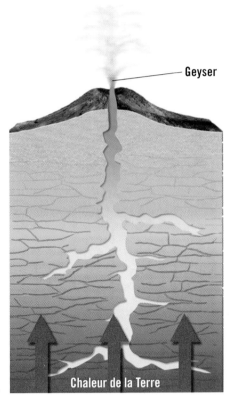

Geyser

Chaleur de la Terre

5.50

Dans certaines régions du monde, l'eau qui s'infiltre dans la croûte terrestre en ressort sous forme de geyser.

Peu d'endroits sur la planète sont suffisamment près de ces sources de chaleur intense pour pouvoir en bénéficier. L'Islande est privilégiée en ce sens parce qu'elle est située sur la frontière des plaques tectoniques nord-américaine et eurasiatique. À cet endroit, du magma remonte très près de la surface de la Terre. On peut donc y exploiter l'énergie géothermique à grande échelle.

L'énergie nucléaire

La lithosphère, ainsi que les autres parties de la structure interne de la Terre, est faite de différents éléments chimiques. Certains de ces éléments ont un comportement particulier : ils dégagent naturellement un rayonnement très énergétique, la radioactivité.

L'uranium, un élément radioactif que l'on trouve à l'intérieur de certaines roches du Bouclier canadien, est une substance dans laquelle il se produit naturellement des réactions nucléaires qui dégagent une certaine quantité d'énergie.

Vers la moitié du XXe siècle, on a trouvé le moyen d'utiliser l'uranium, de façon contrôlée, pour recréer à grande échelle des réactions nucléaires. C'est grâce à ces réactions que nous pouvons produire de l'électricité dans les centrales nucléaires. C'est aussi, malheureusement, à cause de ces réactions que l'on peut obtenir des armes meurtrières telles que les bombes atomiques.

L'énergie nucléaire peut aussi être obtenue à partir d'éléments très simples, comme l'hydrogène. C'est de cette façon que le Soleil produit son énergie. Cependant, les êtres humains n'ont pas encore réussi à recréer ces types de réactions de façon contrôlée.

5.51

Une centrale géothermique, en Islande.

2.5 Les ressources énergétiques renouvelables et non renouvelables

De tout temps, l'être humain a employé les ressources naturelles qui l'entouraient pour ses besoins en énergie. Il a d'abord utilisé le feu pour faire cuire sa nourriture et se chauffer. Il a utilisé l'eau et le vent pour faire fonctionner des moulins. De fil en aiguille, ses besoins se sont sophistiqués. La population a augmenté considérablement, et ses besoins en énergie ont aussi augmenté. C'est pourquoi nous utilisons maintenant de nombreuses sources d'énergie.

5.52

Jusqu'à tout récemment, l'être humain agissait souvent comme si toutes les sources d'énergie qu'il utilisait étaient inépuisables. Cependant, certaines crises importantes ont permis à l'humanité de voir qu'il était possible que certaines ressources, notamment le pétrole, viennent à manquer, disparaissant à jamais de la planète. Comme l'utilisation de l'énergie est nécessaire au mode de vie humain, il est essentiel de pouvoir y avoir accès. Cette crainte de manquer d'énergie a amené la classification des sources d'énergie en deux catégories :

- les ressources énergétiques renouvelables ;
- les ressources énergétiques non renouvelables.

Les ressources énergétiques renouvelables

Une ressource énergétique renouvelable est une source d'énergie qui se recrée naturellement et en quantité suffisante par rapport à la vitesse à laquelle on l'utilise.

L'énergie solaire est un exemple de source d'énergie renouvelable. En effet, comme les scientifiques ont calculé que le Soleil éclairera la Terre pendant encore quelques milliards d'années, il semble raisonnable de considérer que cette ressource est renouvelable !

Voici une liste des sources d'énergie qui sont actuellement considérées comme renouvelables :
- l'énergie solaire ;
- l'énergie éolienne ;
- l'énergie hydraulique ;
- la biomasse ;
- l'énergie géothermique ;
- l'énergie marémotrice.

Les ressources énergétiques non renouvelables

Une ressource énergétique non renouvelable est une source d'énergie qui ne se recrée pas naturellement, ou qui ne se recrée pas en quantité suffisante par rapport à la vitesse à laquelle on l'utilise.

Les énergies fossiles sont des sources d'énergie non renouvelables. Lorsque l'on fore un puits de pétrole, par exemple, on extrait une substance qui provient de végétaux qui ont été transformés durant des centaines de milliers d'années. La rapidité avec laquelle on consomme actuellement le pétrole dépasse de beaucoup le temps que prend ce type de combustible à se créer. Les sources d'énergie non renouvelables sont les énergies fossiles et l'énergie nucléaire.

Point de mire

Gro Harlem Brundtland :
l'environnement et le développement durable

5.53

Gro Harlem Brundtland a été l'une des politiciennes et scientifiques les plus influentes du XXe siècle. Née en 1939, cette Norvégienne étudie la médecine à l'université d'Oslo, puis elle fait une maîtrise en santé publique à l'université Harvard, aux États-Unis.

Elle s'engage très jeune en politique et devient ministre de l'Environnement de la Norvège, en 1974. En 1981, à l'âge de 41 ans, elle devient première ministre de la Norvège, la plus jeune personne et la toute première femme à occuper cette fonction.

Après ce passage au gouvernement, l'Organisation des Nations unies (ONU) lui demande, en 1983, de former ce qu'on appelle aujourd'hui la « Commission Brundtland ». C'est du rapport de cette commission que naît l'idée du « développement durable ». Dans ce rapport, intitulé *Notre avenir à tous*, on étudie les actions à mettre en place en ce qui concerne l'environnement pour les années futures.

Gro Harlem Brundtland occupe de nouveau les fonctions de première ministre en Norvège de 1986 à 1989, et de 1990 à 1996. Puis, jusqu'en 2003, elle œuvre comme directrice de l'Organisation mondiale de la Santé (OMS), un organisme qui s'occupe de la santé publique dans le monde entier.

Au Québec, le mouvement des Établissements verts Brundtland porte fièrement son nom.

Voici des suggestions d'activités qui vous permettront de mettre en pratique vos connaissances et vos compétences.

1. Les roches qui m'entourent

Autour de vous, à l'école, à la maison, dans les champs ou dans la forêt près de chez vous, vous trouvez toutes sortes de roches.

Ramassez plusieurs de ces roches, notez bien l'endroit où vous les trouvez. Tentez ensuite de préparer, selon vos propres critères, une façon de classer ces roches. Est-ce que votre classification ressemble à celle que les scientifiques utilisent ?

 Attention ! Portez des lunettes de protection lorsque vous analysez les roches avec de l'acide chlorhydrique, ou lorsque vous utilisez un marteau pour les casser.

2. La puissance de l'énergie solaire

Les rayons solaires qui atteignent la surface de la Terre transportent une grande quantité d'énergie, que l'on peut utiliser à diverses fins.

Vous allez tenter de construire un dispositif pouvant chauffer le plus rapidement possible une certaine quantité d'eau (par exemple, 200 ml).

Des pistes à explorer

- On peut concentrer les rayons solaires en les dirigeant vers un même endroit.
- Les surfaces métalliques, comme le papier d'aluminium, réfléchissent bien les rayons solaires.
- On utilise des panneaux solaires thermiques comme système à l'eau chaude pour certaines maisons. Ils pourraient vous servir de modèle. Essayez de comprendre de quelle façon ils fonctionnent.

Des pistes à explorer

- Comme les cristaux des roches sont parfois très petits, l'utilisation d'une loupe pourrait vous aider à mieux les observer.
- Certaines roches réagissent à l'acide chlorhydrique en faisant de petites bulles. Vous pourriez vérifier cette réaction en utilisant de l'acide chlorhydrique dilué, que votre enseignant ou enseignante pourra vous fournir.
- La plupart des cailloux ronds et lisses sont en fait très usés par l'érosion. Pour réellement voir de quoi a l'air la roche, il faut casser le caillou avec un marteau (en étant très prudent).

Les matériaux de la croûte terrestre

PAGES 120 À 131

1 Tous les types de roches peuvent provenir directement ou indirectement du magma. Expliquez les étapes qui feront que le magma deviendra :

a) une roche sédimentaire.

b) une roche métamorphique.

2 Quelle est la différence entre un minéral et une roche ?

3 Vous faites une promenade sur le bord d'un lac au Québec, dans la région des Laurentides, par exemple. Vous remarquez une grande surface sur le bord du lac où il n'y a presque pas de sol et où on ne voit que de la roche. D'après vous, pourquoi n'y a-t-il pas de sol à cet endroit ?

4 On vous remet un échantillon de sol. Il semble composé de particules qui sont presque toutes identiques. Vous prenez le sol et vous le serrez dans votre main : il ne se compacte pas et il glisse entre vos doigts. Quand vous versez de l'eau sur l'échantillon, elle s'écoule facilement. De quel type de sol s'agit-il et quel type de particules contient-il en majorité ?

Les manifestations naturelles de l'énergie

PAGES 132 À 141

5 Pourquoi l'eau est-elle au cœur d'une grande partie des phénomènes démontrant certaines manifestations naturelles de l'énergie sur notre planète ?

6 Expliquez ce qui cause le vent qui circule entre deux régions de l'atmosphère.

7 Lorsque l'on brûle du bois, il se dégage une grande quantité d'énergie que l'arbre avait emmagasinée lorsqu'il était vivant. D'où provient initialement cette énergie ?

8 Pourquoi est-il préférable, lorsqu'il est possible de le faire, d'utiliser des ressources énergétiques renouvelables plutôt que des ressources énergétiques non renouvelables ?

9 Pourquoi l'énergie nucléaire est-elle considérée comme une ressource énergétique non renouvelable ?

5.54
Les monteurs de lignes de distribution d'électricité installent et réparent des lignes électriques.

5.55
Les technologues en environnement agricole participent aux expériences sur les sols et conseillent les producteurs en vue d'améliorer la qualité de la production végétale.

5.56
La géologue étudie et analyse les minéraux.

L'étude de la Terre et de ses phénomènes relève de plusieurs domaines, que ce soit l'océanographie, l'agronomie, la météorologie, ou encore la minéralogie.

De nombreux métiers se rapportent aux roches et aux minéraux. Il suffit de penser à l'exploitation des ressources naturelles, minières et pétrolières. Les agronomes et les pédologues (spécialistes du sol) s'intéressent aux sols et à leurs utilisations. D'autres métiers se rapportent aux diverses formes naturelles de l'énergie : par exemple, les météorologues nous renseignent sur les vents et les phénomènes météorologiques, les ingénieurs forestiers planifient l'exploitation des ressources de nos forêts.

Pour exercer un métier relié à la Terre, il est préférable d'aimer le plein air. Il faut aussi avoir de solides habiletés mathématiques et être capable d'interpréter des données.

Voici quelques métiers où l'on exploite les phénomènes de la Terre, en lien avec les diplômes d'études qui sont requis pour pouvoir exercer ces métiers.

MÉTIERS OÙ L'ON EXPLOITE LES PHÉNOMÈNES DE LA TERRE SELON LES DIPLÔMES D'ÉTUDES

Diplômes d'études		
secondaires	**collégiales**	**universitaires**
• Monteurs de lignes de distribution d'électricité • Électriciens de centrale électrique • Réparateurs de matériel d'extraction • Manœuvres agricoles • Mineurs	• Technologues en environnement agricole • Inspecteurs de mines • Essayeurs de métaux précieux • Technologues en exploitation minière • Technologues en génie pétrochimique	• Météorologues • Géologues • Agronomes • Paléontologues • Ingénieurs spécialistes des installations d'énergie

Profession : météorologue

Pour devenir météorologue, on doit d'abord obtenir un baccalauréat en sciences (en physique, en mathématique, en génie ou en science de l'atmosphère). On doit ensuite se spécialiser en météorologie : on peut faire une maîtrise, obtenir un diplôme de deuxième cycle, ou suivre une formation offerte par un organisme gouvernemental.

La plupart du temps, les météorologues travaillent au Service météorologique du Canada. Leurs tâches sont variées. Elles consistent principalement à recueillir, à consigner et à interpréter des données provenant d'instruments de mesure et de photographies transmises par satellite. Les météorologues communiquent ensuite l'information recueillie sur les conditions météorologiques et les prévisions du temps. Ils diffusent cette information au public, aux secteurs de l'aviation, de la navigation, etc., selon le cas.

Les météorologues doivent avoir un bon esprit d'analyse. Ils doivent être capables de saisir les problèmes et de les décomposer en éléments plus simples. Ils doivent également être prêts à vivre à l'extérieur de leur région. En effet, au cours des premières années d'exercice de leur profession, les météorologues sont souvent amenés à travailler dans une région du Canada qui n'est pas la leur.

5.57

Le météorologue recueille et interprète des données sur les phénomènes atmosphériques.

145

5.58

Dans les pays en voie de développement, le bois demeure la principale source d'énergie.

Le chauffage au bois : une solution d'avenir ?

par Josée Nadia Drouin

Les réserves planétaires de combustibles fossiles diminuent rapidement. La population mondiale augmente en flèche. Nos besoins en énergie atteignent déjà des sommets inégalés. Il devient de plus en plus urgent de se tourner vers de nouvelles sources d'énergie.

Le bois : un combustible très populaire

La renommée du bois en tant que ressource énergétique n'est plus à faire. D'aussi loin que l'on se souvienne, il a toujours servi au chauffage et à la cuisson. Encore aujourd'hui, une partie importante de l'énergie utilisée dans le monde provient du bois. Dans certains pays en voie de développement, il est toujours la principale source d'énergie pour se chauffer et cuisiner.

Des Canadiens qui se chauffent au bois

Plus de trois millions de Canadiens, soit environ 10 % de la population, utilisent le bois comme principale source de chauffage.

Les arbres et le carbone

Tout le long de leur croissance, les arbres absorbent, par la photosynthèse, une partie du gaz carbonique (CO_2) contenu dans l'air. Le carbone (C) sert à former la structure des arbres, tandis que l'oxygène (O_2) est relâché dans l'air. Lors de leur combustion (et de leur décomposition), les arbres libèrent le carbone, sous forme de CO_2. Il y a donc un équilibre entre l'absorption et l'émission de CO_2 par les arbres. Par conséquent, l'utilisation du bois comme combustible ne devrait pas contribuer à l'augmentation de la concentration du CO_2 – un des principaux gaz à effet de serre – dans l'atmosphère. Et pourtant, la réalité est tout autre…

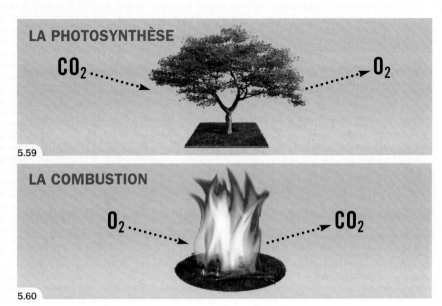

LA PHOTOSYNTHÈSE

CO_2 .... → O_2

5.59

LA COMBUSTION

O_2 .... → CO_2

5.60

Le choc de la réalité

La demande croissante de bois de chauffage et le défrichement des terres forestières à des fins agricoles mettent en danger cet équilibre : la production de jeunes arbres de remplacement ne se fait pas au même rythme que la consommation de bois. De plus, la combustion du bois ne produit pas que du CO_2 : elle produit aussi d'autres polluants atmosphériques qui contribuent au phénomène de smog hivernal auquel on assiste dans les régions urbaines depuis quelques années.

Il est temps d'agir pour remédier à la situation…

5.61
Un épisode de smog hivernal, survenu à Montréal en décembre 2002.

Vers une gestion durable du bois

Contrairement aux sources de combustibles fossiles, la réserve de bois (c'est-à-dire les arbres) se renouvelle naturellement. Mais, pour accéder au statut de véritable ressource renouvelable, encore faut-il que la coupe du bois soit au moins équivalente à sa production. Ce qui ne semble pas être tout à fait le cas...

Environ 30 % de la superficie terrestre de la planète est recouverte par les forêts (3870 millions d'hectares). Chaque année, la déforestation élimine près de 10 millions d'hectares. La pression exercée sur les forêts par les activités humaines est très forte : on défriche des terres pour l'agriculture, on exploite le bois à des fins industrielles, on coupe du bois pour le feu à l'échelle de la planète.

La forêt boréale canadienne

La forêt boréale canadienne occupe environ 30 % du territoire canadien, soit 400 millions d'hectares. Un million d'hectares est récolté annuellement.

5.62

De plus en plus, des mesures concrètes sont mises de l'avant dans plusieurs régions du monde pour rectifier la situation : la réutilisation des déchets de l'industrie du bois, le reboisement, l'abattage sélectif, la protection des forêts, etc.

Le bois, une ressource renouvelable ?

- Peut-on vraiment qualifier le bois de ressource renouvelable ?

- Selon vous, peut-on réellement espérer qu'un jour nous saurons exploiter durablement les forêts, afin que le bois devienne une véritable source d'énergie renouvelable ?

- Le bois est-il une ressource énergétique propre ? Est-ce vraiment bon de l'employer ?

- Le bois, en tant que ressource énergétique, a-t-il un avenir ?

Chapitre 6

L'espace : les phénomènes astronomiques

6.1
Proxima du Centaure, l'étoile la plus proche du Soleil, ne se voit pas à l'œil nu. Elle est à une distance 270 000 fois plus grande que la distance entre la Terre et le Soleil.

Ce que nous connaissons de l'Univers se limite souvent à notre expérience de la vie sur Terre. À notre échelle, les vides sont peu nombreux, les distances sont raisonnables et la température est, en général, agréable. Dans l'Univers, ces conditions sont toutefois exceptionnelles…

- L'Univers est parfois très vide. Entre les étoiles, il y a bien quelques particules de gaz et des poussières, en plus des corps célestes (planètes, satellites, etc.). Mais le reste de l'espace contient si peu de matière qu'il peut être considéré comme vide.

- L'Univers est vaste. Proxima du Centaure, l'étoile la plus proche du Soleil, est à des milliards de kilomètres de nous (en fait, à 4×10^{13} km) !

- L'Univers est froid. Dans l'espace, la température moyenne est de –270 °C. C'est environ 240 degrés de moins que les températures les plus basses dans le sud du Québec !

D'après les calculs des astronomes, l'Univers a environ 15 milliards d'années. Il se serait soudainement formé à partir d'une masse infiniment chaude et dense selon la théorie du big bang, qui vise à expliquer son origine. L'espace aurait rapidement pris de l'expansion. La matière alors créée se serait agglomérée pour former des galaxies.

6.2
Notre galaxie, la Voie lactée, apparaît comme une traînée blanche dans le ciel nocturne.

Aujourd'hui, l'Univers est composé d'amas de galaxies. Nous habitons l'une de ces galaxies, la Voie lactée, composée de milliards d'étoiles. Le Soleil est l'une de ces étoiles…

Dans ce chapitre, nous étudierons la force qui maintient ensemble tous les corps de l'Univers : la gravitation universelle. Nous nous pencherons également sur la région de l'Univers que nous habitons et qui nous est donc mieux connue : le système solaire.

1 La gravitation universelle

Partons d'une expérience très simple. Prenez une balle dans votre main et lâchez-la. Qu'arrive-t-il? La balle tombe. Qu'elle tombe par terre ou sur votre bureau, cela n'a pas d'importance. La balle atteint toujours le point le plus bas possible. Cette observation toute simple est à la base d'une théorie scientifique importante, formulée par Isaac Newton.

Isaac Newton est un grand scientifique du XVIIe siècle. Selon la légende, un beau jour de 1665, Newton se promène dans un verger et voit une pomme tomber d'une branche. À partir de cette simple observation, Newton amorce un questionnement qui va l'amener à formuler des lois qui s'appliquent encore aujourd'hui. Il se demande d'abord si tous les objets tombent comme le fait la pomme, quelle que soit leur hauteur. Il arrive à la conclusion que tous les objets, gros comme petits, tombent, parce qu'ils sont attirés par la Terre.

6.4

Finalement, Newton se dit que la Terre ne doit pas être la seule à exercer une force d'attraction. Il généralise sa théorie à tous les objets et corps célestes de l'Univers. Rien de moins! Autrement dit, il n'y a pas que les objets sur Terre qui subissent cette force: toutes les galaxies, toutes les étoiles, toutes les planètes l'exercent et s'attirent les unes les autres. C'est ce qui explique l'orbite des planètes autour du Soleil. C'est la loi de la gravitation universelle. Et cette force d'attraction, c'est la « gravité ».

6.3

Newton se pose ensuite la question suivante: si la Terre attire des objets comme la pomme, attiret-elle aussi des objets très éloignés, comme la Lune? Après un long raisonnement, basé sur de multiples calculs et observations, Newton conclut que la Lune est bel et bien attirée par la Terre.

Savez-vous que... ?

- Quand on parle du poids d'une personne, on parle de la force que la gravité exerce sur sa masse. Par exemple, quelqu'un qui a une masse de 50 kg n'a pas un poids de 50 kg. Il faut, pour obtenir son poids, multiplier la masse par 9,8, qui est une constante pour la Terre. On dira ainsi que la personne a un poids de 490 newtons (ou 490 N). Le newton est l'unité de mesure des forces dans le système international (SI).

La gravité est la force d'attraction exercée par une masse sur une autre masse.

On parle de gravitation « universelle » parce que tous les objets de l'Univers exercent cette force. À l'échelle humaine, cependant, la gravité est négligeable. L'effet d'un livre sur nous, ou de trombones sur un livre, est minime : les masses de ces objets sont trop petites.

Deux règles sont à retenir en ce qui concerne la force de la gravité :

- Plus les masses sont grandes, plus la gravité se fait sentir. La Terre a une masse de 6×10^{24} kg. C'est pourquoi elle exerce une force d'attraction si forte sur les objets. Par ailleurs, la Terre est elle-même attirée par le Soleil, dont la masse équivaut à 330 000 fois la masse de la Terre.

- Plus la distance est grande entre les objets, moins la gravité se fait sentir. Par exemple, le Soleil exerce une force d'attraction plus grande sur Mercure, la planète la plus proche, que sur Pluton, la plus éloignée.

Point de mire

Isaac Newton : un physicien à part

6.5

Isaac Newton est né en Angleterre, en 1642. Enfant, il aime observer la nature et construire de petites machines. À 27 ans, il devient professeur de mathématiques à l'université de Cambridge. Il y travaille sur de nouvelles mathématiques, beaucoup plus puissantes que celles connues jusque-là. Newton travaille aussi, mais secrètement, sur des principes physiques. C'est sa peur du jugement des autres et de la confrontation qui l'amène à ne publier ses recherches que plusieurs années plus tard.

La contribution de Newton à la physique dite « classique » est importante. Newton prouve que la lumière blanche est composée de l'addition de toutes les couleurs. Grâce à ses connaissances sur la lumière, il construit le premier télescope à miroir.

Plus tard, dans son œuvre la plus connue, *Philosophiae naturalis principia mathematica*, il expose ses théories sur la gravité et sur les lois qui régissent les forces dans l'Univers. Cette œuvre est en fait un résumé des théories qu'il a conçues en se basant sur ses observations et sur les travaux d'autres scientifiques de son époque. Il étudie aussi les mouvements des fluides, il explique les marées, etc.

Newton a été anobli en 1705. Sir Isaac Newton est mort en 1729 et a été inhumé à l'abbaye de Westminster, en Angleterre.

Les travaux de Newton sur la gravitation universelle étaient remarquables. Avec cette théorie, certains phénomènes de l'espace restaient cependant inexpliqués.

En 1916, Albert Einstein vient jeter un éclairage nouveau sur ces phénomènes inexpliqués. Il énonce la théorie de la relativité générale. D'après cette théorie, nous devons voir le monde d'une façon un peu différente. Habituellement, nous considérons que l'espace a trois dimensions : tout objet a une longueur, une largeur et une hauteur. Einstein, lui, propose un Univers à quatre dimensions. La quatrième dimension, c'est le temps. Et la gravité est une courbure de l'espace-temps !

Les amateurs de science-fiction ont déjà une certaine idée de ce que peut être l'espace-temps. Il n'est toutefois pas facile de s'imaginer un tel concept. Voici une représentation qui devrait rendre le tout un peu plus clair.

6.6

On dépose une boule de quilles au centre d'un trampoline. La toile du trampoline se creuse sous la masse de la boule. Si on lance une petite bille sur le pourtour du « trou » créé par la boule, la bille effectue un mouvement circulaire autour du trou.

6.7

Imaginez que la boule de quilles représentée dans l'illustration 6.6 est le Soleil. De la même façon que la boule de quilles déforme la toile du trampoline, le Soleil déforme l'espace-temps qui l'entoure. La Terre fait comme la petite bille : elle tourne autour du « trou » créé par le Soleil. Scientifiquement, on dit qu'elle suit la courbure de l'espace-temps.

Même s'il n'est pas parfait, ce modèle montre que la Terre n'est pas vraiment « attirée » par le Soleil. Elle suit plutôt la courbure de l'espace-temps créée par le Soleil.

Compte tenu de ce nouveau modèle, qu'advient-il du modèle de la gravitation de Newton ? Même s'il n'est peut-être pas tout à fait exact, on l'utilise quand même pour les calculs de la vie de tous les jours. Pour prédire le comportement d'une pomme qui tombe d'un arbre, par exemple, on fait des calculs basés sur le modèle de Newton. Pour expliquer des phénomènes qui mettent en cause une gravité très intense, comme les trous noirs, il est cependant plus exact d'utiliser la théorie de la relativité d'Einstein.

2 Le système solaire

Le système solaire s'est formé il y a environ 4,6 milliards d'années. Il serait né d'un énorme amas de gaz et de poussières qui tournait sur lui-même. La matière concentrée au centre serait devenue le Soleil, et tout autour se seraient formés les planètes, les astéroïdes, les comètes, etc.

Le système solaire est l'ensemble des planètes et des autres corps célestes qui gravitent autour du Soleil.

Dans le système solaire, on ne trouve qu'une étoile : le Soleil. Neuf planètes gravitent autour du Soleil en suivant une trajectoire ovale bien précise, une orbite. (L'illustration 6.9 montre le tracé de ces orbites.) Le système solaire comprend aussi d'autres corps célestes dont nous parlerons plus loin : les satellites naturels, les astéroïdes, les comètes et les météorites.

6.8
La formation du système solaire. Le Soleil s'est formé au centre d'un amas de gaz et de poussières en rotation. Les petits disques répartis dans la matière représentent des planètes qui commencent à se former.

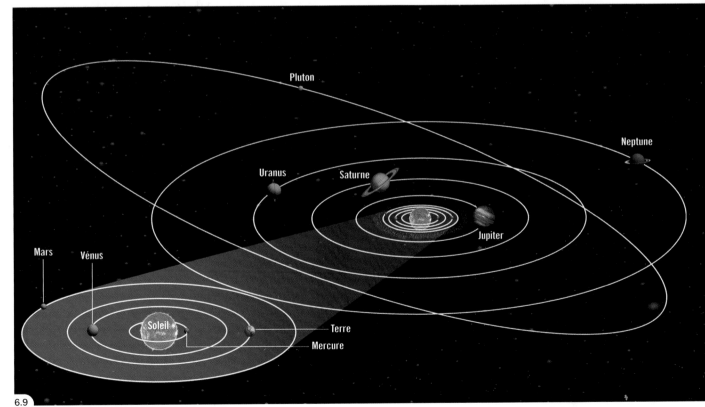

6.9
Une vue d'ensemble du système solaire. L'agrandissement en bleu montre les planètes les plus près du Soleil.

Avant l'invention du télescope, il est difficile de s'imaginer comment les astres s'organisent dans le ciel. Les savants ne peuvent se fier qu'à leurs observations à l'œil nu. Ainsi, il leur est impossible de voir les planètes plus éloignées que Saturne.

Au IVe siècle av. J.-C., le grand philosophe Aristote émet la théorie selon laquelle le ciel a été créé « parfait » et qu'il ne peut donc pas changer. Quelques siècles plus tard, l'astronome Ptolémée décrit l'Univers comme un système d'astres qui tournent autour de la Terre. Plus de 1000 ans s'écoulent sans que ces croyances ne soient sérieusement démenties...

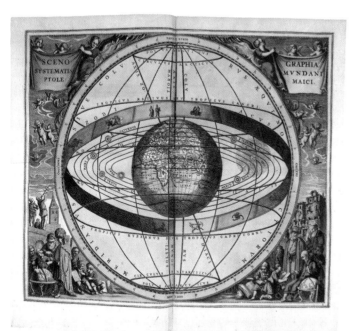

6.10

Autrefois, on croyait que la Terre était au centre de l'Univers.

Dans l'Europe du XVIe siècle, l'Église (les chefs religieux catholiques) croit fermement à ces théories d'Aristote et de Ptolémée. Comme le pouvoir politique et le pouvoir religieux sont très liés à cette époque, c'est l'Église qui décide de ce qui doit être étudié à l'école et à l'université. Les savants sont donc instruits dans un milieu où les croyances religieuses sont fondamentales. Ce qui n'empêche pas plusieurs de ces savants de remettre en question les idées de l'Église. Copernic est l'un d'entre eux.

Dans un ouvrage publié en 1543 (après sa mort !), Nicolas Copernic affirme l'idée révolutionnaire que le Soleil est au centre de l'Univers ; il place ainsi le ciel dans le champ de la science plutôt que dans le monde des croyances. Puis, en 1572, Tycho Brahé découvre une nouvelle étoile apparue soudainement dans la constellation de Cassiopée. C'est la première fois depuis les Babyloniens (plusieurs siècles av. J.-C.) qu'une découverte prouve que le ciel peut changer.

En 1610, Galilée invente le télescope. À l'aide de cet appareil, il fait des découvertes qui portent un coup fatal aux systèmes d'Aristote et de Ptolémée. L'Église condamne Galilée pour « avoir tenu une doctrine contraire aux Saintes Écritures ». Galilée est libéré de prison quelques années plus tard, mais il est « surveillé » jusqu'à sa mort, en 1642. Il est réhabilité par la science en 1757.

2.1 Le Soleil

Le Soleil est au centre du système solaire. Avec une masse de 2×10^{30} kg, c'est l'objet le plus massif du système. En fait, sa masse représente 98 % de toute la masse du système solaire. C'est pourquoi le Soleil attire tous les corps célestes qui gravitent à proximité.

L'énergie solaire

La vie sur Terre serait impossible sans la chaleur et la lumière fournies par le Soleil. Aucun autre corps céleste du système solaire ne produit de lumière. Mais d'où provient toute cette énergie que produit le Soleil ?

Au XIXe siècle, des scientifiques se sont penchés sur la question. Ils ont émis l'hypothèse que le Soleil était fait de charbon qui brûlait (le charbon était alors un combustible très utilisé). Ils en ont déduit que le Soleil ne pouvait alors brûler que pendant 5000 ans… On savait déjà à cette époque que les êtres vivants existaient depuis des centaines de millions d'années. Le Soleil ne pouvait donc être fait de charbon puisqu'il aurait manqué de combustible depuis longtemps !

Ce n'est qu'au XXe siècle qu'on a découvert la source d'énergie formidable du Soleil : l'énergie nucléaire. Le Soleil est composé de gaz (surtout de l'hydrogène et de l'hélium), qui lui servent de combustibles. Les réactions nucléaires transforment lentement une partie de la masse de ces combustibles en énergie. Ces réactions sont beaucoup plus efficaces que la combustion du charbon : à partir d'une toute petite masse, on peut produire une énorme quantité d'énergie. C'est pourquoi le Soleil existe depuis 4,6 milliards d'années sans avoir faibli ou rapetissé.

Une étoile est un corps céleste gazeux, qui produit de l'énergie par des réactions nucléaires.

Le Soleil est une étoile de grosseur moyenne et de température moyenne. Il fait tout de même 15 millions de degrés Celsius en son cœur ! Il lui reste encore au moins 5 milliards d'années avant de manquer de combustible et de faiblir. De quoi éclairer le système solaire pendant encore longtemps !

6.11
Le cœur du Soleil est un formidable réacteur nucléaire.

- Les bombes nucléaires sont destructrices. Pensez à la bombe lancée sur Nagasaki (au Japon), en 1945, qui a fait des dizaines de milliers de morts! Pourquoi le Soleil n'est-il pas détruit par ses réactions nucléaires? À cause de sa gravité. Celle-ci empêche la matière du Soleil de se disperser sous l'effet des réactions nucléaires: elle ramène la matière vers le centre du Soleil. Une étoile, comme le Soleil, est donc un corps céleste en équilibre. Cet équilibre n'existe pas dans une bombe.

6.12

L'explosion de la bombe atomique lancée sur Nagasaki, en 1945.

Le vent solaire

Au cours des réactions nucléaires qui se produisent au cœur du Soleil, une quantité énorme d'énergie est libérée. Cette énergie cause des bouillonnements à la surface du Soleil, et des particules chargées d'énergie s'échappent de l'attraction solaire. Ces particules forment le vent solaire.

Le vent solaire est un flux de matière (de petites particules) émise par le Soleil.

Le vent solaire est invisible à l'œil nu. Il peut se rendre jusqu'aux confins du système solaire. En passant près de la Terre, il est habituellement dévié. C'est parce que la Terre est munie d'un énorme bouclier!

Le noyau de la Terre est composé de métaux. On sait que les métaux comme le fer ont des propriétés magnétiques. Le noyau terrestre ressemble donc à un gros aimant qui produit un champ magnétique autour de la Terre. Ce champ magnétique s'étend assez loin dans l'espace et forme une espèce de bouclier. On appelle ce bouclier la magnétosphère.

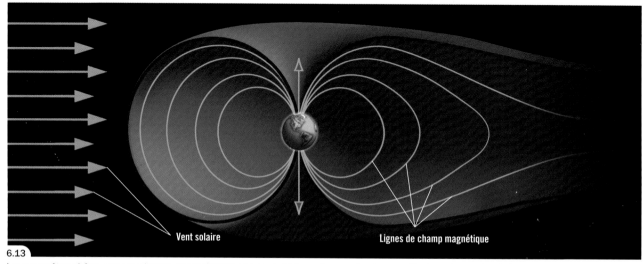

Vent solaire   Lignes de champ magnétique

6.13

La magnétosphère est un champ magnétique qui sert de bouclier contre les particules du vent solaire.

6.14
Une aurore boréale : du grand art au naturel !

Si la Terre n'était pas protégée par ce bouclier, la vie y serait très difficile. En effet, tous les vivants seraient sans cesse bombardés de particules provenant du vent solaire. Heureusement, la magnétosphère nous protège en emmagasinant ces particules. Il arrive cependant, quand le Soleil est très actif, que la quantité de particules libérées soit trop grande pour la capacité de la magnétosphère. Celle-ci déverse alors son trop-plein dans l'atmosphère, près des pôles. Lorsque les particules du vent solaire entrent en contact avec les particules de l'atmosphère, celles-ci laissent échapper de la lumière. Un phénomène en résulte : une aurore.

Une aurore est un phénomène lumineux engendré par la collision de particules du vent solaire avec les particules de l'atmosphère. Lorsque le phénomène se produit près du pôle Nord, on l'appelle « aurore boréale ». Lorsque le phénomène se produit près du pôle Sud, on l'appelle « aurore australe ».

Les aurores sont souvent bleu-vert, parfois jaunes, ou encore de couleurs diverses allant du rouge au violet. Elles changent de forme et d'intensité dans le ciel. Elles forment des nuages, des draperies, des arcs ou des rayons. Elles sont vraiment spectaculaires !

Savez-vous que...

- Quand le Soleil est dans une période d'activité particulièrement intense, les particules du vent solaire qui entrent dans l'atmosphère sont très nombreuses. Cela provoque des « orages magnétiques ». Ces orages rendent difficiles les communications radio et interfèrent avec les réseaux de distribution électrique. En 1989, le Québec a subi une panne générale d'électricité à cause d'un orage magnétique. La population a été plongée dans le noir pendant plus de neuf heures.

- Dans l'espace, les astronautes sont normalement protégés du vent solaire par la magnétosphère. Quand le vent solaire est particulièrement intense, cette protection est insuffisante. Les astronautes ne peuvent alors compter que sur la protection de leur navette spatiale, et les sorties dans l'espace sont interdites.

2.2 Les planètes

Historiquement, on a appelé « planètes » les corps célestes relativement gros, qui ont plus de 2000 km de diamètre.

Une planète est un corps céleste sphérique qui ne produit pas de lumière et qui gravite sur une orbite autour du Soleil (ou d'une autre étoile).

Les planètes du système solaire sont toutes très différentes. Les quatre planètes les plus près du Soleil, Mercure, Vénus, la Terre et Mars, sont faites de roches. Les quatre planètes suivantes, Jupiter, Saturne, Uranus et Neptune, sont constituées de gaz. La dernière, Pluton, est faite de roches et de glace.

Les tableaux présentés aux pages suivantes résument quelques caractéristiques des neuf planètes du système solaire.

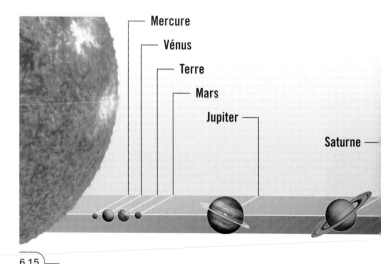

6.15

Les distances relatives entre les planètes. La distance d'une planète par rapport au Soleil lui confère une composition particulière (rocheuse, gazeuse ou constituée de glace).

6.16
La taille relative des planètes.

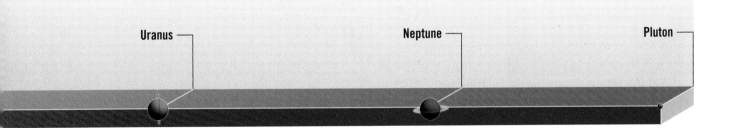

Uranus ─┐   Neptune ─┐   Pluton ─┐

Mercure

Mercure est désertique et criblée de cratères. Elle a été nommée en l'honneur du messager ailé des dieux romains, parce qu'elle tourne très vite autour du Soleil.

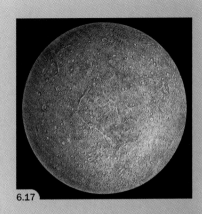

Diamètre à l'équateur	4880 km
Distance moyenne jusqu'au Soleil	57,9 millions de km
Révolution	88 jours terrestres
Rotation	58,7 jours terrestres
Masse	0,06 fois la masse de la Terre
Gravité	0,38 fois la gravité de la Terre
Température moyenne à la surface	167 °C

6.17

Vénus

Vénus est facilement visible la nuit, parce que son atmosphère réfléchit très bien la lumière du Soleil. On lui a donné le nom de la déesse romaine de l'amour à cause de son éclat blanc et pur. On l'appelle aussi « étoile du Berger ».

Diamètre à l'équateur	12 104 km
Distance moyenne jusqu'au Soleil	108,2 millions de km
Révolution	224,7 jours terrestres
Rotation	243 jours terrestres
Masse	0,82 fois la masse de la Terre
Gravité	0,9 fois la gravité de la Terre
Température moyenne à la surface	464 °C

6.18

Terre

6.19

Vue de l'espace, la Terre paraît bleue. C'est que les océans repré-sentent 70 % de la surface terrestre. Les continents occupent les 30 % qui restent ; ils apparaissent bruns ou verts. La Terre est la seule planète qui n'ait pas été nommée en l'honneur d'une divinité romaine.

Diamètre à l'équateur	12 800 km
Distance moyenne jusqu'au Soleil	150 millions de km
Révolution	365,25 jours terrestres
Rotation	24 heures terrestres
Masse	6 3 10^{24} kg
Température moyenne à la surface	15 °C

Mars

6.20

Mars a toujours suscité notre intérêt, surtout à cause de sa proximité et de sa ressemblance avec la Terre. On a cru longtemps qu'elle était habitée, avant de pouvoir l'observer avec de bons télescopes. Elle porte le nom du dieu romain de la guerre à cause de sa couleur rouge sang.

Diamètre à l'équateur	6794 km
Distance moyenne jusqu'au Soleil	227,9 millions de km
Révolution	687 jours terrestres
Rotation	24,63 heures terrestres
Masse	0,11 fois la masse de la Terre
Gravité	0,38 fois la gravité de la Terre
Température moyenne à la surface	−63 °C

Jupiter

6.21

La plus grande des planètes est composée d'hydrogène et d'hélium, comme le Soleil. Elle aurait pu être une étoile si elle avait été un peu plus massive. Son nom lui vient du plus puissant des dieux romains.

Diamètre à l'équateur	142 984 km
Distance moyenne jusqu'au Soleil	778,4 millions de km
Révolution	11,87 années terrestres
Rotation	9,93 heures terrestres
Masse	318 fois la masse de la Terre
Gravité	2,36 fois la gravité de la Terre
Température en haut des nuages	−110 °C

Saturne

Saturne est reconnue pour ses anneaux, mais Jupiter, Uranus et Neptune aussi en ont. Les anneaux de Saturne sont simplement plus brillants. On a donné à cette planète reculée, la plus lointaine connue des Anciens, le nom du père de Jupiter.

Diamètre à l'équateur	120 536 km
Distance moyenne jusqu'au Soleil	1427 millions de km
Révolution	29,46 années terrestres
Rotation	10,66 heures terrestres
Masse	95 fois la masse de la Terre
Gravité	0,92 fois la gravité de la Terre
Température en haut des nuages	−140 °C

6.22

Uranus

Uranus est la première planète à avoir été découverte grâce à l'invention du télescope. Elle porte le nom du père de Saturne et du grand-père de Jupiter.

Diamètre à l'équateur	51 118 km
Distance moyenne jusqu'au Soleil	2871 millions de km
Révolution	84 années terrestres
Rotation	17,24 heures terrestres
Masse	14,5 fois la masse de la Terre
Gravité	0,89 fois la gravité de la Terre
Température en haut des nuages	−197 °C

6.23

Neptune

Neptune est la dernière planète géante du système solaire. Elle est parfois plus éloignée du Soleil que Pluton, à cause de l'orbite particulière de celle-ci (voir les orbites de Neptune et de Pluton dans l'illustration 6.9). C'était le cas de 1979 à 1999. D'aspect bleuté, Neptune porte le nom du dieu romain des océans.

Diamètre à l'équateur	49 532 km
Distance moyenne jusqu'au Soleil	4498 millions de km
Révolution	164,8 années terrestres
Rotation	16,11 heures terrestres
Masse	17,2 fois la masse de la Terre
Gravité	1,13 fois la gravité de la Terre
Température en haut des nuages	−200 °C

6.24

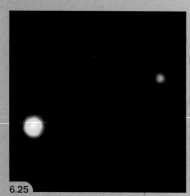

Pluton

Découverte en 1930, Pluton est la planète la plus éloignée et la plus petite du système solaire. Elle porte le nom du dieu romain des enfers.

Diamètre à l'équateur	2274 km
Distance moyenne jusqu'au Soleil	5900 millions de km
Révolution	248 années terrestres
Rotation	6,39 jours terrestres
Masse	0,002 fois la masse de la Terre
Gravité	0,067 fois la gravité de la Terre
Température moyenne à la surface	−223 °C

6.25
Pluton et son satellite, Charon.

2.3 Les satellites

La Terre ne fait pas seule son voyage autour du Soleil. Elle est accompagnée d'un corps céleste bien connu : la Lune ! Certaines planètes du système solaire sont ainsi accompagnées de satellites de diverses grosseurs. Des satellites artificiels, comme des télescopes et des satellites de communication, gravitent aussi autour de la Terre, mais nous ne verrons ici que les satellites dits « naturels ».

Un satellite est un corps céleste qui gravite sur une orbite autour d'une planète.

La Lune

La Lune a une masse de $7,35 \times 10^{22}$ kg, soit une masse plus élevée que celle de la planète Pluton ! La Lune est en orbite autour de la Terre depuis 4,5 milliards d'années. Elle serait « née » à la suite d'une collision d'un corps céleste avec la Terre. Les débris provenant de la Terre et du corps céleste se seraient regroupés et se seraient mis à tourner autour de la planète. C'est pourquoi la composition de la Lune est semblable à celle de la Terre. Cependant, certaines caractéristiques majeures les différencient :

- La Lune est constituée de roches. On n'y trouve pas d'eau liquide comme sur la Terre, seulement de la glace aux pôles.

Savez-vous que...

?

- Certains scientifiques se demandent si Pluton est vraiment une planète. Ce qui les intrigue, c'est son orbite très différente de celle des autres planètes. En outre, Pluton se trouve dans une région du système solaire où il y a beaucoup d'autres corps glacés comme elle. Peut-être en fait-elle tout simplement partie ? De plus, sa taille est bien petite par rapport à celle des autres planètes !

6.26
Contrairement à la Terre, la Lune est criblée de cratères, parce qu'elle n'a pas d'atmosphère qui la protège.

- La Lune n'a pas d'atmosphère. C'est ce qui explique son relief très accidenté. Quand des blocs de roches venant de l'espace se dirigent vers la surface de la Lune, ils s'écrasent en créant des cratères. Dans le cas de la Terre, la majorité de ces roches se consument en entrant dans l'atmosphère.

- L'absence d'atmosphère sur la Lune a aussi une influence sur la température en surface : il y fait très chaud le jour (127 °C) et très froid la nuit (–173 °C). L'atmosphère de la Terre nous protège de tels extrêmes.

LES MARÉES

Les marées des océans sont un mouvement de montée et de descente du niveau des eaux. Comment peut-on prédire quand la marée sera basse ou quand elle sera haute ?

Nous avons vu que la gravité de la Terre s'exerce sur la Lune. Mais la Lune exerce aussi une force d'attraction sur la Terre. Comme la gravité de la Lune est moins forte que celle de la Terre, elle réussit surtout à faire bouger les océans, ce qui génère les marées. Le cycle des marées (illustré ci-contre) dure une journée :

(1) Quand l'océan Pacifique fait face à la Lune, sa marée est haute.

(2) Quand la Terre tourne de 90° (six heures plus tard), l'océan Pacifique ne fait plus face à la Lune : sa marée est basse.

(3) Quand la Terre tourne encore de 90°, l'océan Pacifique se trouve du côté de la Terre opposé à la Lune. Il ne subit plus beaucoup ses effets. C'est alors un tout autre phénomène qui prédomine, causé par la rotation de la Terre. La marée est haute.

(4) Une autre rotation de 90° ramène la marée basse.

La Lune n'est pas la seule responsable des marées. Le Soleil, très massif, joue lui aussi un rôle dans ce phénomène cyclique. Comme il est plus éloigné que la Lune de la Terre, ce rôle est toutefois moins important. Il arrive cependant que

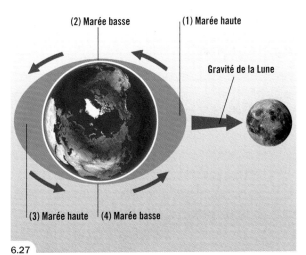

(2) Marée basse   **(1) Marée haute**

Gravité de la Lune

(3) Marée haute   **(4) Marée basse**

6.27
La marée est haute quand la Lune se trouve alignée avec l'océan.

la position du Soleil par rapport à la Terre et à la Lune engendre des marées particulières. Par exemple, quand la Lune et le Soleil sont alignés avec la Terre, les forces de gravité s'additionnent et on obtient les grandes marées (aussi appelées « marées de vive-eau »).

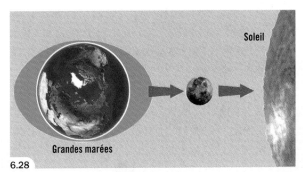

Soleil

Grandes marées

6.28
La position du Soleil par rapport à la Terre et à la Lune détermine la force des marées.

- Les marées ne produisent pas les mêmes résultats partout sur Terre. La hauteur des marées peut dépendre de plusieurs facteurs, comme le relief sous-marin. Les marées les plus fortes du monde surviennent dans la baie de Fundy, au Canada. Leur amplitude (la différence entre la marée haute et la marée basse) est de 12 m en moyenne. Au cours des grandes marées, l'amplitude peut atteindre 16 m.

6.29
La baie de Fundy, à marée haute.

6.30
La baie de Fundy, à marée basse.

Les autres satellites

Nous nous intéressons beaucoup à la Lune parce qu'elle a des effets sur notre vie quotidienne. Pourtant, d'autres satellites sont aussi intéressants à étudier, car ils nous révèlent des renseignements importants sur le système solaire. Les scientifiques portent un intérêt particulier aux autres satellites qui ont un diamètre comparable (ou supérieur) à celui de la Lune.

Planète	Nombre de satellites	Nom de quelques satellites	Renseignements particuliers
Mercure	0		
Vénus	0		
Terre	1	Lune	• Voir la section portant sur la Lune.
Mars	2	Phobos, Deimos	• Phobos est plus grand que Deimos : il ne mesure pourtant que 27 km. • Ces satellites ne sont pas ronds comme la Lune. Ils ont une forme irrégulière et ressemblent à des astéroïdes.
Jupiter	63*	Ganymède, Io, Europe, Callisto	• Plusieurs de ces 63 satellites sont minuscules et seraient d'anciens astéroïdes. • Ganymède est le plus gros satellite du système solaire. Il est même plus gros que Mercure ! Io, Europe et Callisto sont de la même grosseur ou un peu plus gros que la Lune. • Io est fait de roches, et sa surface est couverte de volcans. Europe et Callisto sont recouverts de glace. Ganymède est une succession de couches de métaux, de roches et de glace.
Saturne	33*	Titan	• Titan est le seul gros satellite de Saturne. Il ressemble beaucoup à Callisto. C'est le seul satellite qui a vraiment une atmosphère.
Uranus	27*		• Uranus n'a que de petits satellites.
Neptune	13*	Triton	• Neptune a un gros satellite, Triton, qui ressemble à Callisto.
Pluton	1*	Charon	• Le diamètre de Charon est seulement deux fois plus petit que celui de sa planète.

* Le nombre de satellites indiqué pour ces planètes éloignées peut varier au gré des nouvelles découvertes faites au cours de l'exploration spatiale.

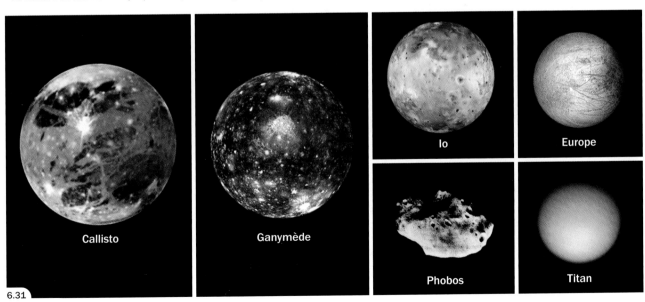

6.31
Quelques satellites naturels.

2.4 Les autres corps célestes

Des milliards de petits corps célestes, composés de roches et, parfois, de glace, gravitent autour du Soleil. Ce sont les astéroïdes, les comètes et les météorites.

Les astéroïdes

Les astéroïdes sont des corps rocheux de l'espace. Il en existe probablement des milliards dans le système solaire. Leur taille varie de quelques mètres à près de 1000 km. (Le plus grand astéroïde connu, Cérès, mesure 930 km.) Ils tournent autour du Soleil, chacun suivant sa propre orbite, comme de « petites planètes ». La plupart des astéroïdes évoluent dans une région du système solaire située entre les orbites de Mars et de Jupiter : la ceinture d'astéroïdes.

Les astéroïdes sont des corps de type rocheux en orbite autour du Soleil. La plupart font partie de la ceinture d'astéroïdes.

On croit que les astéroïdes sont ce qui reste de la formation des grandes planètes. Certains d'entre eux s'éloignent de la ceinture et se dirigent vers les confins du système solaire. D'autres s'approchent de la Terre et croisent même son orbite. Les satellites de Mars et certains des satellites de Jupiter, Uranus et Neptune seraient des astéroïdes capturés par la gravité de ces planètes.

Éros

Ida

Cérès

Gaspra

6.32

Quelques astéroïdes.

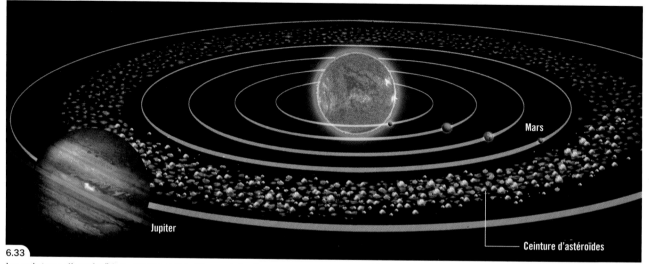

Mars

Jupiter

Ceinture d'astéroïdes

6.33

La ceinture d'astéroïdes, située entre Mars et Jupiter, occupe un espace d'environ 100 à 300 millions de kilomètres.

Les comètes

Une tache très brillante apparaît dans le ciel. En l'observant attentivement, nuit après nuit, on peut s'apercevoir que la tache est en fait une sphère accompagnée d'une traînée, et qu'elle traverse très lentement le ciel. Parfois, cette sphère peut même paraître plus grosse que la pleine Lune et la traînée, être visible durant le jour. C'est une comète. Ce phénomène est assez rare : il ne se produit que quelques fois par siècle !

Une comète est un petit bloc de roches et de glace dont l'orbite passe près du Soleil.

Quand une comète s'approche du Soleil, la couche superficielle du noyau de roches et de glace qui la compose est pulvérisée. En se pulvérisant, ce noyau libère une grande quantité de gaz et de poussières. C'est la sphère que l'on aperçoit, appelée « chevelure » (le nom « comète » vient du grec et signifie « astre chevelu »). Le noyau et la chevelure de la comète constituent la tête.

6.35
La comète de Halley.

Le reste de la comète est ce qu'on appelle la « queue ». Elle est formée des gaz et des poussières qui s'échappent de la tête de la comète sous l'effet du vent solaire. La queue de la comète est toujours dirigée dans la direction opposée au Soleil.

Les comètes viennent de loin. Elles proviennent, en fait, de zones situées à la limite, ou même à l'extérieur, du système solaire. Elles suivent des orbites très allongées si on les compare aux orbites des planètes. La plupart des comètes ne passent près du Soleil qu'à toutes les dizaines de milliers d'années ! Certaines repassent plus souvent, comme c'est le cas de la comète de Halley. Cette dernière revient nous voir tous les 76 ans environ. Sa dernière apparition remonte à 1986. La comète de Hale-Bopp, visible en 1997, ne passe que tous les 2400 ans !

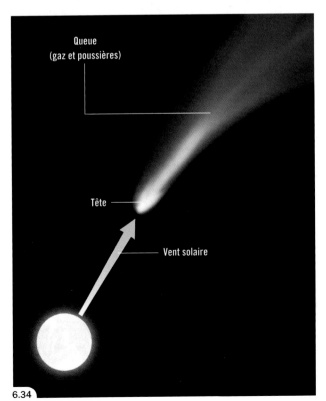

Queue
(gaz et poussières)

Tête

Vent solaire

6.34
Un schéma d'une comète.

Savez-vous que...

- Le nuage d'Oort, situé à la limite du système solaire, est une région riche en noyaux de comètes. Plusieurs comètes que l'on peut apercevoir près de la Terre proviennent de cette « pouponnière à comètes ».

Les météorites

Dans son voyage autour du Soleil, la Terre rencontre tous les jours sur son orbite des fragments de roches et des poussières. Ces roches et ces poussières proviennent principalement de deux sources : la désintégration des comètes et les collisions d'astéroïdes. La gravité de la Terre agit sur ces objets. Quand ils entrent dans l'atmosphère terrestre, on les appelle des « météores ».

Un <u>météore</u> (communément appelé « étoile filante ») est un objet qui se consume en entrant en contact avec l'atmosphère de la Terre. On reconnaît le météore à sa traînée lumineuse. Quand l'objet qui entre dans l'atmosphère est petit, de la grosseur d'un petit pois, par exemple, il est entièrement détruit dans l'atmosphère.

Les <u>étoiles filantes</u> ressemblent à de brefs éclats de lumière dans le ciel nocturne. On peut en voir tous les soirs, mais certaines périodes de l'année sont plus propices à leur observation. En effet, quand la Terre croise l'orbite des comètes et les débris qu'elles ont laissés derrière elles, tous ces débris se consument en même temps. C'est ce qu'on appelle les « pluies d'étoiles filantes ». Au Québec, la mi-août est un moment privilégié pour les observer : c'est la période des Perséides. On les nomme ainsi parce

6.36

Un phénomène céleste très courant : un météore (ou étoile filante) qui traverse le ciel.

qu'on peut les apercevoir dans la <u>constellation</u> de Persée. Chaque pluie d'étoiles filantes porte ainsi le nom d'une constellation (Léonides, constellation du Lion ; Lyrides, constellation de la Lyre, etc.).

Il peut aussi arriver que les fragments de roches qui entrent dans l'atmosphère terrestre soient beaucoup plus gros. Un météore qui a la grosseur d'une balle de baseball produira une boule de feu visible en plein jour. L'objet ne sera pas entièrement consumé et pourra atteindre le sol.

Une météorite est un objet céleste qui atteint la Terre sans se consumer lors de sa traversée de l'atmosphère.

6.37

Les météorites sont composées de roches et de métaux que l'on trouve aussi sur Terre. On voit ici une météorite ferreuse.

Généralement, les météorites tombent dans la mer. (N'oublions pas que les océans occupent environ 70 % de la surface de la Terre.) Celles qui tombent sur le sol peuvent creuser un trou lors de leur impact, selon leur grosseur. Elles sont sans danger si elles tombent dans des zones inhabitées. Certaines grosses météorites peuvent cependant creuser le sol à des profondeurs phénoménales ou provoquer des raz de marée en tombant dans l'océan.

Un impact météoritique est une collision entre la Terre et une météorite de grande taille.

Le trou creusé dans le sol par la chute de la météorite est appelé « cratère météoritique ». Des impacts météoritiques majeurs ont lieu tous les 1000 ans environ. Ils contribuent à sculpter le relief. Par exemple, si on observe attentivement une carte du Québec, on peut apercevoir un cratère météoritique délimité par le réservoir Manicouagan. Ce cratère est vieux de 210 millions d'années. Un autre exemple québécois : l'astroblème de Charlevoix (« astroblème » est un synonyme de « cratère météoritique »). Du haut des plus hautes montagnes du parc national des Grands-Jardins, on peut voir cette grande dépression, ce grand creux, dans le relief de Charlevoix.

6.38
Le cratère météoritique des Pingualuit, dans le Nord-du-Québec, a environ 1,4 million d'années. Son diamètre est de 3,4 km et sa profondeur est de 400 m.

Carolyn Shoemaker :
une passionnée des comètes

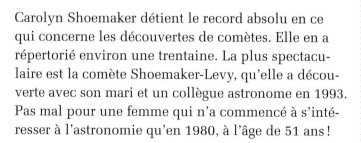

Carolyn Shoemaker détient le record absolu en ce qui concerne les découvertes de comètes. Elle en a répertorié environ une trentaine. La plus spectaculaire est la comète Shoemaker-Levy, qu'elle a découverte avec son mari et un collègue astronome en 1993. Pas mal pour une femme qui n'a commencé à s'intéresser à l'astronomie qu'en 1980, à l'âge de 51 ans !

Carolyn Spellman (son nom de jeune fille) est née en 1929 aux États-Unis. À l'école, Carolyn ne s'intéresse pas aux sciences. Après des études en histoire et en science politique, elle ne sait pas quel métier pratiquer et enseigne quelque temps, sans trop de succès. Puis, elle se marie à Eugene Shoemaker et se consacre à leurs trois enfants. De son côté, Eugene, qui a une formation en génie chimique, participe à la fondation d'un centre d'astrogéologie.

Avec les années, à force de côtoyer un expert en astronomie et en géologie, Carolyn Shoemaker se découvre une passion pour les travaux de son mari, au point de devenir son assistante. Elle travaille alors au centre d'astrogéologie et contribue à des découvertes majeures grâce à son sens de l'observation marqué, sa patience et sa minutie. Elle étudie sans relâche des photos de l'espace pour découvrir les astéroïdes et les comètes qui s'y cachent.

Eugene et Carolyn Shoemaker ont aussi beaucoup voyagé pour répertorier les impacts météoritiques sur le continent australien. Ils ont analysé plusieurs spécimens de météorites pour mieux en comprendre la composition. C'est durant l'un de ces voyages, en 1997, qu'ils ont été victimes d'un grave accident d'automobile. Eugene est décédé et Carolyn a subi de graves blessures. Elle est retournée au travail par la suite et a continué à « traquer » les comètes.

6.39

Investigations

Voici des suggestions d'activités qui vous permettront de mettre en pratique vos connaissances et vos compétences.

1. Je vais vivre sur...

On vous donne la possibilité de quitter la Terre et d'aller vivre ailleurs dans le système solaire.

- Quelle planète ou quel satellite du système solaire choisissez-vous d'habiter ?
- Comment vous organisez-vous pour que ce soit possible d'y vivre ? Décrivez vos préparatifs de départ, ce que vous apportez pour combler vos besoins de base (manger, boire, respirer, etc.).
- Comment la vie est-elle là-bas ? Racontez les particularités de votre vie sur cette planète ou sur ce satellite.

2. Construire un cadran solaire

Connaître l'heure en tout temps lorsqu'il y a du soleil : voilà à quoi sert le cadran solaire ! Ce type de cadran existe depuis fort longtemps et il a pris des formes diverses au fil des époques.

Vous allez fabriquer votre propre cadran solaire horizontal, à l'aide de matériel très simple. Vous devrez essayer de faire le cadran le plus précis possible.

Des pistes à explorer

- Quelle est la température sur la planète ou le satellite choisi ? Cette information est importante pour déterminer la façon de vous abriter. Cela permet aussi de savoir sous quelle forme se trouve l'eau dans votre nouveau milieu de vie.
- À quelle distance de la Terre se situe la planète ou le satellite ? Pour vous rendre à bon port, il est important de prévoir les ressources nécessaires dans la navette spatiale que vous utiliserez.
- Quelle est la valeur de la gravité sur la planète ou le satellite ? Si elle est plus forte que sur la Terre, vous sentirez comme un fardeau sur vos épaules. Si elle est moindre, vous marcherez d'un pas léger !

Des pistes à explorer

- Le cadran solaire doit comprendre un plan gradué selon les heures. Il doit aussi comprendre un bâton appelé « style ». C'est l'ombre du style sur le cadran qui donne l'heure.
- Le style doit être parallèle à l'axe de la Terre. Il faut donc lui donner un angle correspondant à la latitude du lieu où est installé le cadran solaire. Le style doit ensuite être posé dans l'axe nord-sud en se servant d'une boussole. Attention ! Le pôle Nord géographique n'est pas identique au pôle Nord magnétique !
- L'heure donnée sur le cadran doit être corrigée pour tenir compte de l'heure normale et de l'heure avancée. Il faut aussi tenir compte des fuseaux horaires.

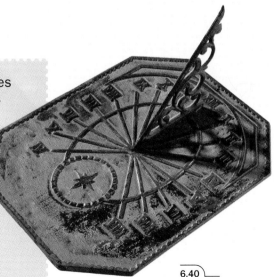

6.40

La gravitation universelle PAGES 150 À 152

1 *a)* Quelle a été la contribution de Newton à la compréhension du phénomène de gravitation ?

   b) Quelle a été la contribution d'Einstein à la compréhension du phénomène de gravitation ?

2 Est-ce que la loi de la gravitation universelle est la même partout dans l'Univers ?

3 Choisissez les deux affirmations qui s'appliquent à la force de gravité.

   a) Plus la distance entre les masses est grande, plus la gravité est forte.

   b) Plus les masses sont grandes, plus la gravité est forte.

   c) Plus les masses sont petites, plus la gravité est forte.

   d) Plus la distance entre les masses est petite, plus la gravité est forte.

Le système solaire PAGES 153 À 170

4 Expliquez la différence entre la production d'énergie par la combustion du charbon et la production d'énergie par des réactions nucléaires. Dites pourquoi le Soleil ne peut pas être fait de charbon.

5 Quels gaz sont utilisés dans les réactions nucléaires du Soleil ?

6 Dessinez la structure interne de la Terre et montrez la partie de cette structure qui est responsable du magnétisme.

7 Pourquoi n'y a-t-il pas d'aurores boréales ou australes partout sur Terre ?

8 Indiquez deux inconvénients majeurs des orages magnétiques.

9 Sur quelle planète du système solaire vous sentiriez-vous le plus lourd ?

10 Sur quelle planète les jours sont-ils les plus courts ?

11 Sur quelle planète les années sont-elles les plus longues ?

12 Nommez les quatre planètes qui ont des anneaux. Quelle planète a les anneaux les plus brillants ?

13 À votre avis, quelle planète ressemble le plus à la Terre, et pourquoi ?

14 Expliquez les différences fondamentales entre la lithosphère, l'hydrosphère, l'atmosphère et la biosphère de la Lune et celles de la Terre.

15 Quel est l'état de la marée dans l'océan Atlantique lorsque celui-ci:

   a) se trouve du côté de la Terre opposé à la Lune?

   b) fait face à la Lune?

   c) n'est pas du côté de la Terre opposé à la Lune, et qu'il ne fait pas face à la Lune?

16 Comment se fait-il qu'il y a parfois des marées plus hautes que les marées normales?

17 Parmi les photos **A**, **B**, **C** et **D**, lesquelles montrent des planètes et lesquelles montrent des astéroïdes? Comment faites-vous pour les différencier?

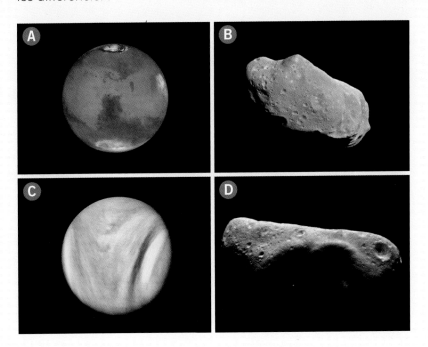

18 Quelle est la différence entre un astéroïde et une comète?

19 Décrivez les composantes d'une comète.

20 Pourquoi y a-t-il une pluie d'étoiles filantes tous les ans aux mêmes dates?

21 À quelle condition un impact météoritique se produit-il?

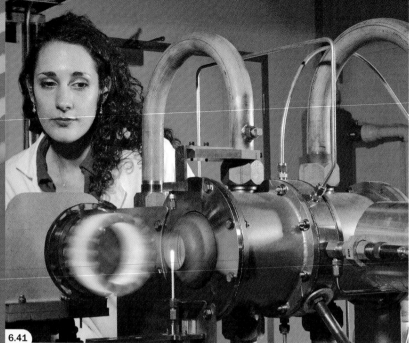

6.41
L'ingénieure en aérospatiale conçoit et met au point les systèmes qui assurent le fonctionnement des véhicules aérospatiaux (avions, fusées, satellites, etc.).

6.42
Le technicien en robotique participe à la fabrication et à la mise à l'essai de robots et de systèmes de commande par ordinateur.

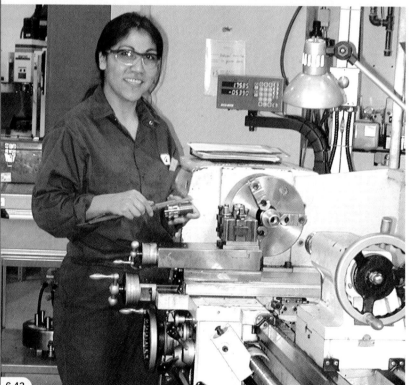

6.43
L'outilleuse effectue le montage, le réglage et la réparation des outils.

Très diversifié, le domaine de l'aérospatiale est en plein essor. L'étude des astres, la conception de machines, l'information de vol, la géologie des météorites, les mathématiques de l'espace, même la météorologie peuvent relever de ce domaine.

Il est possible d'obtenir la formation requise dans des écoles spécialisées en aéronautique ou en aérospatiale. Un diplôme dans un domaine technique au collégial ou en sciences à l'université peut aussi mener à travailler dans ce secteur d'activités.

À la page suivante, nous présentons quelques métiers associés aux diverses disciplines de l'aérospatiale, en lien avec les diplômes d'études qui sont requis pour pouvoir exercer ces métiers.

MÉTIERS ASSOCIÉS À L'AÉROSPATIALE
SELON LES DIPLÔMES D'ÉTUDES

| Diplômes d'études | | |
secondaires	collégiales	universitaires
• Monteurs de structures d'aéronefs • Outilleurs • Électriciens d'avion • Spécialistes de l'information de vol • Mécaniciens d'appareillage hydraulique d'aviation	• Techniciens en robotique • Technologues en génie aérospatial • Dessinateurs de matériel électronique • Contrôleurs de la circulation aérienne	• Ingénieurs en aérospatiale • Biophysiciens • Physiciens nucléaires • Ingénieurs en télécommunication • Astronautes

Profession : monteur ou monteuse de structures d'aéronefs

Les monteurs de structures d'aéronefs doivent obtenir un diplôme de formation professionnelle en montage de structures en aérospatiale ou en montage mécanique en aérospatiale avant de pouvoir accéder au marché du travail. Les aéronefs sur lesquels ils pourront travailler comprennent les satellites de communication, les avions, les navettes spatiales, etc.

Les monteurs de structures d'aéronefs auront à installer et à ajuster des pièces préfabriquées pour construire divers types d'aéronefs. Ils devront être capables de comprendre des schémas d'assemblage pour monter des pièces telles que les revêtements, les commandes de pilotage, les systèmes mécaniques ou hydrauliques, etc. C'est un métier exigeant puisqu'il exige un minimum d'erreurs de la part des monteurs et un maximum de précision. La sécurité des pilotes et des passagers des avions, par exemple, dépend de la qualité de leur travail.

6.44

Le monteur de structures d'aéronefs pose et ajuste des revêtements métalliques et des pièces de fuselage sur des aéronefs.

C'est pourquoi les futurs monteurs devront accorder de la valeur à la précision et à l'efficacité. Ils devront aimer le travail avec des machines automatisées ou informatisées. Ils sauront aussi apprécier le travail d'équipe et le partage des responsabilités.

Ce sont principalement les entreprises de fabrication d'aéronefs et les Forces armées canadiennes qui emploient les monteurs de structures d'aéronefs.

175

Loto tamponneuse

6.45

Un « jeune » cratère très spectaculaire, Meteor Crater, en Arizona.

par Raynald Pepin

Depuis quelques décennies, les scientifiques ont découvert plusieurs cratères météoritiques sur Terre. Certains de ces cratères sont parfois impressionnants. C'est le cas de Meteor Crater, qu'on trouve dans le désert, en Arizona. Ce cratère s'est formé lors de la chute d'une météorite d'environ 50 m de diamètre et d'une masse de 300 000 tonnes. Meteor Crater est relativement « jeune » : il serait âgé de 20 000 à 50 000 ans. Un fait demeure toutefois inquiétant : au moment de l'impact, l'espèce humaine existait déjà depuis des milliers d'années...

Il y a de quoi se demander s'il existe des risques qu'une telle météorite heurte de nouveau la Terre. Devrions-nous craindre que l'impact d'un corps céleste ne fasse un jour d'importants dommages ou même, ne mette fin à notre civilisation, comme cela s'est produit dans le cas des dinosaures ? Faut-il vraiment s'inquiéter ?

Les probabilités

Il n'est pas si difficile de gagner à la loterie des collisions. Les astronomes estiment que de nombreux astéroïdes croisent épisodiquement l'orbite terrestre. Chaque jour, la Terre intercepte environ 100 tonnes de débris célestes. Heureusement, la plupart des corps de moins de 10 cm de diamètre sont réduits en poussière par la friction dans l'atmosphère.

Néanmoins, certains objets célestes sont assez gros et solides pour atteindre le sol. L'observation astronomique et l'étude des cratères terrestres et lunaires montrent qu'une météorite de 50 m de diamètre arrive sur Terre en moyenne une fois par siècle, engendrant des dommages locaux. Un corps d'un à deux kilomètres, ayant une masse de plusieurs dizaines de milliards de tonnes, frappe la Terre tous les millions d'années environ. Un corps plus gros, de 5 km à 10 km, ne nous rend visite qu'à des intervalles de plusieurs dizaines de millions d'années.

6.46
Plusieurs observatoires comme celui-ci servent à des programmes de surveillance des astéroïdes.

Le « gros lot »

Que se produirait-il si l'un de ces monstres de plus d'un kilomètre nous fonçait dessus ? S'il arrivait dans l'océan, l'astéroïde générerait un tsunami dont les vagues de plus de 10 m de hauteur se propageraient à des milliers de kilomètres du point d'impact, dévastant les côtes. Sur un continent, l'impact creuserait un cratère énorme, de plusieurs dizaines de kilomètres de diamètre. Il injecterait dans l'atmosphère tellement de poussières que la lumière du Soleil serait fortement atténuée durant plus d'un an, ce qui provoquerait un hiver prolongé, la perte des récoltes et une famine.

Mieux vaut prévenir que guérir

Que faire pour éviter une telle collision ? D'abord, il faut repérer les astéroïdes dangereux. Depuis la fin des années 1980, des dizaines d'astronomes se consacrent à la détection des astéroïdes géocroiseurs de plus d'un kilomètre de diamètre. Quand ils en repèrent, ils déterminent leurs trajectoires exactes, ce qui permet d'évaluer à l'avance les risques de collision. Pour le moment, on peut dormir sur nos deux oreilles.

Et si l'on découvre qu'un de ces corps se dirige vraiment vers nous ? Il faudra envoyer des fusées ou des vaisseaux spatiaux pour l'intercepter et le dévier. On envisage diverses méthodes, comme l'explosion bien ciblée de bombes nucléaires, sur l'astéroïde ou tout près, pour infléchir la trajectoire du corps menaçant. Mais aucune méthode n'a jamais encore été testée.

Et vous, qu'en pensez-vous ?

L'impact d'un corps céleste demeure l'un des rares désastres naturels que l'on peut empêcher. D'après vous, doit-on s'en préoccuper et y consacrer des ressources ou doit-on plutôt mettre l'accent sur d'autres projets d'étude de l'espace, par exemple sur le projet de voyage vers Mars ?

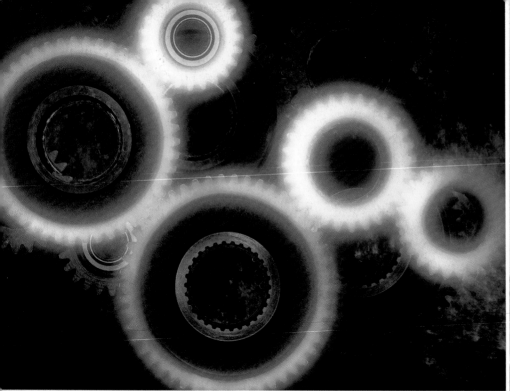

L'univers
TECHNOLOGIQUE

L'être humain conçoit des objets techniques et des systèmes technologiques de plus en plus ingénieux. Les techniques et les matériaux
utilisés pour leur fabrication se diversifient et se raffinent. Par exemple,
pour la réalisation d'éoliennes, ces machines qui servent à capter
l'énergie du vent, toutes sortes de connaissances en technologie seront
mises à profit : le principe de fonctionnement des machines, la force
des vents, les procédés de transformation de l'énergie éolienne en
énergie électrique, ainsi que les mécanismes de transmission et
de transformation du mouvement.

Sommaire

L'**univers** TECHNOLOGIQUE
exploré en 1ʳᵉ année du cycle

Rappel

Avant d'entrer dans ce nouvel univers technologique, faisons un rappel des principales notions vues en 1ʳᵉ année du cycle.

- En technologie, on analyse, on conçoit et on réalise des projets.

- Les **techniques** sont les moyens mis en œuvre pour fabriquer les objets, les appareils, les systèmes, les édifices, etc.

- La **technologie** est l'étude des différentes techniques.

L'INGÉNIERIE

- L'ingénierie est l'ensemble des actions qui ont pour but d'étudier, de concevoir et de réaliser des projets technologiques. Pour mener à terme ces projets, les spécialistes ont besoin de documents (cahier des charges, schéma de principe, schéma de construction), de matières premières, de matériaux et de matériel.

- Le **cahier des charges** est un document qui contient la liste des besoins, des exigences et des contraintes (techniques et financières) qu'il faut respecter lors de la réalisation d'un projet.

- Le **schéma de principe** est un dessin qui représente, de façon simplifiée, le fonctionnement d'un objet. Dans ce type de dessin, les forces (**F**) et les mouvements en jeu sont bien indiqués.

- Le **schéma de construction** est un dessin qui représente, de façon simplifiée, les pièces et les matériaux qui seront utilisés dans la fabrication d'un objet. Dans ce type de dessin, on indique comment les pièces vont être liées.

- Les **matières premières** sont des substances d'origine naturelle. Elles devront être transformées avant d'être utilisées dans la fabrication d'un objet. (*Exemples :* sable, pierres.)

- Les **matériaux** sont des substances qui ont été transformées par l'être humain. Ils sont utilisés tels quels dans la fabrication d'un objet. (*Exemples :* planches de bois, carreaux de verre.)

- Le **matériel** est l'ensemble des appareils, des machines, des instruments, des véhicules et des outils qui servent à la fabrication d'un objet. (*Exemples :* scie, pelle.)

Des matériaux, du matériel et des matières premières.

LES FORCES ET LES MOUVEMENTS

■ Les forces et les mouvements font partie des moindres gestes de la vie quotidienne. Tout mouvement qui change et toute forme qui est modifiée sont influencés par des forces.

● Les **forces** sont des actions qui peuvent provoquer le mouvement d'un corps ou modifier le mouvement de ce corps s'il est déjà en train de bouger. Ces forces peuvent également modifier la forme d'un corps.

– La **compression** est une force qui pousse sur un corps. Cette force peut provoquer ou modifier le mouvement de ce corps. Elle peut aussi causer sa déformation. (*Exemple :* appuyer fortement sur un objet.)

– La **tension** est une force qui tire sur un corps. Cette force peut provoquer ou modifier le mouvement de ce corps. Elle peut aussi causer sa déformation. (*Exemple :* tirer un objet à l'aide d'une corde.)

– Le **frottement** est une force qui réduit ou empêche le mouvement entre deux surfaces en contact. Le frottement agit toujours en sens inverse d'une autre force ou d'un mouvement. (*Exemple :* les freins d'une bicyclette.)

● Les forces qui agissent sur les objets produisent des effets précis.

– L'**allongement** est l'augmentation de la longueur d'un corps sous l'effet de forces de tension. (*Exemple :* un élastique qu'on étire.)

– L'**écrasement** est la diminution de la dimension d'un corps sous l'effet de forces de compression. (*Exemple :* un coussin qui s'écrase sous le poids d'une personne.)

– La **flexion** est la courbure d'un corps sous l'effet de plusieurs forces. Généralement, la flexion survient lorsque les forces agissent de façon perpendiculaire au corps. (*Exemple :* une tablette qui fléchit sous le poids de livres.)

– Le **cisaillement** est l'effet produit lorsque deux forces sont exercées presque au même endroit, parallèlement et en directions opposées. (*Exemple :* une feuille de papier qu'on déchire.)

– La **torsion** est l'effet produit lorsque deux forces sont exercées dans un mouvement de rotation et dans des directions opposées. (*Exemple :* une serviette mouillée qu'on tord.)

● Les effets des forces peuvent provoquer la déformation élastique ou permanente d'un objet. Ils peuvent aussi entraîner sa rupture.

– La **déformation élastique** : sous l'effet des forces, un objet se déforme de façon temporaire. (*Exemple :* un élastique qu'on étire et qu'on relâche.)

– La **déformation permanente** : sous l'effet des forces, un objet se déforme pour toujours. (*Exemple :* une feuille de papier qu'on chiffonne.)

– La **rupture** : sous l'effet de forces trop grandes, un corps se brise. (*Exemple :* un élastique trop tendu.)

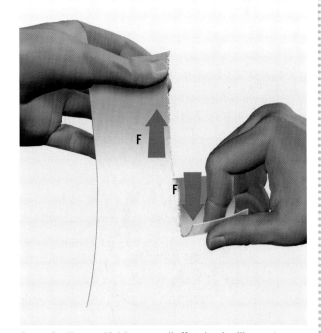

Cette feuille se déchire sous l'effet du cisaillement.

- Les forces exercées sur un corps peuvent influencer son mouvement. Les parties mobiles des objets techniques peuvent se déplacer selon trois types de mouvements.

  - Le **mouvement de translation** est le mouvement que fait une pièce ou une partie d'un objet lorsqu'elle se déplace en ligne droite. (*Exemple :* l'ouverture ou la fermeture d'un tiroir.)

  - Le **mouvement de rotation** est le mouvement que fait une pièce ou une partie d'un objet lorsqu'elle tourne autour d'un axe. (*Exemple :* le mouvement d'une roue.)

  - Le **mouvement hélicoïdal** est le mouvement que fait une pièce ou une partie d'un objet lorsqu'elle se déplace le long d'un axe, en tournant sur cet axe. (*Exemple :* l'enfoncement d'une vis.)

- Dans les objets techniques, les pièces mobiles peuvent interagir en effectuant le même mouvement. Elles peuvent aussi interagir en faisant des mouvements différents.

  - Un **mécanisme de transmission du mouvement** est un mécanisme qui transmet le même type de mouvement d'une partie d'un objet à une autre. (*Exemple :* les roues dentées d'une essoreuse à salade transmettent le mouvement de rotation de la manivelle au panier.)

  - Un **mécanisme de transformation du mouvement** est un mécanisme qui transforme un type de mouvement en un autre type de mouvement. (*Exemple :* le mouvement de rotation du pédalier d'une bicyclette est transmis à la chaîne où il devient un mouvement de translation.)

- Pour empêcher le mouvement dans les objets techniques ou pour le contrôler, il y a la liaison et le guidage.

- Une **liaison** est tout ce qui peut maintenir ensemble au moins deux pièces d'un objet technique.

  - Une **liaison permanente** est une liaison qu'on ne peut démonter sans endommager les pièces qui ont été liées ou les éléments de liaison. (*Exemple :* des pièces de bois collées.)

  - Une **liaison non permanente** est une liaison qu'on peut démonter ou dont on peut séparer les éléments sans endommager les pièces de l'objet. (*Exemple :* des pièces de bois assemblées avec des vis.)

  - Une **liaison fixe** est une liaison qui ne permet aucun mouvement. (*Exemple :* la tête d'un marteau.)

  - Une **liaison mobile** est une liaison qui permet le mouvement. (*Exemple :* les deux branches de ciseaux.)

- Le **guidage** est un dispositif qui permet de contrôler le mouvement des pièces mobiles.

  - Le **guidage du mouvement de translation** permet de contrôler le mouvement des pièces qui se déplacent en droite ligne. (*Exemple :* le rail d'une porte-fenêtre.)

  - Le **guidage du mouvement de rotation** permet de contrôler les pièces d'un objet technique à mesure qu'elles tournent. (*Exemple :* la tige métallique d'une charnière de porte.)

  - Le **guidage du mouvement hélicoïdal** combine le guidage du mouvement de translation et le guidage du mouvement de rotation. (*Exemple :* le mécanisme d'un tire-bouchon à levier.)

Différents objets, différentes façons d'empêcher ou de contrôler le mouvement.

Chapitre 7

Les systèmes technologiques

7.1

L'être humain utilise une grande quantité d'objets techniques dans la vie de tous les jours pour répondre à ses besoins. Ces objets sont parfois très simples, comme un tournevis, qui ne comprend que quelques pièces, parfois seulement deux : un manche attaché à une tige. Le fonctionnement du tournevis est tout aussi simple : il sert à visser et dévisser des vis. Beaucoup d'objets techniques, cependant, sont plus compliqués qu'un tournevis. Prenons l'exemple d'un baladeur numérique. C'est un petit objet, mais il est composé de nombreuses pièces qui sont assemblées selon des méthodes complexes, et son fonctionnement nécessite plusieurs opérations.

En technologie, on décortique souvent les objets techniques en plus petits éléments pour arriver à les analyser, les concevoir ou les fabriquer. Il est alors plus facile de voir l'interaction entre les différents éléments. On traite alors l'objet comme un système technologique.

Un système technologique est un ensemble de pièces, de mécanismes, d'appareils ou de machines qui sont assemblés pour remplir une fonction donnée.

Par exemple, le baladeur numérique est composé d'un boîtier, de boutons et de composantes électroniques qui sont assemblées de façon à permettre de stocker et d'écouter des fichiers musicaux.

7.2

Les systèmes technologiques peuvent être de diverses grandeurs. Ainsi, l'usine où l'on fabrique des baladeurs numériques est aussi considérée comme un système technologique. Elle est équipée d'un ensemble de machines et d'appareils reliés les uns aux autres.

7.3

Même si un système technologique peut se définir par certaines caractéristiques, il n'a pas de limites en soi. Ce qui est dans le système et ce qui n'en fait pas partie est arbitraire, peut varier : ce sont les personnes qui déterminent, en fonction de leurs besoins, les limites du système à concevoir, à analyser ou à fabriquer, etc. Pour le directeur de l'usine de baladeurs, par exemple, c'est l'usine entière qui sera considérée comme un système. Pour l'ouvrière spécialisée, ce sera plutôt la machine sur laquelle elle travaille. Pour le consommateur, ce sera le baladeur et le système de fonctionnement de l'appareil, par exemple.

Un système technologique doit bien sûr répondre au besoin pour lequel il a été conçu. Sa conception et sa fabrication nécessitent donc une planification précise. La gamme de fabrication est l'un des documents qui assurent la qualité de la production des différents éléments du système.

7.4
Une chaîne de montage d'appareils électroniques.

1 Qu'est-ce qu'un système ?

Tous les systèmes technologiques, qu'ils soient petits ou gros, simples ou complexes, partagent certaines caractéristiques essentielles et sont tous formés de composantes. Voyons, à l'aide de deux exemples, quelles sont ces caractéristiques.

1.1 Les caractéristiques d'un système

Le montage ci-dessous (illustration 7.5) peut être considéré comme un système puisqu'il est composé de plusieurs pièces assemblées en vue d'une fonction précise : celle d'éclairer. Pour que l'ampoule éclaire, on doit la connecter à un circuit électrique. L'électricité, en circulant dans le fil de tungstène qui se trouve dans l'ampoule, échauffe le fil jusqu'à ce qu'il devienne incandescent, c'est-à-dire qu'il émette de la lumière. On établit et on arrête l'alimentation électrique au moyen d'un interrupteur.

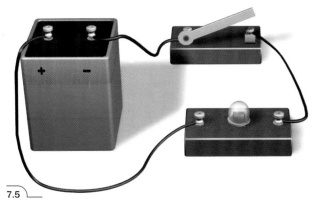

7.5

Un système d'éclairage simple.

Le système de chauffage domestique au mazout est un autre exemple de système. Il a comme fonction de chauffer la maison. Pour qu'il fonctionne, il doit être alimenté en mazout. En brûlant dans la fournaise, le mazout va réchauffer l'air qui sera réparti dans toute la maison par les conduits de ventilation. On peut contrôler la production de chaleur en réglant le thermostat.

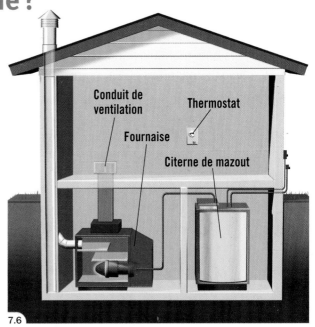

7.6

Un système de chauffage au mazout.

On voit donc que ces deux systèmes technologiques présentent certaines caractéristiques communes, qui sont résumées dans le tableau ci-dessous. Ils ont d'abord une fonction précise (❶). Pour fonctionner, les deux systèmes sont alimentés en énergie (❷). Ils fonctionnent chacun selon un principe précis (❸). En fonctionnant, ils vont produire ce qu'on attend d'eux (❹). Enfin, il est possible d'agir sur ces systèmes (❺).

Nous verrons plus loin comment on peut représenter ces caractéristiques sous la forme d'un schéma général (illustration 7.11, p. 188).

LES CARACTÉRISTIQUES D'UN SYSTÈME

Systèmes / Caractéristiques	Système d'éclairage	Système de chauffage au mazout
❶ Fonction globale	Éclairer	Chauffer
❷ Intrant	Électricité	Mazout
❸ Procédé	Incandescence	Combustion
❹ Extrant	Lumière	Chaleur
❺ Commande	Interrupteur	Thermostat

Voyons plus en détail chacune de ces caractéristiques.

La fonction globale

La fonction globale d'un système décrit ce que doit accomplir l'ensemble du système. Nous avons vu que la fonction globale du système de chauffage est de chauffer. Celle d'un moteur d'avion est de propulser l'avion dans l'atmosphère, celle d'un téléphone, de nous permettre de communiquer à distance.

Les intrants

Tout élément qui entre dans un système et est nécessaire à son fonctionnement est un intrant. Dans les deux exemples du tableau, nous n'avons mentionné qu'un seul intrant par système : l'énergie électrique et un combustible. Mais il y en a d'autres. D'ailleurs, tous les systèmes plus gros et complexes comportent plusieurs intrants.

Les intrants proviennent généralement de sept catégories de ressources. Prenons l'exemple d'une petite scierie pour illustrer chaque catégorie de ressources.

Catégorie de ressources des intrants dans une scierie

LES PERSONNES
Les travailleurs, qui fournissent l'énergie de travail ; la population qui, elle, fournit la demande en bois.

L'INFORMATION
Les connaissances qui permettent le fonctionnement de la scierie ; les notes de service à l'intention des employés.

LES MATÉRIAUX
Les billes de bois (le matériau principal).

LE MATÉRIEL
Les scies, les chariots, les camions, etc., tout ce qui sert à produire les planches de bois.

L'ÉNERGIE
La force musculaire, l'électricité, le carburant diesel pour les camions, etc.

LE CAPITAL
L'argent, les bâtiments et les terrains.

LE TEMPS
Le temps de production, de gestion, etc.

Les procédés

Les procédés sont une séquence d'actions que le système doit effectuer sur les intrants pour arriver à remplir sa fonction. Prenons l'exemple d'une sécheuse qui a pour fonction de sécher les vêtements. Les deux procédés qui agissent sont le chauffage de l'air et la ventilation. Le ventilateur, mis en marche par un moteur électrique, pousse de l'air chaud dans le tambour.

Les procédés agissent de plusieurs façons. Ils peuvent transformer des matériaux pour leur donner de nouvelles caractéristiques physiques, comme des billots de bois transformés en planches dans une scierie. Il s'agit alors d'un changement physique. Il peut aussi s'agir d'un changement chimique, comme dans le cas du pétrole brut transformé en essence dans une raffinerie. Les procédés peuvent aussi transformer l'énergie d'une forme à une autre, comme le système de l'éolienne qui transforme l'énergie du vent en énergie électrique.

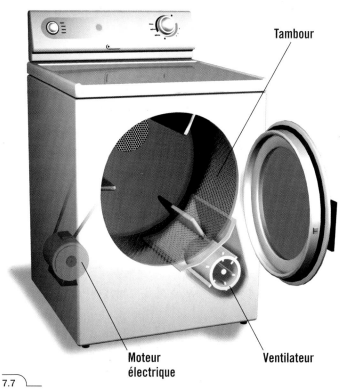

Tambour

Moteur électrique

Ventilateur

7.7

Dans le cas de la sécheuse, les procédés entraînent un changement physique : les vêtements mouillés deviennent secs.

Savez-vous que...

- En technologie, le temps se mesure fréquemment en nano-secondes (un milliardième de seconde, soit 10^{-9}).

- Les micro-ordinateurs peuvent effectuer des milliards d'opérations à la seconde.

- La fibre optique est un fil qui conduit la lumière. Le signal lumineux peut transmettre de grandes quantités d'informations numériques à des vitesses inimaginables et sur de très grandes distances. Cette technique a révolutionné la technologie des télécommunications.

7.8

Des fibres optiques.

Les extrants

Tout ce qui sort d'un système à la suite de son fonctionnement est un extrant. Il y a, bien sûr, les extrants prévus et désirés : c'est ce qu'on appelle les résultats. Par exemple, lorsqu'un véhicule automobile est mis en marche, l'extrant désiré est qu'il se déplace. Mais un extrant se produit rarement seul. Certains extrants sont prévus, mais non désirés. Ils sont considérés comme des déchets. Dans le cas d'un véhicule automobile, ce sont par exemple les gaz d'échappement qui polluent l'atmosphère et les huiles usées.

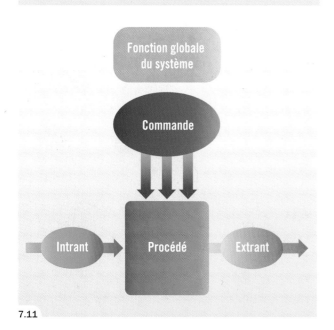

7.9
Le déplacement est l'extrant désiré du système de l'automobile ; les gaz d'échappement sont un extrant non désiré du système.

Les commandes

Les commandes permettent de contrôler ou de modifier ce qui se passe dans un système. Il existe plusieurs types de commandes. Elles peuvent être :

- mécaniques, comme la manette de dérailleur d'un vélo qui permet de changer de vitesse ;
- électriques ou électroniques, comme les touches d'un clavier ou la souris d'ordinateur ;
- optiques, comme les mécanismes d'ouverture des portes.

7.10
La télécommande de téléviseur fonctionne selon un procédé optique.

On représente très souvent les caractéristiques d'un système à l'aide d'un schéma comme celui qui est illustré ci-dessous (schéma 7.11).

Schéma général d'un système

7.11

Système d'éclairage simple

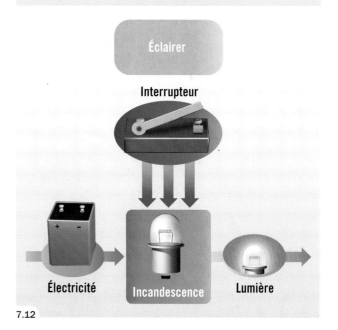

7.12

Voici quatre différents systèmes que nous avons cité en exemples* dans les pages précédentes. Ils sont représentés selon le schéma général d'un système.

Sécheuse

Scierie

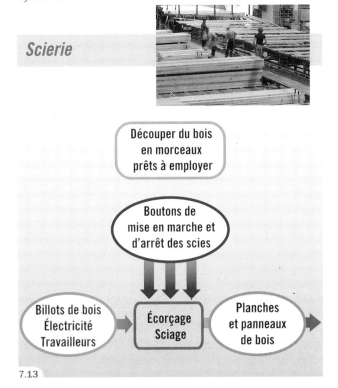

Découper du bois en morceaux prêts à employer

Boutons de mise en marche et d'arrêt des scies

Billots de bois Électricité Travailleurs → Écorçage Sciage → Planches et panneaux de bois →

7.13

Sécher les vêtements

Boutons divers pour régler le degré de chaleur, le temps de séchage, etc.

Vêtements mouillés Électricité → Chauffage Ventilation → Vêtements secs →

7.15

Téléviseur

Autobus

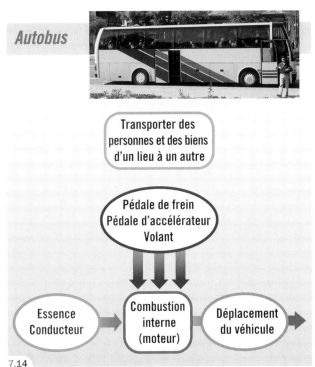

Transporter des personnes et des biens d'un lieu à un autre

Pédale de frein Pédale d'accélérateur Volant

Essence Conducteur → Combustion interne (moteur) → Déplacement du véhicule →

7.14

Recevoir et reproduire des images

Télécommande

Ondes Électricité → Composition des images au moyen de tubes cathodiques → Images sur l'écran du téléviseur →

7.16

* Ces exemples ne présentent pas la liste exhaustive des caractéristiques que sont les intrants, les extrants, les procédés et les commandes.

Léonard de Vinci :
un maître des systèmes

7.17

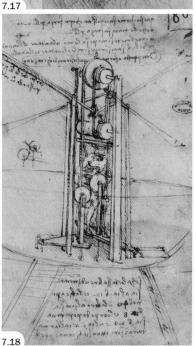

7.18

Un des innombrables croquis témoignant du génie de Léonard de Vinci. Celui-ci illustre une machine volante à quatre ailes. Le pilote, qui se tient debout au centre, actionne un jeu de cordes et de poulies.

Léonard de Vinci est né en 1452 dans un petit village d'Italie. Arrivé à Florence en 1469, il étudie la peinture, la sculpture et la gravure. Il travaille comme artiste indépendant durant une dizaine d'années avant de s'installer à Milan en 1482, où il se propose comme peintre, sculpteur, architecte et ingénieur. En 1513, il est appelé à Rome, par le Vatican, pour travailler à l'assèchement des marais qui empestent la ville.

Vers 1516, il se retrouve en France auprès du roi François Ier dont il devient le peintre, l'architecte et l'ingénieur attitrés. Il transforme et construit des châteaux, tout en peignant et en organisant des fêtes somptueuses. Léonard de Vinci meurt le 2 mai 1519.

L'œuvre scientifique de Léonard de Vinci est tout aussi importante que son œuvre artistique. Pourtant, ce grand inventeur est un autodidacte en sciences. C'est par l'observation méthodique et l'expérimentation qu'il est parvenu à un tel degré d'accomplissement. On dit, en effet, qu'il expérimentait sans cesse.

Léonard s'est intéressé à de nombreuses disciplines : les mathématiques, l'anatomie, la botanique, l'optique, l'hydraulique, la mécanique, l'astronomie. Le vol des oiseaux l'a tout particulièrement fasciné et inspiré. Il en a étudié le fonctionnement pendant des années : la structure et le mécanisme des ailes, la position des plumes et leur rôle, les articulations, etc. Il a créé plusieurs types de machines volantes dont certaines rappellent étrangement les ailes d'une chauve-souris.

Léonard de Vinci a tracé la voie aux scientifiques des générations futures. Plusieurs de ses inventions ont été redécouvertes par la science moderne, et leur principe est encore en usage. Parmi celles-ci, citons le rotor d'hélicoptère, la pompe, le marteau mécanique, l'horloge, le roulement à billes, l'odomètre.

1.2 Les composantes d'un système

Comme nous l'avons vu, un système a un certain nombre de caractéristiques. On peut le décrire ou l'analyser en fonction de celles-ci. Mais un système est aussi composé de pièces, de mécanismes, etc. On peut ainsi l'étudier dans toutes ses parties, en plus petites fractions. Par exemple, le système simple que constitue une ampoule électrique peut être divisé en quelques composantes : le globe de verre, le culot de métal, le filament, etc.

Les composantes d'un système sont les différents éléments qui le constituent, que ce soit ses pièces, ses mécanismes, ses appareils ou ses machines.

Revenons au système de l'autobus vu à la page 189. Seriez-vous capable de nommer toutes les composantes de ce système ? Probablement pas. Vous pourriez toutefois diviser le système en sous-systèmes : le système électrique, le système de freinage, le système de suspension, etc. Tous ces sous-systèmes pourraient à leur tour être divisés en composantes. Ainsi, le système de freinage comprend la pédale de frein, le réservoir d'huile de frein, les disques ou les tambours, etc. En réalité, vous pourriez aussi diviser ces composantes jusqu'à ce que vous arriviez aux composantes qui sont indivisibles, comme les plaquettes par exemple.

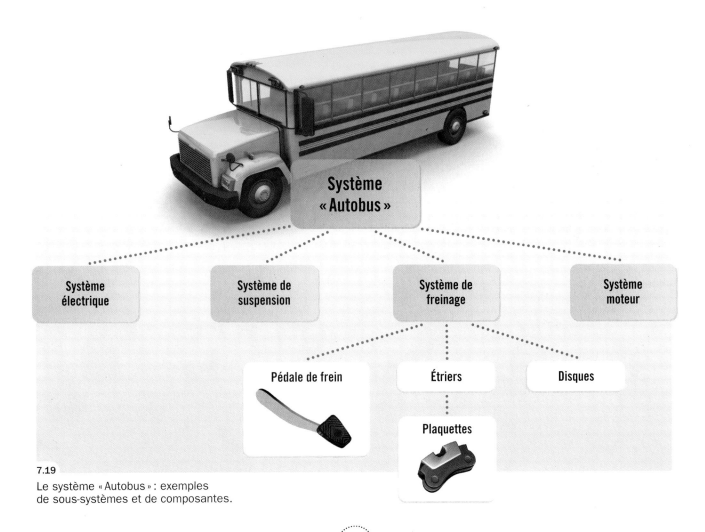

7.19
Le système « Autobus » : exemples de sous-systèmes et de composantes.

2 La gamme de fabrication

Lorsqu'il s'agit de fabriquer un système technologique, plusieurs avenues sont possibles. Il arrive que le concepteur d'un système simple fabrique lui-même le système. C'est le cas de l'artisan qui fabrique une horloge dans son atelier. Il connaît bien chacune des étapes à suivre et n'a pas besoin de faire de plan trop précis, car son horloge sera unique. Cependant, s'il faut produire en série, c'est-à-dire fabriquer des produits qui doivent tous avoir la même apparence, il est essentiel de planifier le travail. Il est même nécessaire de diviser le système en sous-systèmes pour bien en voir toutes les composantes, jusqu'aux pièces, et la façon dont chacune d'elles sera fabriquée.

Dans l'industrie, on a donc recours à un document qui permet de fabriquer une pièce, étape par étape, comme lorsqu'on suit une recette de cuisine. Il s'agit de la gamme de fabrication.

La gamme de fabrication décrit, pour une pièce donnée, une séquence d'opérations à réaliser, le temps d'exécution pour chacune ainsi que les matériaux et le matériel à utiliser.

En suivant chacune des opérations décrites dans la gamme de fabrication, on peut fabriquer une pièce donnée sans erreurs et dans les délais

7.20

Cette petite horloge est un système complexe qui comprend un certain nombre de pièces, et il serait difficile de la fabriquer sans faire de plan.

prescrits. Afin de produire l'horloge entière, il faudra suivre d'autres gammes de fabrication : une pour les aiguilles, une pour le cadre, etc. Une fois que toutes les pièces seront produites, on procédera à l'assemblage en utilisant une gamme d'assemblage.

À la page suivante, nous présentons un exemple d'une gamme de fabrication qui permettrait de fabriquer le cadran de l'horloge illustrée ci-dessus. Cette pièce consiste en un carton sur lequel sont tracés les chiffres indiquant les heures et au centre duquel sont fixées les aiguilles.

Les techniques de fabrication

Boîte à outils — Pages 276 à 278

7.21

Gamme de fabrication

Pièce : Cadran d'une horloge
Matériau : Carton blanc de 70 mm × 70 mm, épaisseur de 1 mm

> L'en-tête contient des renseignements généraux sur la pièce à fabriquer.

N°	Opération	Croquis	Matériel	Temps d'exécution
10	**Mesurage et traçage**		• Règle • Compas • Rapporteur d'angles • Crayon	15 min
11	Tracer un cercle de 64 mm de diamètre (symbole ∅) sur le carton.			
12	Faire un premier point fin sur le pourtour du cercle et inscrire le nombre 12 sous le point. Diviser le cercle en 12 parties égales de 30 degrés et placer les 11 autres points qui indiqueront les heures.			
13	Diviser à nouveau chaque partie en 5 sections égales de 6 degrés, puis tracer 4 traits qui indiqueront les minutes.			
20	**Usinage et formage**		• Ciseaux • Poinçonneuse	5 min
21	Découper le cercle en suivant bien la ligne de coupe.			
22	Percer un trou d'environ 4 mm de diamètre au centre du cercle.			
30	**Finition**		• Règle • Crayon-feutre noir à pointe moyenne	5 min
31	Mesurer de nouveau le diamètre du cercle pour vérifier qu'il est bien de 64 mm.			
32	Tracer les chiffres des heures de 1 à 11 sous les points. Repasser sur le chiffre 12 avec le marqueur.			

> Chaque section correspond à une opération générale (en caractères gras) décomposée en une série d'opérations plus précises.

Le développement de l'industrie

La révolution industrielle a commencé vers 1750 et a duré près d'un siècle. Elle correspond à une période d'innovations technologiques considérables qui ont eu lieu pour la plupart en Angleterre. On qualifie cette période de révolutionnaire, car elle a changé fondamentalement l'organisation du travail et le mode de vie des individus.

Les innovations technologiques apparues à cette époque sont nombreuses, mais elles sont rarement le fruit d'une découverte spontanée ou du génie d'un inventeur. Elles résultent davantage du perfectionnement d'une machine ou d'un procédé. C'est le cas de la machine à vapeur de James Watt, considérée comme l'invention par excellence de la révolution industrielle. D'autres avant lui, dont Thomas Newcomen en 1712, avaient imaginé des machines à vapeur.

7.22

La machine à vapeur de James Watt.

Mais Watt a développé « le mécanisme » permettant de produire de l'énergie et a ainsi rendu sa machine cinq fois plus puissante que celle de Newcomen.

La production des métaux, la métallurgie, constitue la seconde technologie en importance. Tout comme la vapeur, elle a favorisé la mécanisation des usines et l'amélioration des transports. La fonte du fer et la fabrication de l'acier ont permis de remplacer le bois dans la fabrication de toute une variété de produits, de la machine à coudre au bateau, en améliorant leur résistance, leur complexité et leur précision.

L'usine a pour sa part transformé radicalement les méthodes de travail. Avant 1750, les artisans, spécialisés chacun dans un domaine, fournissaient tous les produits disponibles sur les marchés. Il y avait des cordonniers, des savetiers, des menuisiers, etc. Au milieu du XVIIIe siècle, le travail des artisans fut peu à peu transféré dans les usines où les objets étaient fabriqués en série et revenaient moins chers.

Les artisans ont alors quitté leur boutique pour l'usine, allant rejoindre le surplus de paysans engendré par la mécanisation des outils agricoles. En raison des bas salaires, tous les membres de la famille se voyaient obligés de travailler à l'usine ou dans les mines. Dans ces milieux de travail insalubres, l'horaire se prolongeait jusqu'à 12 et 18 heures par jour et l'encadrement était très sévère. Les enfants commençaient à travailler très jeunes, parfois dès l'âge de cinq ans. La condition de ces ouvriers ne changera qu'à la fin du XIXe siècle, à la suite de révoltes.

7.23

Des enfants travaillant dans une usine textile. États-Unis, 1908.

Voici des suggestions d'activités qui vous permettront de mettre en pratique vos connaissances et vos compétences.

1. Un petit système à construire

Construisez un petit système technologique qui correspond au modèle suivant :

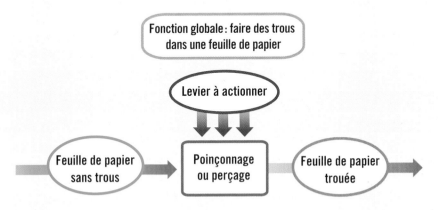

2. Sa propre gamme de fabrication

Vous voulez faire fabriquer un petit jouet simple par un de vos camarades. Pour qu'il soit capable de le faire tel que vous l'avez conçu, vous devrez lui fournir la gamme de fabrication de chacune des pièces du jouet.

Rédigez vous-même la gamme de fabrication d'au moins une pièce de votre jouet. Présentez ensuite votre document à votre camarade pour qu'il fabrique la pièce. Cette étape terminée, discutez de la pertinence de votre document en ce qui concerne la facilité d'exécution.

Qu'est-ce qu'un système ?

PAGES 185 À 191

1 Quelle est la différence entre un intrant et un extrant ?

2 Donnez deux exemples de ce qui peut être transformé par un procédé.

3 Reproduisez le tableau ci-dessous. Inscrivez des exemples pour chacun des types de commandes d'un système.

Type de commande	Exemples
Mécanique	
Électrique	
Optique	

4 Choisissez un petit système technologique que vous connaissez bien. Présentez ses caractéristiques dans un schéma en vous inspirant du schéma général d'un système reproduit ci-contre.

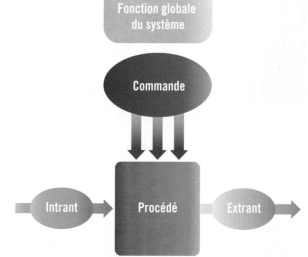

5 Reprenez le système technologique choisi à la question 4 et décrivez un de ses sous-systèmes avec ses composantes. Vous pouvez les présenter dans un organigramme semblable à celui qui est reproduit ci-dessous.

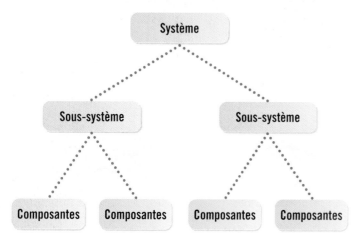

La gamme de fabrication......... PAGES 192 ET 193

6 Reproduisez et complétez la gamme de fabrication ci-dessous. Consultez au besoin les pages 276 à 278.

Gamme de fabrication
Pièce : Devant d'un tiroir
Matériau : Planche de bois de 200 mm × 400 mm, épaisseur de 20 mm

N°	Opération	Croquis	Matériel	Temps d'exécution
10	**Mesurage et traçage**			5 min
11	Mesurer une largeur de 150 mm sur la planche. Marquer trois points repères au crayon.	150 / 400		
12	Mesurer une longueur de 300 mm sur la planche. Marquer trois repères au crayon.	150 / 300		
13	Tracer les lignes de coupe en reliant les repères.	150 / 300		
20	**Usinage et formage**			15 min
21				
22	Percer un trou d'environ 5 mm de diamètre au centre de la pièce, où sera insérée la vis du bouton.			
30	**Finition**		• Règle • Râpe à bois • Bloc à poncer et papier émeri • Teinture • Pinceau	
31		150 / 300		
32				

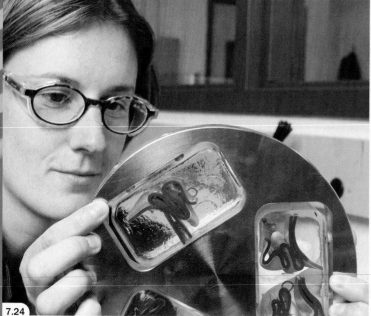

7.24
La technicienne en génie industriel examine des échantillons de métal avant d'en faire l'analyse métallographique.

7.25
Le travail de l'assembleur de matériel électronique demande beaucoup de minutie.

7.26
Les ingénieurs en informatique agissent à titre d'experts-conseils dans les entreprises.

L'étude, la conception ou la fabrication de systèmes touchent plusieurs domaines d'application technologique : les transports, l'alimentation, l'information, la production manufacturière, etc. Les métiers liés à des systèmes sont donc représentés dans toutes les sphères de la production.

Certains métiers consistent à fabriquer des systèmes en usine, en suivant des gammes de fabrication et d'assemblage. D'autres métiers sont axés sur la conception de nouveaux systèmes plus performants. Enfin, certains métiers requièrent des compétences dans l'analyse des systèmes.

À la page suivante, nous présentons quelques métiers se rapportant aux systèmes technologiques et les diplômes d'études requis pour pouvoir exercer ces métiers.

Diplômes d'études		
secondaires	collégiales	universitaires
• Réparateur de commandes électroniques • Opérateurs de machines d'usinage • Mécaniciens de véhicules automobiles • Outilleurs-ajusteurs • Assembleurs de matériel électronique ou informatique	• Technologues et techniciens en génie industriel et en génie de transformation • Analystes de systèmes informatiques • Technologues et techniciens en géologie et en minéralogie • Horairistes des transports et des équipages	• Informaticiens • Ingénieurs en logiciels • Gestionnaires de systèmes informatiques • Ingénieurs d'industrie et de fabrication

Profession : électromécanicien ou électromécanicienne de systèmes automatisés

Les électromécaniciens en systèmes automatisés assurent le fonctionnement, l'entretien et la réparation de l'équipement de production. Plus précisément, ils doivent faire fonctionner les machines, déterminer la cause des pannes, remplacer les pièces usées ou défectueuses.

Les électromécaniciens généralistes doivent connaître tous les types de systèmes : mécaniques, hydrauliques, pneumatiques, électriques et électroniques. Toutefois, ils peuvent se spécialiser dans certains systèmes, comme les moteurs électriques ou les transformateurs.

Ce métier demande un grand sens des responsabilités, car il faut intervenir au premier niveau. Il faut être en mesure de localiser rapidement les pannes pour que la reprise de la production se fasse dans les meilleurs délais. Il faut aussi être capable de travailler rapidement et sous pression lorsque la production est arrêtée.

Pour exercer le métier d'électromécanicien, il faut obtenir un diplôme d'études professionnelles (DEP). Les milieux de travail des électromécaniciens sont les entreprises d'entretien industriel, de fabrication de systèmes automatisés ou les entreprises manufacturières.

7.27

La polyvalence et la débrouillardise sont des qualités appréciées chez l'électromécanicienne de systèmes automatisées.

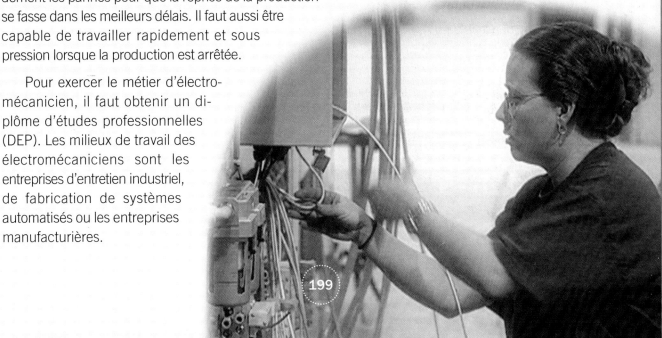

Le dieu techno

7.28
L'ordinateur et le téléviseur : des objets techniques omniprésents dans l'univers du XXIe siècle.

par Raynald Pepin

Brosse à dents électrique, écran de téléviseur géant, caméra numérique, démarreur à distance, baladeur, téléphone cellulaire, ordinateur portable... La technologie n'a pas de limite ! L'être humain invente sans cesse. Il perfectionne les techniques au point où une nouvelle génération de produits vient à peine d'être mise sur le marché qu'une autre est en train de germer dans la tête des concepteurs.

Tous ces objets qui nous entourent sont efficaces, performants, voire intelligents. Outils de travail ou de loisirs, plusieurs ont révolutionné notre mode de vie. Ils nous font gagner du temps, nous ouvrent au monde. Ils répondent à des besoins de plus en plus grandissants. Une fois entrés dans nos vies, ils deviennent souvent indispensables. À quel point la technologie influence-t-elle notre vie ?

7.29 Une ancienne machine à laver. Il fallait deux bons bras pour tirer les vêtements du tordeur!

7.30 Une machine à laver qui fonctionne toute seule!

7.33 Un petit téléviseur datant des années 1950.

7.34 Un grand écran, qui permet de recréer chez soi la magie de la salle de cinéma.

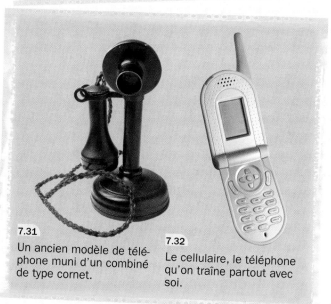

7.31 Un ancien modèle de téléphone muni d'un combiné de type cornet.

7.32 Le cellulaire, le téléphone qu'on traîne partout avec soi.

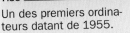

7.35 Un des premiers ordinateurs datant de 1955.

7.36 Le portable, l'ordinateur qu'on transporte avec soi.

Des inventions utiles

Parmi les inventions qui ont changé à jamais notre mode de vie, il y a la machine à laver automatique. On n'ose même plus imaginer laver les vêtements avec des machines à tordeur comme celles que nos grands-parents possédaient.

Le téléphone en est une autre. Depuis 1876, l'invention de M. Bell a fait des petits, des « très petits » même, si on pense au cellulaire! Les échanges ont pris une dimension planétaire et instantanée. Jadis réservé à ceux qui pouvaient se le payer, le téléphone est aujourd'hui dans tous les foyers. Et le cellulaire est en voie d'être dans toutes les poches! Dans

certains pays, un grand nombre d'enfants dispose d'un cellulaire. Cet instrument de communication, qui offre une grande mobilité, sécurise les parents.

Le premier téléviseur, lui, date des années 1930. De petite boîte devant laquelle on s'entassait à l'occasion, le soir, le téléviseur est devenu aujourd'hui omniprésent, en format géant ou réduit. Qui dit téléviseur (ou autre appareil audio), dit aussi télécommande. En envoyant des rayons infrarouges invisibles vers l'appareil, la télécommande nous permet de tout contrôler (le volume, le défilement des images, etc.) en restant bien assis dans nos fauteuils.

Le démarreur à distance, un type de télécommande conçu pour l'automobile, est de plus en plus populaire. Il permet de réchauffer le moteur et l'habitacle du véhicule pour notre plus grand confort.

Et que dire de l'ordinateur? Il est passé de l'énorme machine utilisant des cartes perforées au micro-ordinateur, puis au portable. Il est devenu un outil d'une grande polyvalence. On dispose aujourd'hui de toutes sortes de logiciels, de périphériques et, bien sûr, d'Internet, un réseau informatique mondial qui permet d'accéder à diverses ressources.

L'informatique est un domaine où la technologie innove sans arrêt. Une organisation humanitaire a mis sur pied un projet de portable à prix très modique (environ 100$) pour les populations des pays en développement. Son but est de donner accès aux enfants à une forme d'éducation moderne. Conçu et fabriqué avec la collaboration de chercheurs et d'entreprises, le tout petit ordinateur est très facile d'emploi. Il fonctionne à l'aide de piles que l'on recharge au moyen d'une manivelle et peut se transporter en bandoulière. Seuls les gouvernements pourront acheter ces ordinateurs, moyennant une commande minimale d'un million d'appareils.

Des inventions inoffensives?

Tous les objets dont nous venons de parler n'ont pas que de bons côtés. Souvent, nous préférons ne pas voir leurs inconvénients, convaincus de leur si grande utilité. Voyons un peu cet envers du décor…

Ainsi, les micro-ondes de la téléphonie cellulaire ne seraient pas inoffensives. On pense que ces micro-ondes peuvent affecter les cellules du corps humain (cerveau, nerfs auditifs, etc.). On s'interroge aussi sur les risques encourus par les enfants, dont le cerveau est en développement. L'usage du cellulaire au volant est lui aussi contesté, compte tenu des risques d'accidents de la route qu'il entraîne.

En ce qui concerne la télécommande, il faut savoir que certains circuits électriques d'un téléviseur ou d'un magnétoscope doivent être alimentés en permanence pour qu'elle fonctionne. Même éteints, ces appareils consomment donc de l'électricité (environ 5 watts). Les minichaînes stéréo, les répondeurs et les téléphones sans fil consomment eux aussi de l'énergie de façon continue (l'équivalent total d'une ampoule de 40 watts pour un coût annuel d'environ 20$). Si cela vous semble minime, multipliez par des millions de domiciles et vous obtiendrez la quantité d'énergie gaspillée.

L'utilisation du démarreur à distance peut aussi être à l'origine d'un grand gaspillage. S'il suffit de laisser tourner le moteur une minute avant de partir pour qu'il soit à une température acceptable, bon nombre d'utilisateurs le font tourner une dizaine de minutes. Compte tenu qu'un moteur consomme un à deux litres de carburant à l'heure, il est facile de brûler plus de 50 L d'essence en une année par cette pratique. Il faut aussi savoir qu'un véhicule dont le moteur est en marche, mais ne roule pas, pollue davantage.

Une réflexion critique

- D'après vous, à quoi doit servir l'avancement technologique? À l'économie? Au bien-être commun? À la science?

- Connaissez-vous d'autres désavantages aux objets mentionnés dans ce texte? Croyez-vous, par exemple, qu'un portable, même à 100$, puisse être utile à une population qui ne mange pas à sa faim tous les jours?

- Êtes-vous un consommateur averti, réfléchi? Êtes-vous toujours à l'affût du nouveau modèle, de la nouvelle invention ou du nouveau gadget?

Chapitre 8

Les forces et les mouvements

8.1
Une éolienne servant à produire de l'électricité.

Le système d'éclairage électrique, le poêle à bois, la cuisinière à gaz, le chauffe-eau solaire et le système de chauffage au mazout sont tous des systèmes technologiques qui fonctionnent grâce à une source d'énergie naturelle (le vent, l'eau, le bois, etc.). Cette énergie, disponible dans la nature, doit cependant subir une transformation pour être utilisée. Les procédés et les systèmes à l'œuvre dans cette transformation sont très divers. Par exemple, la puissance du vent est transformée en énergie électrique à l'intérieur des éoliennes; le bois est transformé en énergie thermique à l'intérieur d'un poêle par la combustion.

Dans ce chapitre, il sera ainsi question de la transformation de l'énergie dans les systèmes technologiques.

Il sera aussi question des « machines simples » et des mécanismes de transformation et de transmission du mouvement. Ceux-ci servent à multiplier ou à diviser les forces et à agir sur les mouvements à l'intérieur des systèmes technologiques.

8.2
Une machine simple pour multiplier les forces. Celle-ci est même devenue un jeu!

1 Les transformations de l'énergie

Très tôt dans l'histoire, l'être humain a cherché des façons de tirer parti des formes d'énergie qui s'offraient à lui. Avec le temps, il a développé différentes techniques en vue de les maîtriser et de les exploiter pour diverses tâches. Peu à peu, il a conçu des machines et des systèmes pour transformer des formes d'énergie en d'autres formes d'énergie plus utiles.

Prenons l'exemple du moulin, cette ingénieuse machine qui servait à moudre le grain, c'est-à-dire à écraser les grains de céréales pour en faire de la farine. Au début, cette tâche s'effectuait manuellement : on mettait les grains entre deux pierres (une grande plate et une petite ronde) et on frottait les pierres ensemble. Puis, on a construit des moulins pour effectuer cette tâche. Avec les moulins à vent, on exploita l'énergie éolienne, une forme d'énergie que l'on utilisait depuis longtemps pour la navigation à la voile. C'est le vent qui, en faisant tourner les pales du moulin, entraîne le mouvement d'une pierre sur l'autre au moyen de roues dentées. Avec les moulins à eau, on a exploité l'énergie hydraulique : au lieu du vent qui fait tourner des pales, c'est le mouvement de l'eau qui actionne une roue, appelée « roue à aubes ».

1.1 Les principales formes d'énergie utiles

Les formes d'énergie dites plus utiles sont principalement de quatre types : mécanique, thermique, lumineuse et électrique.

L'énergie mécanique

L'énergie mécanique est l'énergie due au mouvement ou à l'état d'un corps.

Beaucoup de systèmes technologiques sont conçus pour créer du mouvement ou fonctionnent grâce au mouvement. Dans le moulin à vent, par exemple, on voulait faire bouger des meules pour moudre du grain. On transformait alors l'énergie éolienne en mouvement : le mouvement des pales d'abord, puis celui des meules. Ce type d'énergie lié au mouvement est de l'énergie mécanique.

8.4
Un moulin à vent.

8.3
L'intérieur d'un moulin à vent.

Meule

L'énergie thermique

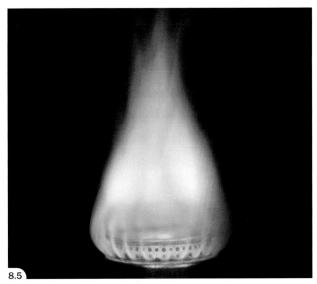

8.5
L'énergie thermique produite par la combustion du gaz naturel sur une cuisinière à gaz.

L'énergie thermique est l'énergie transférée sous forme de chaleur. Elle est due à l'agitation des particules de la matière.

L'énergie thermique est produite par la combustion de diverses matières (bois, pétrole, etc.). Cette forme d'énergie peut être utilisée directement, par exemple pour chauffer l'air dans un système de chauffage ou l'eau dans un chauffe-eau. Dans les centrales thermiques classiques (voir page 208), elle est transformée en mouvement pour produire de l'électricité.

L'énergie lumineuse

L'énergie lumineuse est l'énergie transportée par la lumière.

L'énergie lumineuse est une autre forme d'énergie recherchée par les êtres humains. Il existe plusieurs sources de lumière et il y a transformation d'énergie dans chaque cas. Par exemple, la combustion (réaction chimique) d'une bougie ou de bois produit une flamme, qui est de l'énergie lumineuse. Il y a aussi l'énergie électrique qui est transformée en énergie lumineuse au moyen de lampes, d'enseignes, etc.

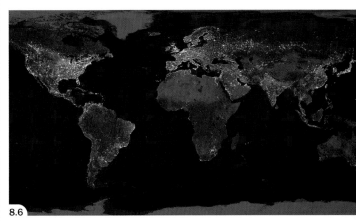
L'énergie électrique

L'énergie électrique est l'énergie engendrée par le déplacement de l'électricité.

L'énergie électrique est une forme d'énergie qui peut être produite à partir de la plupart des sources d'énergie. Elle-même peut être transformée en plusieurs autres formes d'énergie. Nous verrons plus loin quelques-unes de ces transformations.

8.7
Un alternateur d'automobile. L'alternateur est le principal système qui permet de produire de l'électricité.

1.2 Des manifestations naturelles de l'énergie aux formes d'énergie utiles

Comment se font les transformations de l'énergie? Comment parvient-on à produire ces formes d'énergie utiles que nous venons de décrire, soit l'énergie mécanique, l'énergie thermique, l'énergie lumineuse et l'énergie électrique? Voyons quelques exemples à partir de manifestations naturelles de l'énergie.

L'énergie solaire

L'utilisation de l'énergie provenant du rayonnement solaire existe depuis la nuit des temps. Encore aujourd'hui, certaines populations font sécher du poisson ou des fruits au soleil, sur des séchoirs ou directement sur le sol. Au cours du siècle dernier, on a développé des techniques permettant de transformer l'énergie solaire en énergie électrique et thermique.

Pour produire de l'électricité, on utilise des panneaux solaires photovoltaïques. Ces panneaux transforment directement une partie du rayonnement solaire en courant électrique. On installe souvent de tels panneaux dans des régions où il est difficile de transporter l'électricité, mais la production reste limitée.

8.8
Plusieurs modèles de calculatrices fonctionnent à l'énergie solaire. Ils sont munis de minuscules panneaux (cellules) photovoltaïques.

Pour la transformation de l'énergie solaire en énergie thermique, on utilise des panneaux solaires thermiques. Ces panneaux captent directement le rayonnement solaire au moyen de tubes dans

lesquels circule un gaz ou un liquide (comme l'eau froide). L'énergie solaire est transmise sous forme de chaleur (énergie thermique) à l'eau. L'eau réchauffée est alors acheminée aux éléments d'une habitation, comme le chauffe-eau (illustration 8.10).

8.9
Le toit de cette maison est recouvert de quelques panneaux solaires thermiques. On peut voir les tubes dont ils sont composés.

Rayonnement solaire

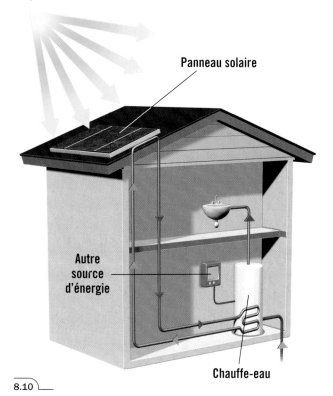

8.10
Le fonctionnement d'un chauffe-eau solaire. Comme il ne fait pas toujours soleil, on prévoit une autre source d'énergie, par exemple l'électricité.

L'énergie hydraulique

Plusieurs techniques permettent de transformer l'énergie hydraulique fournie par le mouvement de l'eau en d'autres formes d'énergie. Autrefois, le moulin à eau utilisait l'énergie hydraulique pour actionner des mécanismes. Les toutes premières scieries (usines de transformation des billes de bois en planches), appelées d'ailleurs « moulins à scie », utilisaient cette énergie pour faire fonctionner les scies.

Aujourd'hui, on transforme surtout l'énergie hydraulique en énergie électrique à l'aide de turbines et d'alternateurs (appareils qui génèrent de l'électricité) dans les centrales hydroélectriques (illustration 8.12).

8.11

Imaginez la force qu'il faut pour actionner la turbine de cette centrale hydroélectrique.

L'énergie éolienne

Autrefois, l'énergie éolienne a été exploitée au moyen de moulins à vent pour moudre le grain ou pomper l'eau. Aujourd'hui, l'énergie éolienne sert principalement à produire de l'énergie électrique au moyen d'éoliennes. Cette transformation n'est pas directe. Le vent produit d'abord une énergie mécanique en faisant tourner les pales de l'éolienne, puis un alternateur convertit cette énergie mécanique en énergie électrique.

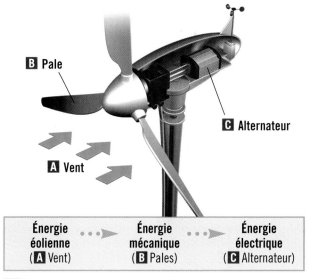

8.13

Les transformations de l'énergie dans une éolienne.

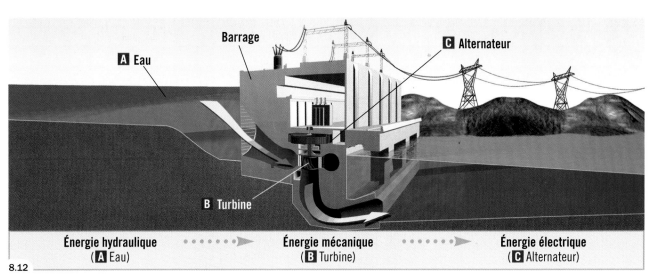

8.12

Les transformations de l'énergie dans une centrale hydroélectrique.

Les énergies fossiles

Les énergies fossiles, comme le pétrole ou le gaz naturel, sont transformées en énergie thermique par la combustion. C'est pour cette raison qu'on dit que le pétrole et le gaz sont des combustibles. Par exemple, dans un système de chauffage à air chaud au gaz, le combustible qui brûle réchauffe l'air qui circule dans les conduits de ventilation.

D'autres systèmes, comme le moteur à essence, permettent de transformer les énergies fossiles en énergie thermique, puis en énergie mécanique. On utilise également les énergies fossiles dans les centrales thermiques pour produire de l'électricité (illustration 8.14).

L'énergie nucléaire

Depuis les années 1960, on utilise de l'énergie nucléaire pour produire de l'électricité à l'intérieur de centrales nucléaires. Des réactions produisent un rayonnement qui est transformé en énergie thermique. Comme dans la centrale thermique, cette énergie thermique actionne une turbine qui fait tourner un alternateur (énergie électrique).

La biomasse

Les diverses formes de biomasse, comme le bois et la tourbe, servent essentiellement de combustibles. La biomasse peut servir à remplacer les combustibles fossiles.

La combustion de ces matières produit de l'énergie thermique. Celle-ci peut être utilisée directement pour le chauffage ou servir à produire de l'électricité.

8.15
La tourbe est un combustible utilisé depuis très longtemps dans certains pays d'Europe.

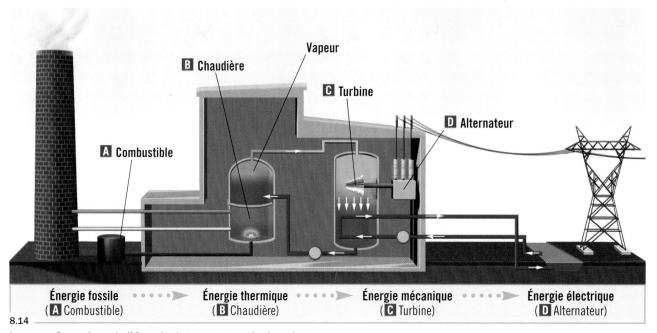

Vapeur

B Chaudière

C Turbine

D Alternateur

A Combustible

Énergie fossile	Énergie thermique	Énergie mécanique	Énergie électrique
(**A** Combustible)	(**B** Chaudière)	(**C** Turbine)	(**D** Alternateur)

8.14
Les transformations de l'énergie dans une centrale thermique.

- La cuisson solaire est une technique d'une extrême simplicité. Des panneaux réfléchissent le rayonnement solaire, de façon à concentrer les radiations sur le récipient. Le récipient noir placé au centre est enfermé dans un autre contenant en plastique résistant à la chaleur, ce qui crée un effet de serre. Dans un cuiseur solaire, la température peut atteindre 150 °C. Dans certains pays, la cuisson solaire remplace la cuisson au charbon de bois.

8.16
Un cuiseur solaire à panneaux réfléchissants.

1.3 Les transformations de l'énergie électrique

L'utilisation de l'énergie électrique est très récente dans l'histoire de la technologie : elle a à peine une centaine d'années. Cependant, elle s'est vite répandue. Nous avons vu que toutes les formes d'énergie peuvent être transformées en énergie électrique. Mais l'énergie électrique contribue beaucoup, elle aussi, à fournir d'autres formes d'énergie. Voici quelques exemples :

L'énergie électrique

- chauffe des éléments qui émettent de la lumière.　···▶ **Énergie lumineuse**

- fait tourner des moteurs.　···▶ **Énergie mécanique**

- chauffe des éléments qui émettent de la chaleur.　···▶ **Énergie thermique**

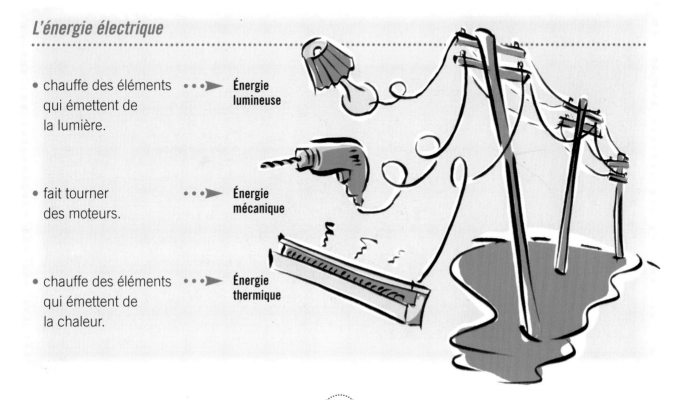

2 Les machines simples

Machine à coudre, machine à laver, machine à café, machine à écrire… Le mot « machine » sert à désigner une grande variété d'objets, à usage domestique ou industriel. Ces machines ont-elles quelque chose en commun ? Oui : toutes sont un ensemble de mécanismes qui permettent d'effectuer diverses opérations. Les mécanismes, quant à eux, sont constitués d'un ensemble de pièces.

Le terme « machine » est présent aussi dans l'expression « machine simple ». Celui-ci désigne alors certains éléments ou pièces.

Une machine simple est un dispositif comportant peu de pièces et permettant d'utiliser l'énergie mécanique de manière plus efficace ou plus confortable, souvent en réduisant la force nécessaire pour effectuer un même travail.

8.17
Dans l'illustration B, la pelle est utilisée comme levier, ce qui permet de soulever la motte de terre.

Le levier illustre très bien ce qu'est une machine simple. Observez l'illustration 8.17. Vous êtes-vous déjà trouvé dans cette situation ? Si oui, vous aurez constaté que le levier permet d'exercer une <u>force</u> beaucoup moins grande pour soulever une charge que si vous l'aviez soulevée directement avec vos mains.

Les machines simples nous permettent d'utiliser l'énergie pour effectuer un mouvement de façon plus efficace. Elles ont parfois aussi comme effet de modifier un mouvement, de changer sa direction ou sa nature. De nombreux mécanismes de transmission et de transformation du mouvement comportent des machines simples.

Nous verrons dans les sections suivantes quatre machines simples très répandues :

- le plan incliné ;
- le levier ;
- la roue ;
- la poulie.

2.1 Le plan incliné

Un plan incliné est une surface plane qui est placée à angle par rapport à l'horizontale et qui sert à diminuer la force requise pour descendre ou monter une charge.

Examinons l'illustration 8.18 à la page 211. En **A**, la force à exercer pour soulever la boîte est égale au poids de la boîte.

En **B** et **C**, une partie du poids de la boîte est supportée par le plan incliné. La force à exercer est moindre que sans plan incliné, mais il faut déplacer la boîte sur une plus grande distance. Plus la pente du plan incliné est faible, moins la force à exercer est grande.

Pour qu'un plan incliné soit efficace, il doit y avoir le moins de frottement possible entre la charge et la surface du plan. C'est pourquoi on utilise des chariots pour déplacer les charges.

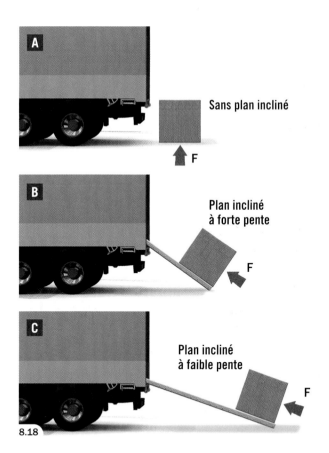

Sans plan incliné

Plan incliné
à forte pente

Plan incliné
à faible pente

8.18

Les routes construites à flanc de montagne sont de très longs plans inclinés. La force nécessaire pour les gravir, à pied comme en automobile, est alors moindre que si l'on emprunte le chemin le plus court, c'est-à-dire la ligne droite, le long de la pente.

8.19

Une route en lacet à flanc de montagne.

Le coin et la vis sont deux autres machines simples qui sont dérivées du plan incliné.

Le coin

Le <u>coin</u>, qui consiste en deux plans inclinés mis dos à dos, sert à minimiser la force nécessaire pour séparer des objets. La hache ainsi que la proue d'un navire sont des exemples de coins.

La vis

La <u>vis</u> n'est rien d'autre qu'un plan incliné enroulé

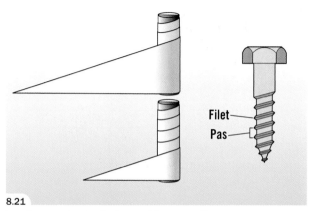
8.20

autour d'un axe (schéma 8.21). Le principe de la vis est le suivant : une force en rotation est appliquée de façon que la vis fasse un <u>mouvement de translation</u> (de haut en bas) grâce à son filet. La force produite dépend du pas de la vis : le pas de la vis est l'espace entre les lignes du filet. Plus le pas est rapproché, plus la vis produira une grande force par rapport à la force en rotation. C'est pourquoi on utilise des vis pourvues d'un filet serré pour percer des matériaux durs ou les retenir solidement. Dans ce dernier cas, la vis est utilisée comme élément de <u>liaison</u>.

Filet
Pas

8.21

La vis : un plan incliné enroulé autour d'un axe.

La vis sans fin est présente dans plusieurs systèmes, comme la souffleuse à neige. Dans ces systèmes, la vis ne s'enfonce pas en tournant ; ce sont plutôt les pièces autour d'elle qui se déplacent pendant qu'elle tourne.

8.22
Dans cette usine de traitement de l'eau, on fait monter l'eau au moyen d'immenses vis sans fin (appelées aussi « vis d'Archimède »).

2.2 Le levier

Un levier est une machine simple composée d'une pièce rigide pivotant sur un point d'appui.

Le levier est une machine simple très répandue. Son utilisation est connue depuis l'Antiquité. Le savant grec Archimède aurait affirmé : « Donnez-moi un point d'appui et je soulèverai le monde. »

Le levier permet de réduire la force nécessaire pour effectuer une tâche. Il est présent dans un grand nombre de mécanismes (de transmission et de transformation du mouvement, par exemple) à l'intérieur d'objets techniques.

La balançoire à bascule est l'un des exemples de levier le plus facile à se représenter. Imaginez que vous vouliez soulever une personne un peu plus lourde que vous. Vous pourriez peut-être réussir en la soulevant avec vos bras, mais ce serait sûrement difficile. Cependant, sur une balançoire à bascule, ce serait relativement facile.

8.23

Dans un levier, trois éléments entrent en jeu : la force motrice, le point d'appui et la force résistante (appelée parfois la « charge »). On contrôle la force motrice en modifiant la distance entre l'endroit où l'on applique la force motrice et le point d'appui, ainsi que la distance entre le point d'appui et la force résistante (illustration 8.24).

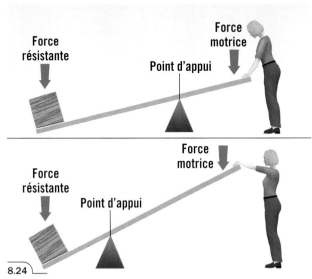

8.24
Sur quel levier faudra-t-il exercer une plus grande force pour soulever la charge ?

Il existe trois types de levier selon l'endroit où s'exercent les différentes forces par rapport au point d'appui.

Type A : Les ciseaux

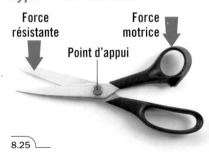

8.25

Le point d'appui est situé entre les deux forces. La balançoire à bascule et la pince électrique appartiennent à ce type.

Type B : Le casse-noix

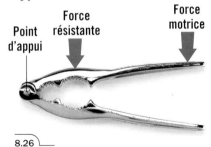

8.26

La force résistante est située entre la force motrice et le point d'appui. La brouette et le décapsuleur appartiennent à ce type.

Type C : La pince à épiler

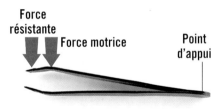

8.27

La force motrice est située entre le point d'appui et la force résistante. Le bâton de hockey et la canne à pêche appartiennent à ce type.

---

arrefour Mathématique

La distance et la force dans un levier

La relation entre la distance et la force dans un levier est connue depuis longtemps : plus la distance d_2 est grande par rapport à d_1, plus la force motrice nécessaire (F_2) pour soulever un objet est faible.

On exprime cette relation mathématique comme suit :

$$F_1 \times d_1 = F_2 \times d_2$$

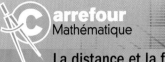

Illustrons cette relation par un exemple. Il faut soulever une pierre qui a un poids (F_1) de 100 N. (Le poids représente la force avec laquelle la Terre attire la pierre. Le newton (N) est l'unité de force.)

On place le point d'appui à 1 m de la pierre (d_1 = 1 m). La distance entre la force motrice et le point d'appui (F_2) est de 2 m (d_2 = 2 m).

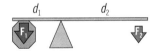

La force motrice (F_2) sera :

$$F_1 \times d_1 = F_2 \times d_2$$
$$100 \text{ N} \times 1 \text{ m} = F_2 \times 2 \text{ m}$$
$$F_2 = 50 \text{ N}$$

Ce sera donc deux fois moins forçant que de soulever la pierre avec les bras.

Inversons la situation. On place le point d'appui à 2 m de la pierre (d_1 = 2 m). La distance entre la force motrice et le point d'appui est de 1 m (d_2 = 1 m).

La force motrice (F_2) sera :

$$F_1 \times d_1 = F_2 \times d_2$$
$$100 \text{ N} \times 2 \text{ m} = F_2 \times 1 \text{ m}$$
$$F_2 = 200 \text{ N}$$

On forcera deux fois plus de cette façon qu'en soulevant la pierre avec les bras. Conclusion : deux bras valent mieux qu'un levier mal utilisé !

2.3 La roue

8.28
Une roue motrice de bicyclette.

La roue que l'on utilise comme machine simple est toujours attachée à un essieu, qui est l'axe situé en son centre.

Une roue est une machine simple dans laquelle on utilise la différence de grosseur entre l'essieu et la roue pour diminuer la force à appliquer ou pour augmenter la distance à parcourir.

Ainsi, en appliquant une force sur le contour de la roue, on peut exercer indirectement une grande force sur l'essieu. C'est le principe du cabestan, que l'on utilisait sur les bateaux pour remonter l'ancre manuellement. Les cabestans sont aujourd'hui munis d'un moteur.

8.29
La force appliquée sur le pourtour de la roue fait en sorte que la corde du cabestan s'enroule autour de l'essieu.

Inversement, si l'on exerce une grande force sur l'essieu, on créera un grand déplacement de la roue. C'est de cette façon que fonctionnent les roues motrices d'une automobile. Le moteur de l'automobile fait tourner des pièces qui font tourner avec une très grande force l'essieu des roues, entraînant un grand déplacement de la roue.

2.4 La poulie

Une poulie est une machine simple composée d'une roue comportant une gorge (rainure) dans laquelle se déplace une corde.

Utilisée seule, une poulie permet de modifier la direction d'un mouvement. En combinaison avec d'autres poulies, elle permet de diviser la force à appliquer pour soulever une charge.

On utilise des petites ou des grandes poulies dans plusieurs objets techniques. Sans vous en rendre compte, vous utilisez souvent des objets comportant des poulies : les stores horizontaux, par exemple, sont munis de poulies qui permettent de les remonter lorsque l'on tire sur la corde.

8.30
Sur un voilier, les poulies permettent de hisser les voiles avec moins d'effort.

À l'origine de la technologie : des machines toutes simples

8.31

Cette illustration de 1775 représente un fermier transportant ses récoltes dans une brouette à voile.

Les peuples de l'Antiquité connaissaient les sources d'énergie naturelle que sont le Soleil, le vent et l'eau. Ils avaient inventé des machines toutes simples actionnées par ces sources d'énergie combinées avec la force humaine. Ainsi, 2000 ans av. J.-C., le pharaon Amenemhat III se déplaçait dans le désert égyptien sur des brouettes à voile. Au VIe siècle av. J.-C., les Chinois construisaient des chars en bambou munis d'une voile. Ces véhicules pouvaient transporter une trentaine de personnes. Quelques siècles plus tard, pour édifier la Grande Muraille, ils transportaient certains matériaux dans des brouettes à voile. La poulie, le treuil, le soufflet et la catapulte étaient aussi largement utilisés.

Les Anciens considéraient ces mécanismes comme une sorte de prolongement des organes qui imitaient le fonctionnement de la nature. Leurs machines étaient presque toujours fabriquées en bois, et leur amélioration visait des résultats et des usages immédiats. Le moulin à eau, cette machine qui fournissait de l'énergie mécanique, illustre bien cette conception de la technique chez les Anciens. Inventé au Ier siècle av. J.-C., il ne servait qu'à moudre le grain. Ce n'est que vers le Xe siècle qu'on a commencé à utiliser le moulin à eau pour d'autres usages, comme fouler la laine.

Les peuples de l'Antiquité n'imaginaient pas non plus le progrès technique, et la notion de productivité leur était étrangère. Autrement dit, ils ne construisaient pas des machines pour fabriquer rapidement une plus grande quantité de produits à mettre sur le marché. Ils le faisaient dans le seul but de faciliter leurs travaux de construction ou de gagner des guerres, par exemple.

Les connaissances des Anciens et les moyens dont ils disposaient étaient limités. Mais c'est aussi leur perception de la machine qui explique le peu de progrès technique accompli pendant l'Antiquité.

8.32

Une catapulte du Moyen Âge. Cette ancienne machine de guerre est un puissant levier.

3 Les mécanismes de transmission du mouvement

Les mécanismes de transmission du mouvement sont des mécanismes qui transmettent le même type de mouvement d'une partie d'un objet à une autre. Il peut s'agir d'un mouvement de translation, d'un mouvement de rotation ou d'un mouvement hélicoïdal.

Voyons différents mécanismes de transmission du mouvement que l'on trouve à l'intérieur des objets techniques :

- les roues de friction ;
- les engrenages ;
- les poulies et la courroie ;
- les roues dentées et la chaîne ;
- le cardan.

8.33

3.1 Les roues de friction

Les roues de friction sont un mécanisme qui transmet un mouvement de rotation d'une pièce à une autre par simple contact, grâce au frottement (qu'on appelle aussi « friction ») entre les deux roues. C'est le mécanisme qu'on trouve à l'intérieur des magnétophones

et des souffleuses à neige, par exemple. Ce mécanisme a l'avantage d'être très silencieux. Cependant, si le frottement des deux roues n'est pas assez grand, celles-ci peuvent glisser l'une sur l'autre et ne pas transmettre le mouvement.

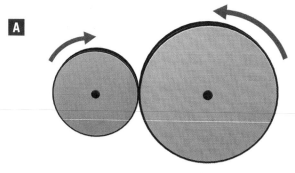

8.34

Le mouvement des roues de friction peut être sur le même plan (**A**) ou sur deux plans différents (**B**).

8.35

La roue de la dynamo s'appuie sur la roue (le pneu) de la bicyclette. Les roues de friction sont ici perpendiculaires.

3.2 Les engrenages

Les engrenages sont des ensembles de roues dentées qui servent à transmettre un mouvement de rotation d'une pièce à une autre. On les utilise pour diminuer ou augmenter la vitesse d'un mouvement à l'intérieur d'un objet technique.

Selon la grandeur des roues et le nombre de dents qu'elles contiennent, les engrenages permettent de contrôler la vitesse d'un mouvement de rotation. Par exemple, on pourra utiliser une petite roue motrice tournant très rapidement pour entraîner la rotation d'une plus grande roue pourvue d'un plus grand nombre de dents. Cette grande roue tournera plus lentement. C'est ce que montre le schéma 8.36.

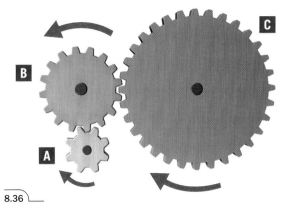

8.36

Une petite roue motrice (**A**) fait tourner une roue menée (c'est-à-dire qui reçoit le mouvement) moyenne (**B**) qui, à son tour, fait tourner une deuxième roue menée encore plus grande (**C**).

8.37

L'intérieur d'une montre à aiguilles. L'un des avantages des engrenages est que l'on peut les superposer les uns aux autres pour qu'ils occupent moins d'espace, comme dans cette montre.

3.3 Les poulies et la courroie, les roues dentées et la chaîne

Les mécanismes de transmission du mouvement poulies-courroie et roues dentées-chaîne fonctionnent selon un même principe. On les utilise pour transmettre un mouvement de rotation à des pièces qui sont à une certaine distance les unes des autres.

Les poulies et la courroie

De nombreux objets techniques sont munis du mécanisme poulies-courroie. L'alternateur d'une automobile, qui sert à produire l'électricité, en est un exemple.

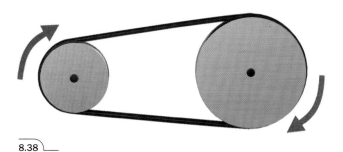

8.38

L'avantage de ce mécanisme est que les deux poulies peuvent être à une très grande distance l'une de l'autre, comme dans une corde à linge. Un désavantage est que la courroie peut glisser sur la poulie si la force à exercer est trop grande.

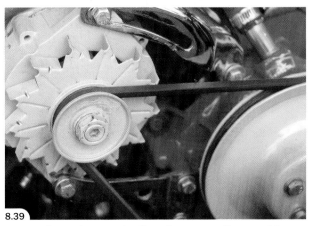

8.39

Les poulies et la courroie d'un alternateur d'automobile.

Les roues dentées et la chaîne

Dans le mécanisme composé de roues dentées reliées par une chaîne, la transmission du mouvement se fait au moyen des dents qui s'engrènent dans les mailles de la chaîne.

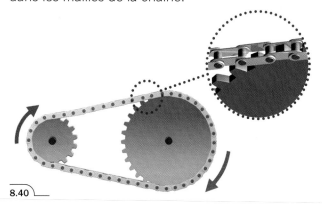

8.40

8.42

La bicyclette est un exemple que vous connaissez bien. Le mécanisme roues dentées-chaîne transmet le mouvement de rotation du pédalier à la roue arrière. Dans ce mécanisme, la chaîne a l'avantage de ne pas glisser sur les roues dentées, contrairement à la courroie sur des poulies. Cela permet donc d'exercer une plus grande force. Cependant, on doit lubrifier les pièces, c'est-à-dire appliquer une graisse ou une huile, pour que la chaîne fasse correctement son travail. C'est pourquoi c'est si salissant de replacer une chaîne de vélo!

3.4 Le cardan

On utilise le cardan, appelé aussi « joint de cardan », pour transmettre un mouvement de rotation entre deux arbres (ou axes, c'est-à-dire des pièces allongées qui reçoivent ou transmettent un mouvement de rotation) dont l'orientation peut varier.

On trouve des cardans au niveau des roues motrices d'une automobile. C'est ce qui permet au moteur de transmettre le mouvement aux roues, quelle que soit leur orientation.

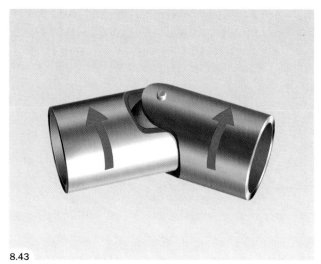

8.41
Les roues dentées et la chaîne d'une bicyclette.

8.43
Un cardan.

Rudolf Diesel :
un ingénieur qui refuse le gaspillage

8.44

Rudolf Diesel est né à Paris en 1858 de parents bavarois (de la Bavière, en Allemagne). Au moment de la guerre franco-allemande de 1870, sa famille se réfugie à Londres (Angleterre) en raison de ses origines allemandes. C'est en visitant les musées de la ville que le jeune Rudolf développe une passion pour la science et l'ingénierie.

Après la guerre, ses parents l'envoient en Allemagne. Il fait ses études en génie mécanique à l'École polytechnique de Munich. Cela l'amène à travailler dans une entreprise de machines à vapeur et de réfrigération. Là, il est scandalisé de constater que les machines à vapeur, très utilisées à l'époque, gaspillent une énorme quantité de carburant : plus de 90 % est brûlé en pure perte.

Vers la fin des années 1880, l'ingénieur Diesel rédige un article historique dans lequel il décrit ce que pourrait être un moteur à combustion interne d'un nouveau genre. En fait, il développe l'idée d'un moteur à compression. Contrairement au moteur à explosion, où c'est une étincelle qui met le feu au carburant, le nouveau procédé de Diesel utilise la compression de l'air. L'air s'échauffe et sa température devient suffisamment élevée pour que les vapeurs du carburant s'enflamment.

En 1893, Rudolf Diesel fait breveter son procédé. Ainsi protégé, il peut prendre le temps de construire son moteur. Cinq ans plus tard, il dépose un autre brevet, cette fois-ci pour une invention bien réelle. Le « moteur diesel » est né. Ce moteur est conçu pour fonctionner à l'huile végétale – le premier prototype utilisait l'huile d'arachide !

8.45

Rudolf Diesel, debout à côté de son invention, en 1893.

Rudolf Diesel disparaît dans des circonstances mystérieuses en septembre 1913, alors qu'il voyage à bord d'un bateau à destination de l'Angleterre.

Le moteur diesel équipe aujourd'hui la majorité des véhicules lourds, comme les bateaux, les locomotives et les gros camions. Pour ce qui est des automobiles fonctionnant avec ce type de moteur, elles sont plus répandues en Europe qu'en Amérique du Nord.

4 Les mécanismes de transformation du mouvement

Les <u>mécanismes de transformation du mouvement</u> sont des mécanismes qui transforment un type de mouvement en un autre type de mouvement. La plupart du temps, c'est un mouvement de rotation qui est transformé en un mouvement de translation, ou l'inverse. Voyons trois exemples de mécanismes très répandus :

- le pignon et la crémaillère ;
- la came et la tige-poussoir ;
- la bielle et la manivelle.

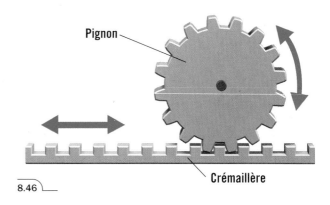

8.46

4.1 Le pignon et la crémaillère

Dans le <u>mécanisme pignon-crémaillère</u>, on appelle « pignon » la roue dentée, et « crémaillère », la tige dentée. Le mouvement de rotation du pignon entraîne le mouvement de translation de la crémaillère puisque les dents des deux pièces sont emboîtées les unes dans les autres. Le mécanisme fonctionne aussi à l'inverse, la crémaillère étant alors la pièce motrice qui fait tourner le pignon.

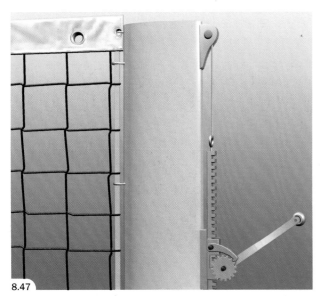

8.47

Sur certains poteaux de filets de tennis, c'est un mécanisme pignon-crémaillère qui sert à tendre le filet.

4.2 La came et la tige-poussoir

Le <u>mécanisme came et tige-poussoir</u> permet de transformer un mouvement de rotation en un mouvement de translation alternatif. La came est une pièce qui tourne de façon décentrée, et sur laquelle est appuyée une tige. Lorsque cette tige rencontre la déformation de la came durant sa rotation, elle se déplace et effectue un mouvement de translation.

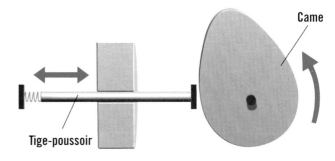

8.48

On utilise les cames et les tiges-poussoirs dans plusieurs objets techniques, comme dans les moteurs à essence pour contrôler le mouvement de translation des soupapes (les pièces qui s'ouvrent et qui se ferment pour laisser entrer ou sortir les gaz du moteur) ou encore dans les machines à coudre.

4.3 La bielle et la manivelle

Dans le mécanisme bielle-manivelle, la manivelle est la pièce qui tourne, et la bielle, la tige qui y est rattachée. Ce mécanisme est habituellement relié à un piston, qui peut effectuer un mouvement de translation. Il y a donc transformation d'un mouvement de rotation (de la manivelle) en un mouvement de translation (du piston).

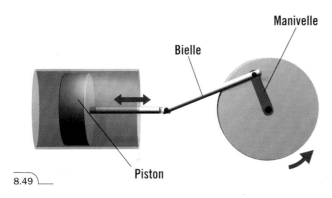

8.50

8.49

La transformation du mouvement peut aussi se faire dans l'autre sens. C'est ce qui se passe dans le moteur à essence d'une automobile. Ses nombreuses bielles et manivelles transforment le mouvement de descente et de montée des pistons en un mouvement de rotation, qui entraînera la rotation des roues. C'est le même mécanisme qui fait avancer les locomotives à vapeur. Sur la photo 8.51, on voit

très bien la bielle qui part de l'avant de la locomotive et qui va s'attacher aux roues. Un piston (activé par la vapeur) effectue un mouvement de translation, qui est transformé par le mécanisme bielle-manivelle en un mouvement de rotation des roues de la locomotive.

La bielle et la manivelle permettent des mouvements à très grande vitesse. Cependant, ces pièces doivent être constamment lubrifiées avec des huiles ou des graisses pour bien fonctionner.

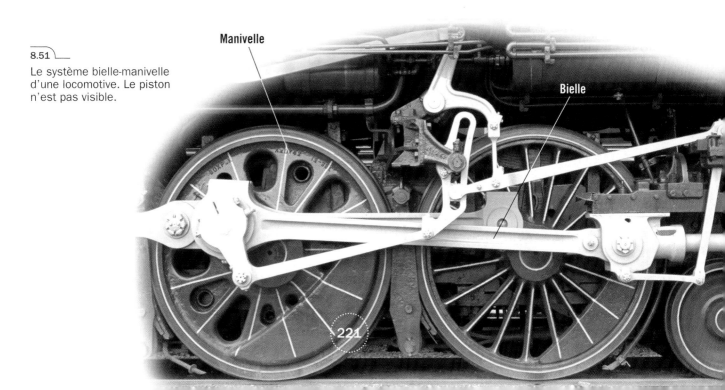

8.51

Le système bielle-manivelle d'une locomotive. Le piston n'est pas visible.

Voici des suggestions d'activités qui vous permettront de mettre en pratique vos connaissances et vos compétences.

1. L'efficacité d'une machine simple

Les machines simples ont souvent la même fonction : celle de diminuer la force à appliquer sur un objet par rapport à la force résistante.

Vous allez tester l'efficacité d'une machine simple de votre choix (plan incliné, levier, etc.) pour déterminer de quelle façon vous pouvez fournir la force la moins grande possible pour déplacer un objet.

2. Des modèles de mécanismes

Les mécanismes de transformation du mouvement ne sont pas toujours simples à comprendre. Si une image vaut mille mots, une maquette qu'on peut manipuler est d'une aide encore plus concrète.

À l'aide de matériel simple, vous allez créer un modèle de mécanisme de transformation du mouvement de votre choix : pignon-crémaillère, bielle-manivelle ou came et tige-poussoir. Le modèle peut être en deux ou en trois dimensions.

Des pistes à explorer

▶ Pour mesurer précisément la force que vous allez appliquer, vous pouvez utiliser un dynamomètre. Cet appareil mesure les forces en newtons (N), l'unité de mesure de la force.

▶ Pour pouvoir comparer la force à exercer pour déplacer un objet, il est préférable d'utiliser toujours le même objet à déplacer. Ce pourrait être, par exemple, une masse à crochet de 500 g.

▶ Pour réussir à diminuer la force appliquée pour un même mouvement, qu'est-ce qu'on doit modifier dans la machine simple?

Des pistes à explorer

▶ Pour un modèle à deux dimensions, vous pourriez utiliser un support fixe (un carton rigide, par exemple) pour y attacher des pièces.

▶ Vous pourriez utiliser des attaches parisiennes en guise d'axe de rotation pour des pièces devant tourner.

▶ Pour que votre modèle représente le plus possible un vrai mécanisme, utilisez un matériau qui a une certaine rigidité, comme du carton épais. Sinon, les pièces se déformeront lorsqu'elles bougeront.

Les transformations de l'énergie

PAGES 204 À 209

1. Le fonctionnement d'une centrale nucléaire ressemble à celui d'une centrale thermique classique. La fission de l'atome d'uranium (A) dégage de la chaleur (B). Cette chaleur est transmise à de l'eau et la vapeur produite alimente une turbine (C). La turbine fait tourner un alternateur (D).

Associez aux lettres B, C et D la forme d'énergie obtenue après chaque transformation.

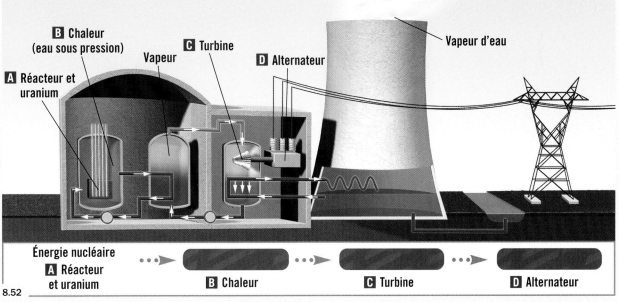

B Chaleur (eau sous pression) **C** Turbine **D** Alternateur Vapeur d'eau

A Réacteur et uranium Vapeur

Énergie nucléaire **A** Réacteur et uranium **B** Chaleur **C** Turbine **D** Alternateur

8.52

La transformation de l'énergie dans une centrale nucléaire.

2. Donnez un exemple de système que vous pouvez voir dans votre environnement (à la maison, à l'école, etc.) qui transforme une forme d'énergie en énergie thermique.

Les machines simples

PAGES 210 À 214

3. Vous voulez charger un camion de boîtes lourdes en faisant le moins d'efforts possible. Quelle machine simple vous serait la plus utile?

4. Le pied-de-biche est un outil très efficace pour retirer un clou d'une planche de bois. Indiquez à quelle machine simple vous l'associez et expliquez son fonctionnement.

8.53

Un pied-de-biche.

Les mécanismes de transmission du mouvement .... PAGES 216 À 218

5　Voici un ancien modèle de batteur à œufs manuel. Décrivez le mécanisme de transmission du mouvement qui assure son fonctionnement et expliquez-le.

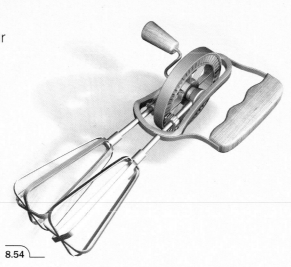

8.54

Les mécanismes de transformation du mouvement .... PAGES 220 ET 221

6　Les trains qui doivent effectuer des trajets sur des pentes très abruptes ne peuvent pas circuler seulement sur des rails classiques, car les roues glisseraient. Les voies sont alors munies d'un troisième rail denté, qui se trouve au milieu. La locomotive s'accroche sur ce rail au moyen d'une roue dentée. De quel mécanisme de transformation s'agit-il?

8.55
Un rail denté.

8.56
La roue dentée sous une locomotive.

Les secrets du métier

8.57
Le dessinateur en mécanique industrielle doit connaître les techniques du dessin assisté par ordinateur et la modélisation.

8.58
Les technologues en génie industriel effectuent des études de procédés.

De nombreux métiers font appel à des connaissances et des savoir-faire reliés aux forces et aux mouvements et, par conséquent, aux transformations de l'énergie, aux machines simples et aux mécanismes de transmission et de transformation du mouvement.

Par exemple, on peut concevoir ou construire de grands ouvrages ou des appareils permettant de transformer l'énergie, comme des barrages hydroélectriques ou des éoliennes. On peut aussi concevoir, dessiner, tester ou construire des objets techniques, allant d'un objet simple d'usage courant jusqu'aux imposantes machines complexes telles que des bateaux ou des avions.

Pour exercer ces métiers, il faut bien comprendre les forces et les mouvements. Il faut bien connaître les énergies en jeu dans ces appareils. Il faut aussi comprendre le fonctionnement des machines simples et de divers mécanismes de transmission et de transformation du mouvement.

Le tableau de la page 226 présente quelques métiers en rapport avec les forces et les mouvements, et les diplômes d'études qui sont requis pour pouvoir exercer ces métiers.

8.59
Les ingénieurs civils conçoivent et dirigent la construction de structures comme des barrages, des routes, etc.

MÉTIERS OÙ L'ON EXPLOITE LES FORCES ET LES MOUVEMENTS SELON LES DIPLÔMES D'ÉTUDES

Diplômes d'études		
secondaires	collégiales	universitaires
• Dessinateurs en mécanique industrielle • Monteurs de charpentes métalliques • Monteurs-régleurs d'aviation	• Techniciens en design industriel • Techniciens en mécanique du bâtiment • Technologues en génie civil • Technologues en génie industriel • Technologues en génie mécanique	• Designers industriels • Ingénieurs civils • Ingénieurs industriels • Ingénieurs mécaniciens

Profession : technicien ou technicienne en design industriel

Les techniciens en design industriel participent à des projets de création de produits qui seront fabriqués en série. Ils vont concevoir et mettre au point les produits, en collaboration avec des designers industriels. Ils devront plus précisément produire divers documents techniques (dessins, plans, prototypes, modèles, devis de conception, modélisations, etc.) qui respectent les exigences liées à la fabrication en série.

Le travail des techniciens en design industriel demande beaucoup de minutie, car la fabrication d'un produit en usine nécessite des mesures et des paramètres exacts et précis. Ce travail fait également appel au sens créatif et artistique, car les produits conçus doivent être attrayants et plaire aux clients.

Pour exercer ce métier, il faut obtenir un diplôme d'études collégiales (DEC). Les gouvernements, les entreprises manufacturières et les firmes spécialisées de design sont les milieux de travail les plus courants.

8.60
Cette technicienne en design industriel travaille à la création d'un nouveau modèle de scouteur à hydrogène.

226

L'électricité sans CO$_2$

par Raynald Pepin

8.61
Cette centrale thermique fonctionne au mazout.

L'électricité est partout : on l'utilise pour s'éclairer ou se chauffer, pour cuire les aliments, pour faire fonctionner le téléviseur ou l'ordinateur, etc. Cette électricité, essentielle, il faut la produire.

Aujourd'hui, dans le monde, environ 65 % de l'électricité est produite dans des centrales thermiques, à partir des combustibles fossiles, soit le charbon, le pétrole et le gaz naturel. Cependant, la combustion de ces matières libère de grandes quantités de gaz carbonique (CO_2), très néfaste pour l'environnement (effet de serre et réchauffement de la planète).

On peut produire de l'électricité à partir d'autres formes d'énergie : l'énergie hydraulique, l'énergie nucléaire, l'énergie éolienne et l'énergie solaire. Voyons les avantages et les inconvénients de chacun de ces autres modes de production d'électricité.

L'énergie hydraulique

L'énergie hydraulique (hydro-électricité) fournit 16 % de l'électricité produite à l'échelle mondiale. Au Québec, grâce à nos importantes ressources en eau, l'hydro-électricité représente près de 96 % de la production totale d'électricité.

Avantages :

- L'énergie hydraulique est une énergie renouvelable.

- Le coût de production est relativement peu élevé.

- La production d'énergie est soutenue et facile à contrôler.

Inconvénients :

- Les sites propices à l'installation de barrages sont peu nombreux.

- Les investissements initiaux requis pour la construction des barrages et des centrales sont élevés.

- La plupart des centrales hydroélectriques comportent un barrage qui retient l'eau dans un réservoir. La création de ces réservoirs cause l'inondation de territoires que les êtres vivants ne peuvent plus occuper. De plus, la décomposition des plantes immergées dans un tel réservoir émet des gaz à effet de serre (mais moins qu'une centrale thermique).

- Les centrales hydroélectriques sont souvent situées loin des grands centres (loin des consommateurs). Par conséquent, il faut construire de grandes quantités de pylônes pour le transport de l'électricité.

- La végétation au pied des pylônes est souvent contrôlée à l'aide d'herbicides, substances nocives pour l'environnement.

L'énergie nucléaire

Dans une centrale nucléaire, c'est l'énergie dégagée par la fission de l'uranium qui est transformée en électricité (voir page 208).

Avantages :

- Les centrales nucléaires peuvent être situées près des grands centres (près des consommateurs), ce qui limite la longueur des lignes de transport.

- La production d'énergie est soutenue.

- Cette production ne crée pas de pollution atmosphérique.

Inconvénients :

- L'uranium est une substance radioactive. Le risque de contamination environnementale est minime mais toujours possible (lors du transport ou de l'extraction, par exemple).

- Les réactions nucléaires génèrent du plutonium, un autre élément radioactif. Les résidus des réactions nucléaires restent radioactifs durant des centaines d'années. Jusqu'à maintenant, on n'a pas trouvé de façon de les détruire.

8.62

L'énergie éolienne

Une grande éolienne produit
1 mégawatt (MW) d'électricité, alors
qu'une centrale hydroélectrique, nucléaire ou
thermique en génère couramment 1000 MW.
D'après certaines études, le potentiel éolien
québécois dépasse 10 000 MW, ce qui correspond
au quart de l'électricité disponible actuellement
au Québec.

Avantages :

- Les éoliennes sont faciles à installer.

- Les vents sont plus forts durant l'hiver, période
  au cours de laquelle la demande d'électricité
  est la plus grande.

Inconvénients :

- Les vents ne sont pas constants, ce qui rend
  imprévisible la production d'électricité.

- L'installation de parcs d'éoliennes détruit les
  paysages naturels sur de grandes étendues.

8.63

L'énergie solaire

Il s'agit de l'électricité produite à
partir de panneaux solaires photovoltaïques (voir page 206).

Avantages :

- Une fois l'installation des panneaux terminée,
  la source d'énergie est gratuite et l'entretien,
  minimal.

- Ce mode de production est tout indiqué dans
  les régions éloignées ou dans les pays en
  développement.

Inconvénients :

- Son rendement est faible.

- Les semi-conducteurs, qui sont des matériaux
  présents dans les panneaux photovoltaïques,
  sont polluants.

- L'ensoleillement n'est pas constant, ce qui rend
  imprévisible la production d'électricité.

À vous de choisir !

Comme vous l'avez vu, tous les modes de production
d'électricité ont des avantages et des inconvénients.
Si, pour aider à diminuer l'effet de serre et le réchauffement de la planète, vous deviez privilégier l'un des
modes de production d'électricité, lequel choisiriez-
vous ?

La boîte à outils

Sommaire

1 La sécurité au laboratoire de science et technologie

La sécurité est un aspect important de tout travail en laboratoire. Elle repose sur quelques règles simples que vous devez apprendre. En plus de vous protéger, ces règles vous aideront dans vos expériences.

Pour prévenir les accidents, vous devez porter attention et adopter de bonnes habitudes de travail. Vous devez aussi respecter toutes les consignes qui vous sont données. Enfin, vous devez toujours utiliser les produits chimiques et les appareils de la façon appropriée.

Évidemment, malgré toutes les précautions, un accident est toujours possible. Pour pouvoir y faire face adéquatement, vous devez savoir où est rangé le matériel de sécurité et apprendre à l'utiliser.

1.1 Les symboles de sécurité des produits de consommation

Durant vos cours de science et technologie, vous utiliserez plusieurs produits dont vous vous servez à la maison. Même s'ils sont d'usage courant, certains d'entre eux contiennent des substances dangereuses.

Pour vous prévenir des risques possibles, des symboles de mise en garde sont imprimés sur les emballages de ces produits. Ces images forment un code de sécurité. Elles vous renseignent sur la raison du danger.

S1.1

CORROSIF: ce produit peut ronger plusieurs matériaux, brûler les yeux et la peau, ou encore la bouche, la gorge et l'estomac s'il est avalé.

S1.2

INFLAMMABLE: ce produit ou ses vapeurs peuvent prendre feu. Garder loin des étincelles, de la chaleur et des flammes.

S1.3

EXPLOSIF: ce produit peut exploser si le contenant est percé ou chauffé. Il peut aussi émettre des gaz mortels. Les éclats de métal ou de plastique peuvent causer de graves accidents, surtout aux yeux.

S1.4

POISON: ce produit, s'il est avalé, peut provoquer des malaises ou même entraîner la mort.

1.2 Les symboles du Système d'information sur les matières dangereuses utilisées au travail (SIMDUT)

Dans les milieux de travail, on utilise un autre code de sécurité pour l'étiquetage des matières dangereuses: le SIMDUT. Chaque symbole de mise en garde indique comment travailler avec ces produits de manière sécuritaire.

S1.5

GAZ COMPRIMÉS: ces gaz peuvent exploser si le contenant est soumis à la chaleur, à un choc ou s'il est endommagé. Manipuler la bonbonne avec soin et la tenir éloignée de toute source de chaleur. Ouvrir la valve doucement pour permettre au gaz de sortir lentement.

S1.6

MATIÈRES INFLAMMABLES ET COMBUSTIBLES: ces matières peuvent causer un incendie quand elles sont exposées à la chaleur, à des étincelles ou à des flammes. Elles peuvent aussi s'enflammer violemment. Tenir loin des flammes et de la chaleur vive.

S1.7

MATIÈRES COMBURANTES: ces matières présentent des risques d'incendie ou d'explosion lorsqu'elles entrent en contact avec des matières combustibles (par exemple bois, carburants). Tenir loin des matériaux combustibles, des flammes et des sources de chaleur.

S1.8

MATIÈRES TOXIQUES AYANT DES EFFETS IMMÉDIATS ET GRAVES: ces matières peuvent être mortelles ou causer des dommages graves ou permanents pour la santé, même après une seule exposition. Ne jamais manipuler de telles substances.

S1.9

MATIÈRES TOXIQUES AYANT D'AUTRES EFFETS: ces matières peuvent causer de l'irritation. L'exposition répétée peut causer le cancer, des déformations ou des affections héréditaires ou d'autres dommages permanents. Ne jamais utiliser de telles matières sans la supervision d'un adulte averti.

S1.10

MATIÈRES INFECTIEUSES: ces matières peuvent causer des maladies graves. L'exposition intense peut causer la mort. Vous ne devriez jamais avoir à vous servir de telles substances.

S1.11

MATIÈRES CORROSIVES: ces matières peuvent causer des brûlures aux yeux, à la peau ou au système respiratoire. Elles peuvent aussi brûler ou ronger les vêtements et divers matériaux. Utiliser ces substances avec précaution, porter des lunettes protectrices et rincer abondamment à l'eau toute partie de la peau touchée. Prévenir l'enseignante ou l'enseignant en cas de déversement accidentel.

S1.12

MATIÈRES DANGEREUSEMENT RÉACTIVES: ces matières peuvent réagir violemment et entraîner une explosion, un incendie ou un rejet de gaz toxiques lorsqu'on les expose à la lumière, à la chaleur, à des vibrations ou à des températures extrêmes. N'utiliser que peu de substance à la fois.

1.3 Les règles de sécurité au laboratoire

Avant d'entreprendre une expérience, vous devez d'abord réfléchir aux manipulations que vous ferez. Tentez de prévoir les conséquences de chaque geste. Si vous désirez innover ou modifier la procédure recommandée, demandez conseil à votre enseignante ou à votre enseignant.

Voici les principales règles à suivre :

1• Informer l'enseignante ou l'enseignant de tout problème médical, y compris les allergies.

 2• Porter des lunettes de sécurité. Éviter le port de lentilles cornéennes, car elles peuvent s'imbiber du liquide éclaboussé. Aussi, en cas d'accident, elles sont difficiles à enlever.

3• Porter un tablier lorsque les manipulations impliquent l'utilisation de produits (liquides ou solides) salissants, corrosifs ou chauds.

4• Attacher ses cheveux s'ils sont longs.

5• Éviter les manches bouffantes et les vêtements amples. Ils peuvent gêner les mouvements et se prendre dans les montages.

6• Enlever ses bijoux.

7• Porter attention aux faux ongles. Le plastique dont ils sont faits peut prendre feu.

8• Ne pas manger, boire ni mâcher de la gomme.

9• Garder l'espace de travail propre et ordonné. Libérer la table de travail du matériel inutile pour la manipulation en cours.

S1.13

10 • Travailler sérieusement, sans précipitation. Ne pas se bousculer.

11 • Éviter les déplacements inutiles. Ne pas encombrer les espaces de circulation (rangées) d'objets personnels, par exemple de sacs à dos.

12 • Connaître l'emplacement du matériel de sécurité : extincteur chimique, douche oculaire, couverture ininflammable, trousse de premiers soins, etc. Apprendre à se servir de chacun.

13 • Avant de commencer une expérience, s'assurer de comprendre la marche à suivre.

14 • Ne pas faire d'expérience ni de manipulation non prévue ou non approuvée par l'enseignante ou l'enseignant.

15 • Suivre les consignes portant sur la façon de se débarrasser des déchets.

16 • Se laver les mains avec de l'eau chaude et du savon après un travail au laboratoire, particulièrement après avoir manipulé des produits chimiques ou des organismes vivants (micro-organismes, animaux, plantes).

17 • N'utiliser que le matériel mis à sa disposition et approuvé par l'enseignante ou l'enseignant ou encore par la technicienne ou le technicien en travaux pratiques.

18 • Manipuler prudemment toutes les substances et tous les objets chauds.

19 • **Avertir immédiatement l'enseignante ou l'enseignant de tout accident, bris de matériel, déversement de produit chimique, etc.**

LES APPAREILS ET LES OUTILS ÉLECTRIQUES

- Ne pas toucher les prises de courant, les fils électriques et les fiches avec les mains mouillées.

- Débrancher les appareils et les outils en tirant sur la fiche. Éviter de tirer sur le fil.

- S'assurer que le cordon d'alimentation et, s'il y a lieu, la rallonge sont en bon état.

LA CHALEUR

- Utiliser de préférence une plaque chauffante. Ne pas toucher la plaque immédiatement après l'avoir utilisée : elle peut prendre jusqu'à une heure pour refroidir.

- Demander l'autorisation de l'enseignante ou de l'enseignant avant d'utiliser un brûleur à alcool ou un brûleur Bunsen. Apprendre à s'en servir avant de commencer l'expérience.

- Pour chauffer une substance dans une éprouvette à l'aide d'un brûleur, procéder comme suit :
    - Porter des lunettes de sécurité ;
    - Chauffer doucement ;
    - Tenir l'éprouvette avec une pince ;
    - Ne pas placer directement le dessous de l'éprouvette sur la source de chaleur. Incliner légèrement l'éprouvette afin de la chauffer à environ 1 cm ou 2 cm du fond ;
    - S'assurer que l'ouverture de l'éprouvette n'est pas dirigée vers soi ni vers les autres élèves.

- Ne jamais utiliser un brûleur pour chauffer une matière inflammable.

- Ne jamais laisser un brûleur sans surveillance.

S1.14

LES PRODUITS CHIMIQUES

- Ne pas respirer, goûter ni toucher un produit chimique, à moins que cela ne soit demandé.

- Ne pas sentir directement un produit chimique. À l'aide de la main, diriger doucement les émanations du produit vers son nez pour en tester l'odeur.

- Rincer abondamment à l'eau claire toute partie de la peau qui a été en contact avec un produit corrosif. Prévenir l'enseignante ou l'enseignant si l'on ressent des picotements, une sensation de brûlure ou tout autre malaise.

- Jeter les produits non utilisés, les déchets et les résidus d'expériences aux endroits indiqués. Suivre les consignes de sécurité adaptées à chaque type de produits. Ne jamais jeter de solides, de substances polluantes ou nocives dans les lavabos.

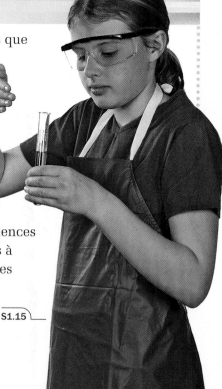

S1.15

SECTION 2 Le matériel scientifique

Le matériel scientifique nous aide à connaître les propriétés de la matière et à la transformer.

2.1 Les instruments de laboratoire

Le matériel scientifique qui suit est spécialement conçu pour le travail en laboratoire. Ces instruments peuvent avoir plusieurs usages. Voici à quoi ils servent le plus souvent.

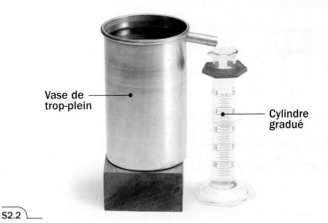

S2.2

Le cylindre gradué est utilisé surtout pour mesurer précisément le volume des liquides. Le vase de trop-plein permet de mesurer le volume des solides.

S2.1

Le ballon sert à contenir des liquides. Dans les montages, il est maintenu au support universel par la pince universelle.

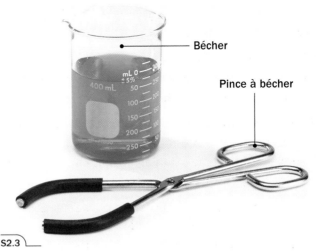

S2.3

Le bécher sert à contenir et à chauffer des substances. La pince à bécher permet de le manipuler quand il est chaud. On utilise aussi le bécher pour mesurer plus ou moins précisément des liquides.

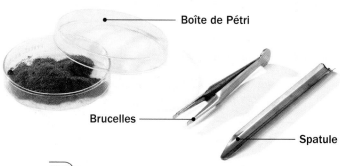

Boîte de Pétri

Brucelles

Spatule

S2.4

L'erlenmeyer, aussi appelé « fiole conique », sert à contenir des liquides et à les mesurer plus ou moins précisément. On l'utilise également pour faire des mélanges ou pour obtenir des réactions chimiques.

S2.5

La boîte de Pétri sert surtout à la culture des micro-organismes. Les brucelles sont des pinces qui permettent de saisir de petits objets. Pour manipuler les solides en poudre, on optera pour la spatule.

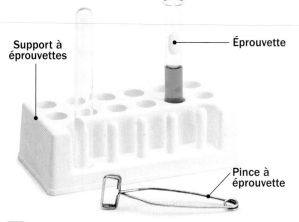

Support à éprouvettes

Éprouvette

Pince à éprouvette

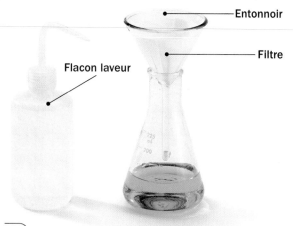

Entonnoir

Filtre

Flacon laveur

S2.6

L'éprouvette est utile pour faire des expérimentations avec de petites quantités de matière. La pince à éprouvette permet de la manipuler quand on se sert de la chaleur. Pour la déposer, on la place dans le support à éprouvettes.

S2.7

Le flacon laveur permet de verser de petites quantités de liquide. Pour verser des liquides dans des récipients qui ont une petite ouverture, on peut aussi choisir l'entonnoir. Si on lui ajoute un filtre, on peut s'en servir pour le filtrage des mélanges.

Brûleur à alcool

Brûleur Bunsen

Plaque chauffante

S2.8

Le brûleur à alcool, le brûleur Bunsen et la plaque chauffante sont utilisés pour chauffer les substances.

Le matériel scientifique

Section 2

2.2 Le microscope

Grâce au microscope, on peut voir des objets qui sont invisibles à l'œil nu. Par exemple, on peut examiner des cellules ou des micro-organismes.

Le microscope à objectifs multiples

Le microscope à objectifs multiples est composé de plusieurs pièces. Les pièces les plus importantes et leurs fonctions sont présentées dans le tableau qui suit.

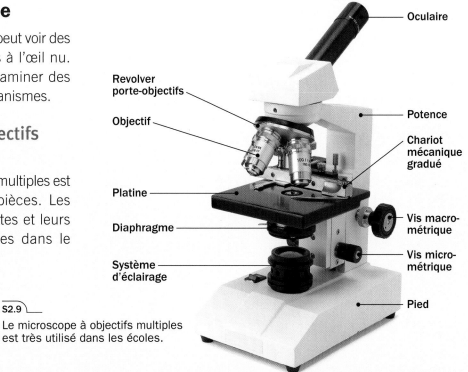

Oculaire

Revolver porte-objectifs

Objectif

Potence

Chariot mécanique gradué

Platine

Diaphragme

Système d'éclairage

Vis macro-métrique

Vis micro-métrique

Pied

S2.9
Le microscope à objectifs multiples est très utilisé dans les écoles.

LES PIÈCES DU MICROSCOPE À OBJECTIFS MULTIPLES ET LEURS FONCTIONS

Objectifs	Lentilles qui grossissent l'image des objets observés. Sur chaque objectif, un nombre indique le grossissement. Les grossissements les plus courants sont 4X, 10X, 45X et 100X.
Revolver porte-objectifs	Partie cylindrique où sont logés les objectifs. En tournant le revolver porte-objectifs, on change d'objectif.
Oculaire	Lentille dans laquelle on regarde. Son grossissement est généralement de 10X. Pour obtenir le grossissement total, on multiplie le grossissement de l'objectif choisi par celui de l'oculaire.
Platine	Plateau sur lequel on dépose les lames de verre portant les objets à observer.
Chariot mécanique gradué	Système mécanique permettant de déplacer de façon aisée et précise les lames de verre portant les objets à observer.
Vis macrométrique	Vis qui permet de faire une première mise au point plus ou moins précise. En la tournant, on rapproche ou on éloigne de l'objectif la platine sur laquelle est placé l'objet à observer.
Vis micrométrique	Vis qui permet de faire une mise au point plus précise que la vis macrométrique. Son mouvement est très lent, ce qui permet d'ajuster parfaitement la mise au point.
Système d'éclairage	Système éclairant l'objet à observer.
Diaphragme	Dispositif à ouverture réglable. Il permet d'ajuster l'éclairage.

Le microscope à objectif unique

Dans certaines écoles, on utilise un microscope muni d'un objectif unique à focale variable (zoom). À quelques exceptions près, son fonctionnement ressemble à celui du microscope à objectifs multiples.

Le tableau ci-dessous présente les pièces qui sont spécifiques à ce modèle de microscope (photo S2.10) ainsi que leurs fonctions.

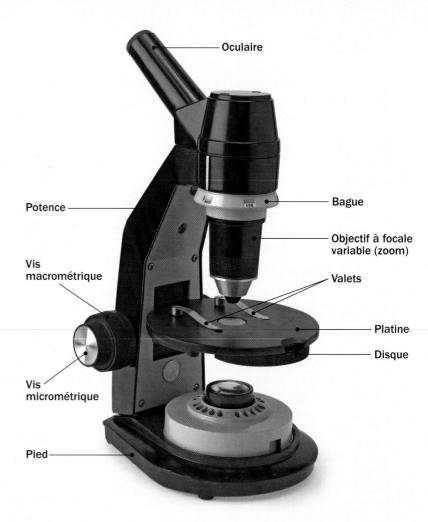

Oculaire

Bague

Objectif à focale variable (zoom)

Valets

Platine

Disque

Potence

Vis macrométrique

Vis micrométrique

Pied

S2.10

Ce microscope est doté d'un objectif unique. Pour changer la grosseur de l'image, il faut tourner la bague de la focale variable.

LES PRINCIPALES PIÈCES DU MICROSCOPE À OBJECTIF UNIQUE ET LEURS FONCTIONS

Objectif à focale variable (zoom)	Lentille qui grossit l'image des objets observés. Les différents grossissements possibles sont indiqués sur la bague de l'objectif. Il suffit de tourner cette bague pour varier le grossissement de l'image.
Disque	Dispositif situé sous la platine. Il contient des ouvertures de différentes grosseurs qui permettent d'ajuster l'éclairage. Il joue le même rôle que le diaphragme du microscope à trois objectifs.
Valets	Pièces qui tiennent la lame porte-objet sur la platine.
Vis macrométrique et vis micrométrique	Vis que l'on tourne pour faire la mise au point de l'image. Sur ce modèle de microscope, elles sont emboîtées l'une dans l'autre. En les tournant, on rapproche ou on éloigne la platine de l'objectif. On fait d'abord un premier ajustement avec la vis macrométrique, puis on parfait l'image avec la vis micrométrique.

L'observation au microscope

Pour observer un objet au microscope, il faut suivre les indications suivantes
à la lettre et dans l'ordre.

COMMENT FAIRE LA MISE AU POINT ?

1 • Brancher le microscope et allumer le système d'éclairage.

2 • Déposer la lame porte-objet sur la platine. La maintenir en
place à l'aide du chariot mécanique gradué ou des valets.

3 • Centrer l'objet à observer dans l'ouverture de la platine.

4 • Sélectionner le plus faible grossissement en tournant le
revolver porte-objectifs ou la bague de la focale variable.

5 • Régler l'ouverture du diaphragme ou du disque à la moitié.

6 • Noter dans quel sens il faut tourner la vis macrométrique
pour éloigner ou rapprocher la platine de l'objectif.

7 • Rapprocher l'objet à observer le plus près possible de l'objectif
sans y toucher. Pour cela, regarder de côté, au niveau de la
platine, la distance entre la lame et l'objectif.

> Pour les étapes 1 à 7,
> **ne pas regarder** dans
> l'oculaire du microscope.

8 • Regarder dans l'oculaire et éloigner **lentement** la platine de
l'objectif avec la vis macrométrique. Arrêter quand l'image
apparaît.

9 • Ajuster l'image en rapprochant ou en éloignant **légèrement**
la platine de l'objectif avec la vis micrométrique. Arrêter
lorsque l'image est nette.

10 • Recommencer la manipulation à partir de l'étape 3 s'il est
impossible de voir l'image clairement.

11 • Augmenter ou diminuer l'éclairage à l'aide du diaphragme ou
du disque, au besoin.

COMMENT AGRANDIR L'IMAGE ?

• S'assurer que ce qu'on veut voir plus en détail est situé
dans le centre du champ du microscope. C'est le cercle
blanc dans lequel on voit l'image.

• Sélectionner un grossissement moyen.

• Refaire la mise au point en ajustant l'image
avec la vis micrométrique (étape 9).

• Augmenter le grossissement, au besoin.

> **ATTENTION :** avec le microscope à objectifs multiples,
> il faut placer une goutte d'huile à immersion sur la lame
> avant de sélectionner l'objectif au plus fort grossissement
> (100 X). Rapprocher ensuite lentement la platine jusqu'à
> ce que l'huile fasse la jonction entre l'objectif et la lame.

Le transport et l'entretien

Les microscopes sont des instruments fragiles et dispendieux. Voici des consignes pour en prendre soin.

- Transporter le microscope en utilisant toujours les deux mains. Une main tient la potence et l'autre est placée sous le pied.

- Nettoyer l'objectif et l'oculaire du microscope avec du papier à lentilles, avant chaque utilisation. Ne pas utiliser d'autres sortes de papier.

- Nettoyer la platine du microscope, au besoin. Utiliser du papier ordinaire.

- Ranger le microscope comme suit : enrouler le cordon d'alimentation électrique de manière sécuritaire, recouvrir le microscope d'une housse et le placer dans un endroit à l'abri de la poussière.

S2.11

Pour transporter un microscope, il faut placer une main sous le pied et tenir la potence de l'autre main.

Pour choisir la bonne façon de mesurer et l'instrument approprié, on se base sur les critères suivants:

- **La précision requise.** A-t-on besoin d'une précision de l'ordre du gramme ou du kilogramme? Doit-on mesurer la longueur au centimètre près ou au millimètre près? Veut-on connaître le volume en millilitres ou en litres?

- **La grandeur.** Quelle est la dimension de l'objet à mesurer? Doit-on connaître la distance entre deux maisons voisines ou entre deux villes?

- **La nature des substances à mesurer.** S'agit-il d'un solide, d'un liquide ou d'un gaz?

- **Les conditions ou le milieu où la mesure est prise.** Dans quel environnement prendra-t-on cette mesure? Est-ce qu'on mesurera une distance en pleine forêt, sur une route ou sur l'eau?

3.1 Comment mesurer la longueur?

On mesure la longueur avec une règle (généralement de 15 cm ou de 30 cm), un mètre, un galon de couturière ou un ruban à mesurer. Ces instruments permettent une précision de l'ordre du millimètre, ce qui suffit habituellement.

Dans certains cas, on doit utiliser des instruments plus précis ou plus appropriés aux conditions. Voici quelques exemples.

- La roue d'arpentage mesure en mètres les dimensions d'un terrain ou d'une section de route.

- Le compteur métrique à fil perdu (ou topofil) indique, à l'aide d'un fil déroulant, la distance parcourue en forêt.

- Le télémètre calcule la distance par des moyens optiques, acoustiques (ultrasons) ou électroniques (ondes radio).

- Le récepteur GPS indique la distance parcourue. Il permet aussi de connaître sa position sur la planète à l'aide de signaux émis par les satellites.

- Le podomètre indique la distance parcourue en comptant le nombre de pas marchés.

- L'odomètre indique le kilométrage d'une voiture ou d'un vélo.

- Le micromètre (palmer) mesure des objets au centième de millimètre près.

UNE MÉTHODE DE MESURE

- S'assurer que le zéro de l'instrument est bien au début de l'objet à mesurer.

- Choisir l'unité de mesure.

- Prendre la lecture de la longueur avec la précision requise.

- Consigner le résultat, au besoin.

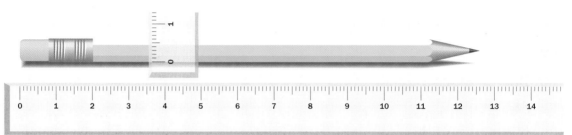

S3.1

La largeur du crayon est de 6 mm et sa longueur est de 12,6 cm.

Voici quelques exemples de mesure de longueur :

- La largeur d'une rue : 9,56 m ;
- La distance entre Montréal et Québec par la route : 253 km ;
- La taille de certains adolescents : 1,64 m ou 164 cm.

Les unités les plus utilisées pour mesurer la longueur sont :

- le millimètre (mm) ;
- le mètre (m) ;
- le centimètre (cm) ;
- le kilomètre (km).

3.2 Comment mesurer le volume des liquides ?

Dans un laboratoire, on utilise souvent le bécher ou l'erlenmeyer pour mesurer le volume des liquides (voir la section 2, p. 237-238). Toutefois, ces récipients ne fournissent pas une mesure aussi précise que le cylindre gradué.

Quel que soit le contenant, la surface du liquide qu'il contient n'est jamais parfaitement plane : elle remonte en touchant les bords. On appelle cette courbure « ménisque ». Ce phénomène est plus apparent dans un contenant étroit, comme dans le cas d'un cylindre gradué.

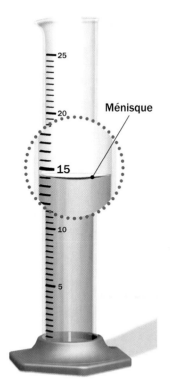

Ménisque

S3.2

Ce cylindre gradué contient 14,5 ml d'eau.

UNE MÉTHODE DE MESURE AVEC LE CYLINDRE GRADUÉ

- Lire la mesure sur la partie la plus basse du ménisque.
- Vérifier la graduation du cylindre et utiliser la valeur de la plus petite division. En règle générale :
  - sur les cylindres de 10 ml, la plus petite division est de 0,1 ml ou de 0,2 ml, selon le modèle utilisé ;
  - sur les cylindres de 25 ml, la plus petite division est de 0,2 ml ou de 0,5 ml, selon le modèle utilisé ;
  - sur les cylindres de 50 ml et de 100 ml, la plus petite division est de 1 ml.
- Utiliser l'échelle appropriée si le cylindre gradué a deux échelles :
  - une échelle qui monte, avec le zéro au bas du récipient ;
  - une échelle qui descend, avec le zéro dans le haut du récipient.

Section 3 Comment mesurer ?

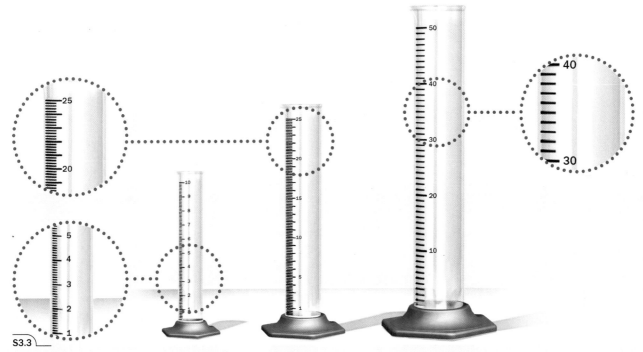

S3.3

Il faut vérifier attentivement la graduation du récipient.

Les unités les plus utilisées pour mesurer le volume des liquides sont :

- le millilitre (ml) ou le centimètre cube (cm^3) ;
- le litre (L) ou le décimètre cube (dm^3) ;
- le mètre cube (m^3) si le volume est très grand.

3.3 Comment mesurer le volume des solides ?

Les techniques et les instruments de mesure utilisés varient selon la forme (régulière ou irrégulière), la taille et la composition des solides à mesurer.

Mesurer un solide régulier

Si le solide à mesurer a une forme régulière, comme un cube, un prisme ou un cylindre, on peut trouver son volume par une formule mathématique.

Mesurer un solide irrégulier

Lorsqu'un solide a une forme irrégulière, on utilise un cylindre gradué pour trouver son volume. Si le solide est trop gros pour entrer dans un cylindre gradué, on se sert alors d'un vase de trop-plein.

On peut aussi utiliser cette méthode pour mesurer le volume des solides réguliers.

UNE MÉTHODE DE MESURE AVEC LE CYLINDRE GRADUÉ

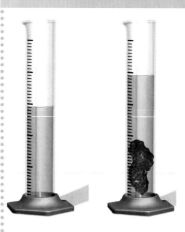

- Remplir partiellement le cylindre d'eau et noter exactement le volume de l'eau. Si le solide est soluble dans l'eau, utiliser de l'huile ou de l'alcool comme liquide.

- Ajouter le solide dans le cylindre et noter de nouveau le volume du liquide.

- Soustraire la première mesure de la deuxième mesure. La différence indique le volume du solide.

S3.4

Le solide, ajouté au cylindre gradué à gauche, a fait monter son niveau d'eau.

UNE MÉTHODE DE MESURE AVEC LE VASE DE TROP-PLEIN

- Placer un cylindre gradué ou un bécher gradué sous le déversoir du vase de trop-plein.

- Remplir le vase de trop-plein d'eau jusqu'à ce qu'il déborde. Jeter l'eau qui déborde. Si le solide est soluble dans l'eau, utiliser de l'huile ou de l'alcool comme liquide.

- Immerger délicatement le solide dans le liquide du vase de trop-plein.

- Recueillir le liquide qui se déverse du vase de trop-plein et mesurer son volume. Le volume du solide irrégulier est égal au volume du liquide qui s'est déversé dans le bécher ou le cylindre.

S3.5

Après avoir ajouté le solide au vase de trop-plein à gauche, on a mesuré le liquide recueilli dans le bécher.

Les unités les plus utilisées pour mesurer le volume des solides sont :

- le millilitre (ml) ou le centimètre cube (cm^3) ;
- le litre (L) ou le décimètre cube (dm^3) ;
- le mètre cube (m^3) si le volume est très grand.

3.4 Comment mesurer le volume des gaz?

Il y a plusieurs façons de mesurer le volume d'un gaz. La méthode la plus simple consiste à mesurer l'eau déplacée par le gaz. Dans l'exemple qui suit, le gaz est produit par une réaction chimique dans un erlenmeyer fermé d'un bouchon.

UNE MÉTHODE DE MESURE

- Remplir partiellement un grand bécher avec de l'eau.

- Remplir à ras bord un cylindre gradué avec de l'eau. Poser un papier rigide sur son ouverture afin de la fermer, puis poser la main sur le papier pour le tenir en place. Tout en continuant à tenir le papier, tourner le cylindre gradué à l'envers et immerger immédiatement le cylindre dans l'eau du bécher en évitant de laisser entrer des bulles d'air.

- Prendre un tube de caoutchouc qui se termine par un tube de verre recourbé en U. Insérer l'extrémité du tube de verre dans le cylindre gradué.

- Relier l'autre extrémité du tube de caoutchouc à l'erlenmeyer qui contient le gaz à mesurer. Pour ce faire, insérer le tube dans un bouchon troué et poser ce bouchon sur l'erlenmeyer. (Ce bouchon remplace le bouchon qui fermait hermétiquement le contenant.) Le gaz peut alors s'échapper de l'erlenmeyer pour entrer dans le cylindre gradué.

- Lire le volume qu'occupe le gaz dans le cylindre gradué.

S3.6
Le gaz s'échappe de l'erlenmeyer pour entrer dans le cylindre gradué.

Les unités les plus utilisées pour mesurer le volume des gaz sont:

- le millilitre (ml) ou le centimètre cube (cm^3);
- le litre (L) ou le décimètre cube (dm^3);
- le mètre cube (m^3) si le volume est très grand.

3.5 Comment mesurer la masse?

On mesure la masse avec une balance. La précision d'une balance est d'environ la moitié de la valeur de sa plus petite division. La capacité d'une balance est la masse maximale qu'elle peut peser.

Dans les cours de science et technologie, on se sert habituellement d'une balance à fléaux pour mesurer la masse.

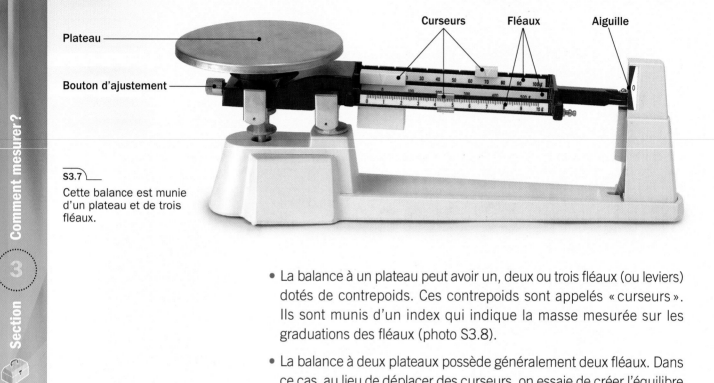

S3.7
Cette balance est munie d'un plateau et de trois fléaux.

- La balance à un plateau peut avoir un, deux ou trois fléaux (ou leviers) dotés de contrepoids. Ces contrepoids sont appelés « curseurs ». Ils sont munis d'un index qui indique la masse mesurée sur les graduations des fléaux (photo S3.8).

- La balance à deux plateaux possède généralement deux fléaux. Dans ce cas, au lieu de déplacer des curseurs, on essaie de créer l'équilibre entre les deux plateaux. Sur le plateau de gauche, on dépose l'objet à peser. Sur le plateau de droite, on ajoute des masses connues jusqu'à ce qu'on atteigne l'équilibre.

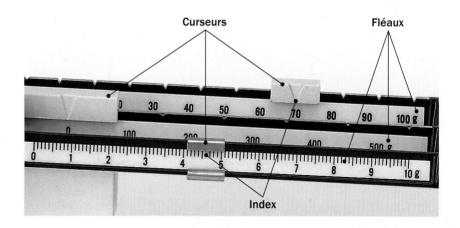

S3.8
Le fléau supérieur indique 70 g, alors que le fléau inférieur indique 4,6 g. La masse totale est donc de 74,6 g.

Voici des consignes pour utiliser une balance à fléaux dotée d'un seul plateau. Pour les autres types de balance, suivre les consignes de l'enseignante ou de l'enseignant.

UNE MÉTHODE DE MESURE

- S'assurer que le plateau est propre.

- Placer l'index des curseurs vis-à-vis de la ligne qui indique le zéro. À l'aide du bouton d'ajustement, ajuster la balance à zéro, au besoin.

- Déposer l'objet à peser sur le plateau. L'aiguille des fléaux se déplacera vers le haut.

- Déplacer lentement le curseur sur le fléau qui indique les plus grandes divisions. Quand l'aiguille des fléaux redescend, reculer le curseur d'une division. L'aiguille devrait pointer vers le haut à nouveau.

- Déplacer le fléau intermédiaire de la même façon.

  ATTENTION : le curseur doit être exactement dans son logement ! On entend un déclic quand il s'y place.

- Avancer le curseur sur le fléau qui indique les plus petites divisions, jusqu'à ce que l'aiguille soit sur le zéro.

- Noter les indications données par les différents index des curseurs et les additionner.

Lorsqu'on veut peser une poudre, un liquide ou une autre substance qui peut endommager le plateau de la balance, on doit déposer la substance dans un pèse-matière, un contenant ou sur un papier. Pour connaître la masse exacte de la substance, on doit alors tenir compte de la masse du contenant. C'est ce qu'on appelle « faire la tare ».

Parmi les autres sortes de balances souvent utilisées, on trouve le peson (balance à ressort dotée d'un crochet auquel on suspend l'objet à peser), le pèse-personne et la balance électronique. Dans tous les cas, il faut s'assurer d'abord que la balance indique bien le zéro et faire la tare, s'il y a lieu.

Les unités les plus utilisées pour mesurer la masse sont :
- le gramme (g) ;
- le kilogramme (kg) ;
- la tonne métrique (1000 kg) si la masse est très grande.

FAIRE LA TARE

- Peser le contenant vide et noter la masse obtenue.

- Repeser le contenant, cette fois avec la substance.

- Soustraire la masse de la première pesée (contenant vide) de la masse de la deuxième pesée (contenant et substance). La différence indique la masse de la substance.

3.6 Comment mesurer la température ?

Il existe une très grande variété de thermomètres pour mesurer la température. Certains d'entre eux sont utilisés dans la vie de tous les jours. D'autres servent uniquement dans les laboratoires de recherche et l'industrie.

Le fonctionnement des thermomètres est basé sur de nombreux principes scientifiques. Le plus courant est la dilatation d'un corps sous l'effet de l'augmentation de la température.

- À la maison, on utilise souvent les thermomètres à liquide. Le liquide qui se dilate peut être du mercure (gris) ou de l'alcool (rouge). Comme le mercure devient solide à environ −39 °C, on choisit le thermomètre à alcool pour mesurer la température à l'extérieur.

- On utilise également le thermomètre à cadran. Il est doté d'un élément métallique qui se dilate à la chaleur.

- Les thermomètres électroniques sont munis, eux aussi, d'une composante sensible à la chaleur. Dans le thermomètre médical électronique, cette composante mesure en quelques secondes la température du corps. D'autres thermomètres électroniques sont dotés d'un capteur (ou sonde). Ils sont parfois reliés à un ordinateur qui enregistre automatiquement les températures.

S3.9 Thermomètre extérieur (à alcool).

S3.10 Thermomètre à cadran.

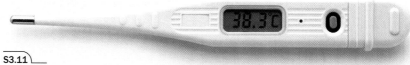

S3.11 Thermomètre médical électronique.

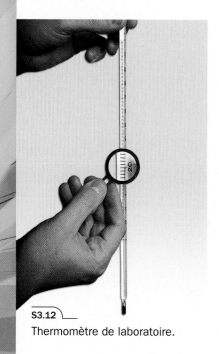

S3.12 Thermomètre de laboratoire.

UNE MÉTHODE DE MESURE

- Placer le réservoir du thermomètre en contact avec la substance ou l'objet.

- S'assurer que le réservoir du thermomètre ne touche pas le fond ni les parois du contenant.

- Observer le liquide du thermomètre quelques instants. Quand il se fixe de nouveau, lire la température indiquée.

- Observer la graduation de l'instrument pour lire la température exacte. Utiliser la plus petite division.

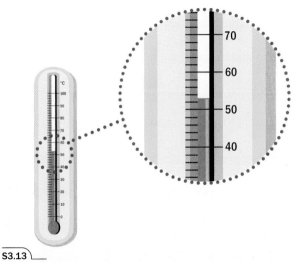

S3.13

La plus petite division de ce thermomètre est 2 °C.
On lira donc 52 °C plus la moitié de la division suivante,
soit 1 °C. La température indiquée est 53 °C.

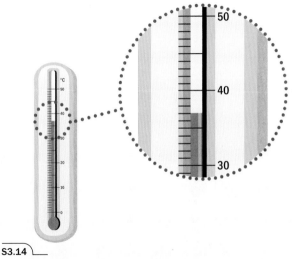

S3.14

La plus petite division de ce thermomètre est 1 °C.
La température indiquée est donc 37 °C.

Pour mesurer la température, on utilise l'échelle des degrés Celsius,
où l'eau gèle à 0 °C et bout à 100 °C.

QUELQUES RÈGLES DE SÉCURITÉ

- Manipuler les thermomètres avec soin car ils sont fragiles.
  Leur réservoir, en particulier, peut se briser facilement.

- Ne jamais mélanger des substances avec un thermomètre.

- Éviter de frapper le thermomètre contre les parois des
  récipients.

- Ranger le thermomètre sans tarder après son utilisation.
  Laissé sur une table, il a tendance à rouler. Et s'il tombe,
  il se brisera.

ATTENTION : si un thermomètre à mercure se casse, avertir
immédiatement l'enseignante ou l'enseignant. Le mercure est
toxique et il doit être récupéré de façon sécuritaire.

3.7 Comment mesurer le pH d'une substance ?

On peut mesurer le pH d'une substance avec du papier de tournesol (qui n'indique que l'acidité ou la basicité), du papier pH, des solutions de colorants indicateurs (indicateur universel) et des appareils appelés « pH-mètres ».

L'indicateur universel, le papier pH et le pH-mètre de jardinage donnent une précision de l'ordre de 1 unité de pH. Pour obtenir une mesure plus précise (de l'ordre de 0,1 unité de pH), il faut un pH-mètre plus perfectionné.

S3.15
Échelle du pH et indicateur universel.

S3.16
Papier pH.

S3.17
pH-mètre.

S3.18
pH-mètre de poche.

Mesurer le pH des liquides

On peut mesurer le pH des liquides de trois façons.

AVEC LE PAPIER pH	AVEC L'INDICATEUR UNIVERSEL DE pH	AVEC LE pH-MÈTRE
• Tremper le papier pH dans le liquide. • Comparer la couleur du papier à celles de l'échelle qui figure sur l'emballage du distributeur de papier.	• Verser 2 ml ou 3 ml du liquide dans un contenant, par exemple une éprouvette. • Ajouter 3 ou 4 gouttes d'indicateur universel. Si on ne pense pas avoir besoin du liquide une fois qu'on aura mesuré son pH, on peut laisser tomber les gouttes d'indicateur directement dans le liquide. • Comparer la couleur du liquide à celles de l'échelle fournie avec l'indicateur universel.	• Lire le mode d'emploi du pH-mètre (il peut varier d'un appareil à l'autre). • Vérifier la précision de l'instrument avec une solution ayant un pH connu. • Rincer les électrodes avec de l'eau distillée avant et après chaque lecture.

Mesurer le pH des solides

Le pH des solides se mesure de différentes façons. Voici les plus courantes.

• On transforme une partie du solide en solution. On trouve ensuite le pH de la solution obtenue à l'aide de papier pH, de l'indicateur universel ou d'un pH-mètre. Par exemple, si on veut mesurer le pH d'un pain de savon, on en dilue un morceau dans de l'eau et on trouve le pH de la solution obtenue avec du papier pH.

• Lorsqu'on ne veut pas diluer une partie du solide, on verse quelques gouttes d'indicateur universel directement sur un morceau du solide.

Mesurer le pH des sols

Il est souvent utile de mesurer le pH d'un sol. Voici deux façons de le faire.

AVEC L'INDICATEUR UNIVERSEL	AVEC UN pH-MÈTRE DE JARDINAGE
• Déposer une pincée de terre dans un petit contenant d'eau. • Ajouter quelques gouttes d'indicateur universel. • Comparer la couleur de la solution à celles de l'échelle graduée fournie avec l'indicateur.	• Lire le mode d'emploi du pH-mètre de jardinage. • Enfoncer la ou les sondes dans le sol. • Lire la valeur du pH donnée.

S3.19
pH-mètre de jardinage.

3.8 Les unités de mesure du système international (SI)

Plus de 90 % de l'humanité utilise le système international d'unités (SI). Ce système de mesure provient du système métrique. Le tableau suivant fournit les unités de longueur, de masse et de volume couramment utilisées, ainsi que des multiples, des préfixes et des symboles du SI.

MULTIPLES, PRÉFIXES ET SYMBOLES DES UNITÉS DE MESURE*

Multiple	Préfixe	Symbole	Unité de longueur	Unité de masse	Unité de volume
$10^3 = 1000$	kilo	k	**kilomètre (km)**	**kilogramme (kg)**	kilolitre (kl)
$10^2 = 100$	hecto	h	hectomètre (hm)	hectogramme (hg)	hectolitre (hl)
$10^1 = 10$	déca	da	décamètre (dam)	décagramme (dag)	décalitre (dal)
$10^0 = 1$			**mètre (m)**	**gramme (g)**	**litre (L)**
$10^{-1} = 0,1$	déci	d	décimètre (dm)	décigramme (dg)	décilitre (dl)
$10^{-2} = 0,01$	centi	c	**centimètre (cm)**	centigramme (cg)	centilitre (cl)
$10^{-3} = 0,001$	milli	m	**millimètre (mm)**	**milligramme (mg)**	**millilitre (ml)**
$10^{-6} = 0,000\ 001$	micro	µ	**micromètre (µm)**	**microgramme (µg)**	**microlitre (µl)**

* Les unités utilisées couramment sont en caractères gras.

SECTION 4 Comment utiliser certains procédés en science ?

Un procédé, c'est une méthode dont on se sert pour parvenir à un résultat déterminé. Les procédés présentés dans cette section permettent de mesurer certaines propriétés caractéristiques ou de séparer les constituants d'un mélange.

4.1 Comment mesurer le point de fusion ?

Pour mesurer le point de fusion d'une substance solide, il faut la chauffer doucement et noter à quelle température elle commence à fondre.

UNE MÉTHODE DE MESURE
CHAUD

- Remplir un bécher de 400 ml aux deux tiers d'eau.
- Déposer le bécher sur une plaque chauffante.
- Verser le solide dont on veut mesurer le point de fusion dans l'éprouvette, jusqu'à une hauteur de 3 cm. Cette quantité permet de recouvrir complètement le réservoir du thermomètre.
- Fixer l'éprouvette à un support universel à l'aide d'une pince universelle.
- Plonger l'éprouvette dans l'eau du bécher. S'assurer que la base de l'éprouvette est à au moins 1 cm du fond du bécher.
- Placer un thermomètre dans l'éprouvette et le fixer au support universel à l'aide d'une pince à thermomètre.
- Chauffer doucement.
- S'assurer que le thermomètre est en contact avec la phase liquide de la substance lorsque cette dernière commence à fondre.
- Noter la température dès qu'un peu de liquide se forme au fond de l'éprouvette.
- Continuer à chauffer et noter la température aux 30 secondes.
- Poursuivre l'expérience jusqu'à ce que toute la phase solide soit fondue.

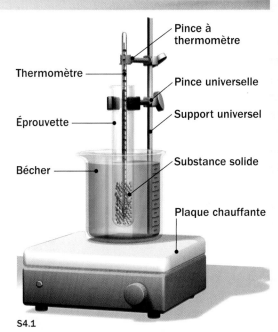

Pince à thermomètre

Thermomètre

Pince universelle

Éprouvette

Support universel

Bécher

Substance solide

Plaque chauffante

S4.1
Il faut noter la température dès que du liquide apparaît.

Le point de fusion correspond à la température notée au moment où le solide commence à fondre. Lorsque la substance est pure, la température reste constante tant qu'il y a une phase liquide et une phase solide. Lorsqu'il s'agit d'un mélange, la température ne reste jamais constante.

4.2 Comment mesurer le point d'ébullition ?

Pour mesurer le point d'ébullition d'une substance liquide, il faut la chauffer doucement et noter à quelle température elle commence à bouillir.

UNE MÉTHODE DE MESURE
CHAUD

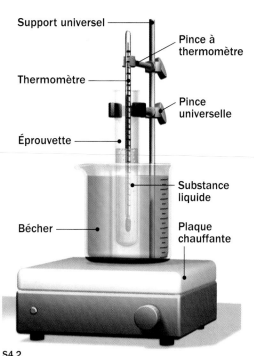

Support universel

Pince à thermomètre

Thermomètre

Pince universelle

Éprouvette

Substance liquide

Bécher

Plaque chauffante

S4.2
Il faut noter la température dès que des bulles se forment.

- Remplir un bécher de 400 ml aux deux tiers d'eau.

- Déposer le bécher sur une plaque chauffante.

- Mesurer 6 ml du liquide dont on veut mesurer le point d'ébullition et le verser dans une éprouvette.

- Fixer l'éprouvette à un support universel à l'aide d'une pince universelle.

- Plonger l'éprouvette dans l'eau du bécher. S'assurer que la base de l'éprouvette est à au moins 1 cm du fond du bécher.

- Placer un thermomètre dans l'éprouvette et le fixer au support universel à l'aide d'une pince à thermomètre.

- Chauffer doucement.

- Noter la température dès que le liquide commence à bouillir (des bulles se forment).

- Continuer à chauffer et noter la température aux 30 secondes.

- Cesser de chauffer si la température demeure constante depuis quelques minutes.

Le point d'ébullition correspond à la température notée au moment où le liquide commence à bouillir. Lorsque la substance est pure, la température reste constante aussi longtemps que la phase liquide est présente. Lorsqu'il s'agit d'un mélange, la température ne demeure jamais constante.

4.3 Comment déterminer si une substance conduit l'électricité ?

Pour savoir si une substance est conductrice, on peut se servir du détecteur de conductibilité. C'est un petit appareil très simple qu'on peut utiliser avec toutes sortes de matériaux, qu'ils soient solides ou liquides. On peut en fabriquer un avec une pile, une petite ampoule et quelques bouts de fils électriques qui serviront d'électrodes.

On place les deux électrodes en contact avec la substance à tester. Si la substance est conductrice, l'ampoule s'allumera.

On peut aussi se servir d'un multimètre. C'est un appareil plus perfectionné qui permet de mesurer, entre autres, l'intensité du courant électrique.

4.4 Comment séparer les mélanges?

Le choix de la méthode de séparation dépend du type de mélange et de ses constituants.

La décantation

Cette méthode permet de séparer les mélanges hétérogènes qui contiennent au moins une phase liquide. On s'en sert aussi pour séparer des mélanges faits de deux liquides non miscibles, comme l'eau et l'huile.

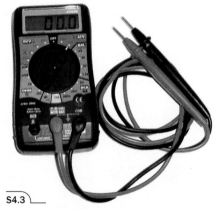

S4.3

Le multimètre indique la conductibilité électrique d'un matériau ou d'un objet.

UNE MÉTHODE POUR LES MÉLANGES LIQUIDE-SOLIDE

- Agiter le mélange afin de bien mêler ses constituants.

- Verser le mélange dans un contenant en verre. L'utilisation d'un contenant étroit, comme le cylindre gradué, facilite l'opération.

- Laisser reposer le mélange jusqu'à ce qu'il y ait une ligne de séparation bien nette entre les phases. Cela peut prendre de quelques minutes à plusieurs heures, selon la nature des constituants du mélange.

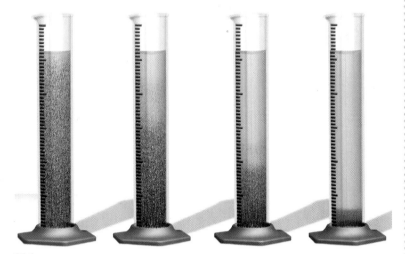

S4.4

La gravité provoque la séparation des constituants du mélange.

- Transvider délicatement le liquide surnageant en évitant de brouiller le mélange. Pour retenir plus facilement le solide dans le récipient tout en laissant passer le liquide, poser une tige de verre en travers de l'ouverture.

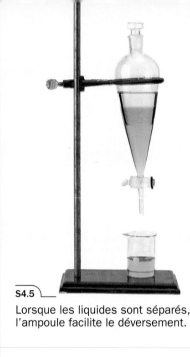

S4.5

Lorsque les liquides sont séparés, l'ampoule facilite le déversement.

Si l'on veut récupérer le solide, il faut l'assécher (voir « L'évaporation », page 260).

Lorsque le mélange est fait de constituants liquides uniquement, on peut utiliser une ampoule à décantation.

UNE MÉTHODE AVEC L'AMPOULE À DÉCANTATION

- Agiter le mélange afin de bien mêler ses constituants.
- Verser le mélange dans l'ampoule à décantation.
- Laisser reposer le mélange jusqu'à ce que les liquides se superposent et soient bien séparés.
- Retirer le bouchon de l'ampoule afin que le liquide puisse s'écouler.
- Ouvrir le robinet de l'ampoule et laisser passer les liquides un à un. Recueillir les liquides séparément.

La centrifugation

On utilise cette méthode pour séparer des mélanges hétérogènes qui ont au moins une phase liquide. On choisit la centrifugation plutôt que la décantation quand :

- les constituants du mélange prennent beaucoup de temps à décanter ;
- les volumes à traiter ne sont pas trop grands ;
- le solide ne doit pas être récupéré.

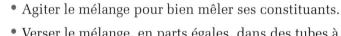

UNE MÉTHODE AVEC LA CENTRIFUGEUSE

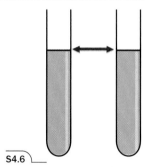

S4.6

Les tubes doivent contenir la même quantité de mélange.

- Agiter le mélange pour bien mêler ses constituants.
- Verser le mélange, en parts égales, dans des tubes à centrifugation ou dans des éprouvettes. Les récipients doivent tous contenir le même volume de mélange. Lorsqu'il y a déséquilibre entre les volumes, la centrifugeuse se met à vibrer.
- Disposer les tubes comme suit dans l'appareil :
  - Un tube de mélange : verser le même volume d'eau dans un autre tube et placer les deux tubes face à face ;
  - Deux ou quatre tubes de mélange : placer les tubes face à face ;
  - Trois tubes de mélange : laisser un espace vide entre chaque tube ;
  - Cinq tubes de mélange : remplir l'emplacement restant d'un tube contenant le même volume d'eau.

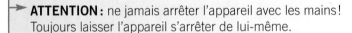

- Démarrer la centrifugeuse. En quelques secondes, elle tournera à très grande vitesse. Si la centrifugeuse vibre, c'est qu'elle est déséquilibrée. Il faut alors arrêter l'appareil et vérifier l'équilibrage des tubes.

> **ATTENTION :** ne jamais arrêter l'appareil avec les mains ! Toujours laisser l'appareil s'arrêter de lui-même.

- Laisser tourner la centrifugeuse quelques minutes si elle ne vibre pas. De 3 à 5 minutes suffisent pour la plupart des mélanges.

- Arrêter l'appareil. Une fois qu'il ne tourne plus, retirer les tubes de leur emplacement.

- Transvider délicatement le liquide surnageant dans un bécher ou dans une éprouvette.

S4.7
Les tubes doivent être placés adéquatement pour ne pas que l'appareil vibre.

Le tamisage

Cette méthode permet de séparer les différents constituants solides des mélanges hétérogènes. Toutefois, le tamisage ne permet pas nécessairement de séparer tous les constituants les uns des autres. Par exemple, des particules qui sont de nature différente mais qui ont une taille semblable passeront par le même tamis.

UNE MÉTHODE POUR TAMISER

- Choisir les tamis en fonction de la grosseur des particules solides. Utiliser plusieurs tamis pour recueillir des particules solides de différentes grosseurs. Commencer avec un tamis à grands trous, puis passer à des tamis dont les trous sont de plus en plus petits.

- Verser le mélange dans le tamis.

- Agiter doucement le tamis au-dessus d'un récipient afin de faire passer les particules par les trous.

S4.8
Il faut choisir le tamis selon la grosseur des particules.

La filtration

Cette méthode permet de séparer la phase liquide des constituants solides d'un mélange hétérogène.

UNE MÉTHODE POUR FILTRER

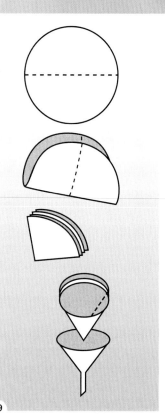

S4.9
Le papier-filtre doit être plié en quatre pour former un cône.

- Choisir le papier-filtre approprié :
  - le papier-filtre « grossier » ou « rapide » laisse passer le liquide rapidement, mais il peut aussi laisser passer des particules solides fines ;
  - le papier-filtre « lent » ou « fin » retient les particules fines, mais il laisse passer le liquide lentement.
- Plier le papier-filtre en deux, puis en quatre. Former un cône en plaçant trois épaisseurs de papier d'un côté et une seule de l'autre.
- Déposer le cône dans l'entonnoir. Mouiller le filtre afin qu'il adhère bien à l'entonnoir.
- Placer l'entonnoir dans l'ouverture d'un contenant, de préférence un erlenmeyer. Au besoin, maintenir l'entonnoir en place à l'aide d'un support à anneau ou à entonnoir, ou à l'aide d'une pince.
- S'assurer que le bout de l'entonnoir ne touche pas le fond du contenant ou qu'il ne trempe pas dans le liquide déjà filtré, car cela empêcherait le liquide de couler.
- Verser doucement le mélange à filtrer dans l'entonnoir, sans dépasser le rebord du papier. Le solide restera dans le papier-filtre et le liquide s'écoulera lentement dans le contenant.

L'évaporation

Cette méthode permet de séparer les constituants des mélanges, hétérogènes ou homogènes, qui contiennent peu de liquide.

UNE MÉTHODE À L'AIR LIBRE

- Verser le mélange dans un contenant ayant une grande ouverture, par exemple un bécher ou un verre de montre, selon la quantité de mélange à évaporer.
- Laisser sécher le mélange à l'air libre. Le liquide s'évaporera doucement.

UNE MÉTHODE D'ACTIVATION

- Chauffer doucement le mélange pour activer le processus.
- Éviter en tout temps de faire bouillir le mélange.

La distillation

Cette méthode permet de recueillir la phase liquide des mélanges hétérogènes ou homogènes. Voici deux méthodes de distillation.

UNE MÉTHODE SIMPLE

- Verser le mélange à distiller dans un erlenmeyer, un ballon ou une éprouvette. Mettre un bouchon troué dans l'ouverture du récipient.

- Poser le récipient sur une plaque chauffante. Si le mélange a été versé dans un ballon ou une éprouvette, utiliser un support universel et une pince universelle pour maintenir le récipient en place.

- Assembler un tube de caoutchouc et un tube de verre coudé à angle de 90°. Insérer le tube de verre dans le bouchon du récipient.

- Placer l'autre extrémité du tube de caoutchouc dans une éprouvette reposant dans un bécher contenant de la glace.

- Chauffer modérément le mélange pour éviter que le liquide pénètre dans le tube de caoutchouc.

- Arrêter de chauffer pendant qu'il reste encore un peu de liquide dans le récipient contenant le mélange, sinon il pourrait se briser.

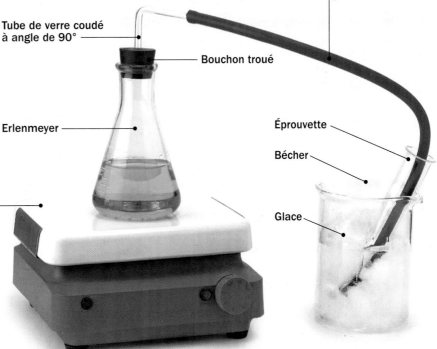

Tube de caoutchouc

Tube de verre coudé à angle de 90°

Bouchon troué

Erlenmeyer

Éprouvette

Bécher

Glace

Plaque chauffante

S4.10

Le liquide dont le point d'ébullition est le plus bas entre en ébullition. Il se transforme alors en gaz, s'évapore dans le tube et redevient liquide dans l'éprouvette glacée.

Section 4 · Comment utiliser certains procédés en science ?

UNE MÉTHODE AVEC LE TUBE RÉFRIGÉRANT

CHAUD

- Réaliser le montage illustré :
  - Choisir un ballon correspondant au volume de mélange à distiller.
  - Fixer ce ballon à un support universel avec une pince universelle.
  - Placer une plaque chauffante sous le ballon.
  - Installer un tube réfrigérant à un autre support universel à l'aide d'une pince universelle.
  - Verser quelques pierres poreuses dans le ballon contenant le mélange afin d'obtenir une ébullition stable du liquide.
  - Fixer le tube réfrigérant au ballon à l'aide d'un tube coudé à angle de 70° et de deux bouchons troués.
  - Placer l'extrémité d'un tube de caoutchouc à l'entrée d'eau située au bas du tube réfrigérant. Relier l'autre extrémité du tube au robinet d'eau froide.
  - Relier la sortie d'eau, située dans le haut du tube réfrigérant, à un tube de caoutchouc qui va au lavabo.
  - Placer un contenant sous la sortie du tube réfrigérant pour recueillir le liquide distillé.

- Ouvrir doucement le robinet d'eau froide. Vérifier s'il n'y a pas de fuite et si l'eau s'écoule bien dans le lavabo.

- Faire chauffer le mélange modérément. Quand le mélange commence à bouillir, maintenir le niveau de chauffage pour conserver une ébullition modérée. Si de la vapeur sort du tube réfrigérant, diminuer le chauffage.

- Arrêter de chauffer pendant qu'il reste encore un peu de liquide dans le ballon, sinon il pourrait se briser.

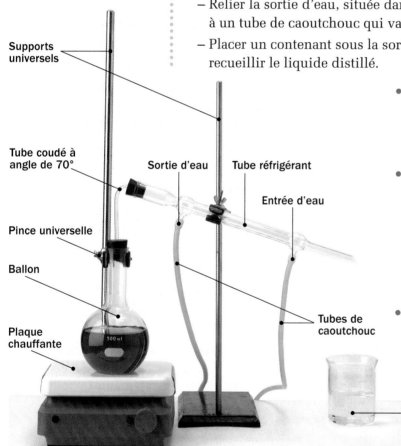

Supports universels

Tube coudé à angle de 70°

Sortie d'eau

Tube réfrigérant

Entrée d'eau

Pince universelle

Ballon

Tubes de caoutchouc

Plaque chauffante

Contenant pour recueillir le liquide distillé

S4.11

Le liquide dont le point d'ébullition est le plus bas entre en ébullition. Il se transforme alors en gaz et s'évapore dans le tube réfrigérant, où il redevient liquide.

SECTION 5 Comment aménager de petits environnements artificiels?

On peut facilement aménager, en classe ou à la maison, de petits environnements artificiels. Ces aménagements permettent d'observer des vivants, d'étudier les relations qu'ils ont entre eux et avec leur milieu.

5.1 Comment aménager un mini-aquarium?

La réalisation d'un mini-aquarium demande peu de matériel: une grosse bouteille, un peu de sable ou de gravier, des plantes aquatiques et, évidemment, des poissons!

S5.1
Ce mini-aquarium est facile à faire et prend peu de place.

L'INSTALLATION

- Trouver un contenant de 1 L ou de 2 L, en verre ou en plastique transparent. Ce pourrait être une bouteille de boisson gazeuse, un contenant de crème glacée ou un grand pot de conserve. Laver le contenant et le rincer abondamment afin qu'il ne reste plus de trace de produit nettoyant.

- Rincer à l'eau plusieurs fois un peu de sable ou du petit gravier afin de le débarrasser de ses saletés. Déposer le sable ou le gravier dans le fond du contenant pour former une couche d'environ 5 cm d'épaisseur.

- Ajouter juste assez d'eau pour recouvrir le gravier ou le sable.

- Placer dans cette couche de fond les plantes aquatiques et, s'il y a lieu, les autres éléments de décor, par exemple des cailloux.

- Verser délicatement de l'eau jusqu'au niveau souhaité.

- Si possible, ajouter un peu de gravier et quelques millilitres d'eau provenant d'un autre aquarium. Cela permet d'introduire des bactéries qui pourront recycler les déchets. S'assurer que le gravier et l'eau proviennent d'un aquarium qui n'a aucune maladie.

- Laisser reposer l'aquarium au moins deux jours, si possible une semaine, afin que les bactéries se développent.

- Choisir les poissons selon les critères suivants:
  - leur taille (habituellement on calcule 1 cm de longueur de poisson pour 2 L d'eau);
  - leur alimentation;
  - leurs besoins en lumière et en oxygène;
  - leur agressivité entre eux ou envers d'autres espèces;
  - leur résistance aux variations du milieu.

- S'assurer que la température de l'eau convient aux poissons choisis.

- Éviter d'exposer l'aquarium à la lumière du soleil car l'eau se réchaufferait et pourrait entraîner la mort des poissons. De plus, les algues se multiplieraient très vite.

5.2 Comment aménager un vivarium ?

Un vivarium permet de recréer artificiellement un habitat particulier. Il est plus facile de réaliser un vivarium qui n'a pas d'animaux car on peut alors le transformer en écosystème autonome, fermé par un couvercle.

Plante

Terreau

Moustiquaire ou nylon

Élément décoratif

Charbon de bois

Sable ou gravier

S5.2
Le vivarium peut reconstituer un environnement particulier, par exemple un désert, une forêt équatoriale ou une tourbière.

LE VIVARIUM SANS ANIMAUX

- Trouver un contenant transparent, en verre ou en plastique, d'au moins 10 L. Par exemple, ce peut être un gros bac de plastique ou un aquarium. Les récipients plus petits peuvent convenir, mais on devra y mettre moins d'espèces. Il sera aussi plus difficile de maintenir l'équilibre de leur milieu. Laver, rincer plusieurs fois et assécher le récipient.

- Déposer au fond du gros sable ou du gravier afin de former une couche de 1 cm à 4 cm d'épaisseur, selon la grosseur du contenant. Cette couche permettra de drainer le surplus d'eau, s'il y a lieu.

- Ajouter une couche de 1 cm de charbon de bois pour absorber les odeurs.

- Recouvrir le charbon d'une fine moustiquaire ou d'un tissu synthétique (le nylon, par exemple) pour empêcher le terreau de s'infiltrer dans le gravier ou le sable.

- Déposer une couche du terreau approprié : terre pour les cactus et les plantes tropicales ou terreau acide pour les plantes de tourbière. S'assurer que la couche de terreau est assez épaisse pour permettre l'enracinement des plantes. En général, les trois couches (gravier ou sable, charbon et terreau) devraient occuper entre le tiers et la moitié de la hauteur du contenant.

- Ajouter des éléments décoratifs, par exemple des cailloux. Laver, rincer et assécher ces éléments avant de les placer dans le vivarium.

- Choisir les plantes en fonction des critères suivants:
  - elles sont représentatives du milieu que l'on veut recréer;
  - elles poussent lentement;
  - elles ne deviennent pas trop hautes;
  - elles ont les mêmes besoins concernant la lumière, l'humidité et la température.

LE VIVARIUM AVEC ANIMAUX

- Suivre les consignes ci-dessus pour préparer le milieu dans lequel les animaux vivront. S'assurer que ce milieu correspond à l'habitat des animaux choisis.

- Choisir, de préférence, des animaux à sang froid (insectes, amphibiens et reptiles) car ils s'adaptent bien en milieu artificiel. Leur métabolisme, leur activité et leurs besoins en nourriture sont moins grands que ceux des animaux à sang chaud (oiseaux et mammifères).

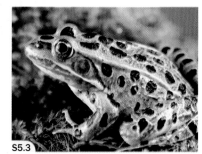

S5.3
Cette grenouille léopard s'adapte bien à la vie en vivarium.

- Prévoir une source d'alimentation en eau et changer souvent cette eau.

- Nourrir les animaux selon les recommandations de l'animalerie, ou celles de l'enseignante ou de l'enseignant. Les types et la quantité d'aliments ainsi que la fréquence des repas varient selon les espèces et le nombre d'animaux.

- Ajouter un petit bassin, par exemple un bol de plastique, si les animaux choisis ont besoin de se baigner régulièrement. Il faut qu'ils puissent entrer facilement dans ce bassin et en sortir tout aussi facilement.

- Aménager une zone où les animaux pourront se cacher, au besoin.

- Prévenir les évasions en ajoutant un grillage sur la partie ouverte du vivarium. Placer aussi les animaux dans des cages fermées lorsqu'on les retire du vivarium pour le nettoyer. S'assurer que les animaux ne pourront pas ouvrir le grillage ni les portes des cages de l'intérieur.

L'ENTRETIEN

- Éviter d'arroser trop souvent le vivarium. Utiliser de l'eau qui a reposé une journée ou deux afin que le chlore s'en soit évaporé. Au premier arrosage, verser l'eau jusqu'à ce qu'elle commence à s'écouler dans le gravier (sauf si le vivarium contient des plantes désertiques). Les quantités d'eau et la fréquence des arrosages varient selon les plantes et les animaux du vivarium.

- Placer le vivarium dans un lieu éclairé par des lampes fluorescentes ou par la lumière naturelle. Respecter les besoins des plantes en ce qui concerne la quantité de lumière. Éviter l'exposition directe au soleil car le vivarium surchaufferait et les vivants qu'il contient pourraient en mourir.

- Ajouter de l'engrais liquide à base d'émulsion de poisson lorsque les plantes sont en période de croissance. Faire cet ajout une fois par mois au maximum.

- Retirer les feuilles mortes. Tailler les plantes trop envahissantes.

5.3 Comment aménager un milieu de compostage ?

Le compostage sert à recycler des matières provenant de certains vivants. On peut utiliser le compost pour améliorer le sol d'un jardin ou celui des pots de fleurs, par exemple.

Le lombricompostage, ou vermicompostage, permet de transformer en compost de petites quantités de déchets. Ce sont des vers de terre (lombrics) qui provoquent cette transformation.

Trou d'aération

Couvercle

Cœur de pomme

Terreau

Vers

Moustiquaire

Trou de drainage

Plateau

S5.4
Ce lombricomposteur est facile à réaliser.

L'INSTALLATION

- Choisir un contenant de plastique de la taille d'un bac à recyclage. Il doit être muni d'un couvercle.

- Faire des trous d'aération dans le couvercle et des trous de drainage dans le fond du bac. Recouvrir ces trous d'une fine moustiquaire pour empêcher les vers de s'évader.

- Placer un plateau sous le bac. Ce plateau servira à recueillir le surplus de liquide.

- Préparer le terreau, ou litière, dans lequel les vers vivront. Pour cela, mélanger des parts égales de sable, de terre à jardinage et de papier déchiqueté. Au total, la litière devrait mesurer de 5 cm à 10 cm d'épaisseur. Maintenir ce milieu légèrement humide.

- Se procurer l'une des espèces de vers rouges pouvant servir au lombricompostage. Elles sont vendues par des fournisseurs spécialisés. Les deux espèces les plus utilisées sont le ver du fumier (*Eisenia fœtida*) et le ver de Californie (*Eisenia endreï*). Les gros lombrics que l'on voit dans les jardins ne font pas l'affaire.

- Nourrir les vers une fois par semaine avec des déchets végétaux de cuisine : pelures ou restes de fruits et de légumes, marc de café, etc. Couper les résidus en petits morceaux. Ne pas mettre au compostage des matières animales comme des restes de viandes, du gras et des os.

5.4 Comment aménager un milieu de culture pour les protozoaires ?

Il est facile de réaliser un milieu de culture dans le but d'observer les protozoaires au microscope. Les protozoaires sont présents dans tous les milieux humides. On en trouve aussi dans le sol, sur les plantes et les débris végétaux secs, mais sous une forme de vie très ralentie.

L'INSTALLATION

- Choisir un contenant en verre ou en plastique de 250 ml à 1 L. Un bécher ferait très bien l'affaire.

- Placer dans le fond du contenant une poignée de terre. Ajouter ensuite une poignée de débris végétaux, comme des feuilles mortes, du foin ou de l'herbe.

- Recouvrir cette couche de fond de 5 cm à 10 cm d'eau provenant d'un étang, d'un ruisseau ou d'un aquarium. On peut aussi utiliser l'eau du robinet, mais il faut la laisser reposer une journée avant de la verser dans le contenant pour que le chlore s'évapore.

- Recouvrir le contenant d'un couvercle ou d'une pellicule de plastique afin d'éviter que l'eau s'évapore. Ne pas fermer hermétiquement le contenant.

Pellicule de plastique

Bécher

Eau

Débris

Terre

S5.5

Ce milieu de culture est conçu pour les protozoaires.

SECTION **6** Les outils

Pour faire un bon travail, il faut choisir les bons outils. Ceux qui sont présentés ci-dessous sont employés couramment.

6.1 **Les outils de mesurage et de traçage**

Le ruban à mesurer, le rapporteur d'angles, le compas, la règle, le niveau, les équerres et les gabarits de dessin permettent de mesurer et de tracer précisément des droites, des angles et des formes circulaires.

Pour des conseils concernant la prise des mesures, voir « Comment mesurer la longueur ? », à la page 243.

6.2 **Les serres et les étaux**

Les serres permettent de garder solidement en place les objets que l'on veut coller ou façonner. On peut s'en servir pour fixer les pièces à la table de travail ou pour les joindre ensemble.

Les étaux servent aussi à maintenir en place les pièces, le temps qu'on les travaille.

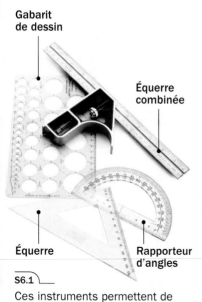

Gabarit de dessin

Équerre combinée

Équerre

Rapporteur d'angles

S6.1

Ces instruments permettent de mesurer et de tracer avec précision.

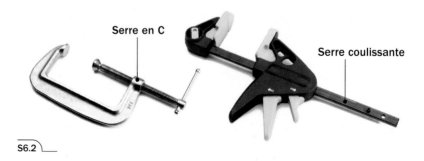

Serre en C

Serre coulissante

S6.2

6.3 **Les pinces et les cisailles**

Les pinces peuvent remplir plusieurs fonctions, selon leur forme :

- saisir des objets très petits ou difficiles à atteindre ;

- manipuler des substances ou des objets sans les toucher directement avec ses mains, par exemple parce qu'ils sont chauds ou abrasifs ;

- serrer ou maintenir ensemble les pièces ;

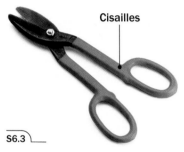

Cisailles

S6.3

Section 6 · Les outils

- donner une forme aux pièces ;
- couper les fils métalliques.

Pour découper de grandes pièces, par exemple des feuilles de tôle, on choisira plutôt des cisailles.

Pince coupante

Pince d'électricien

Pince à bec fin

Pince multiprise

Pinces à ressort

Pince à dénuder

S6.4

6.4 Les couteaux

On peut couper plusieurs matériaux avec des couteaux. Le couteau universel à lame rétractable est très polyvalent. Il permet de couper avec précision une foule de matériaux. Voici d'autres exemples :

- le couteau rotatif coupe rapidement les matériaux mous en produisant des courbes ou des effets décoratifs ;

- le couteau à plastique coupe facilement les feuilles de plastique gaufrées ;

- le couteau compas découpe des cercles dans des matériaux cartonnés.

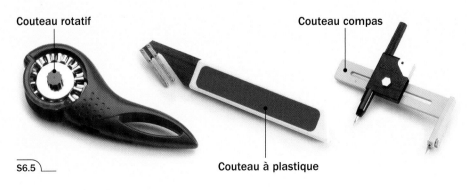

Couteau rotatif

Couteau compas

Couteau à plastique

S6.5

LE COUTEAU UNIVERSEL

- Toujours se servir d'une lame affûtée. Pour changer la lame ou briser la section usée, tenir la partie à enlever avec une pince.

- Ajuster la lame à la longueur minimale requise.

- Placer l'objet à couper sur un tapis de coupe ou un carton.

- Couper à plat, sur une surface stable et droite. Se servir d'une règle à tracer de sécurité (règle en métal).

- Toujours déplacer le couteau vers soi. Prendre soin de garder la main libre à l'écart de la trajectoire du couteau.

- N'appliquer qu'une légère pression. Au besoin, refaire la coupe plusieurs fois et changer la lame ; une lame usée exige plus de pression, ce qui augmente les risques de blessures.

- Rétracter la lame dans le manche après usage.

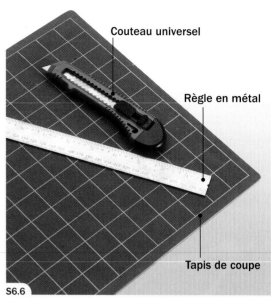

Couteau universel

Règle en métal

Tapis de coupe

S6.6

Le couteau universel est très pratique puisqu'il permet de couper facilement plusieurs matériaux.

6.5 Les scies

Pour couper certains matériaux, il faut prendre une scie. On choisit :

- une scie à dos et une boîte à onglets pour faire des coupes précises destinées aux assemblages ;

- une scie à chantourner pour découper des courbes ;

- une scie à métaux pour couper tant les métaux mous, comme le cuivre et le fer, que les métaux durs, comme l'acier et différents alliages (on change la lame selon le métal que l'on veut couper).

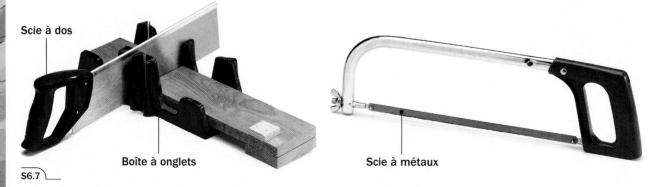

Scie à dos

Boîte à onglets

S6.7

Scie à métaux

LE SCIAGE

- S'assurer que la pièce à scier ne contient pas de corps étranger, comme un clou ou une vis.

- Prendre les mesures exactes et tracer une ligne de coupe.

- Maintenir en place la pièce à l'aide d'un étau, d'une serre ou d'une boîte à onglets.

- Faire attention de ne pas couper la surface sous la pièce à scier.

S6.8 — **Scie à chantourner**

6.6 Les perceuses

Comme son nom le dit, la perceuse sert à percer des trous, mais elle a aussi d'autres usages. Selon les accessoires qu'on y fixe, la perceuse peut également servir à poncer, à brosser et à visser.

- La chignole est une perceuse manuelle. Il faut tourner la manivelle pour actionner le foret. Employée avec son support, elle est très sécuritaire. Elle peut percer le bois et le plastique.

- La plupart des perceuses électriques sont à vitesse variable et à mouvement réversible. Selon le foret ou la mèche que l'on choisit, on peut percer du bois, du plastique, du métal ou de la maçonnerie. On peut aussi faire des trous de différents diamètres.

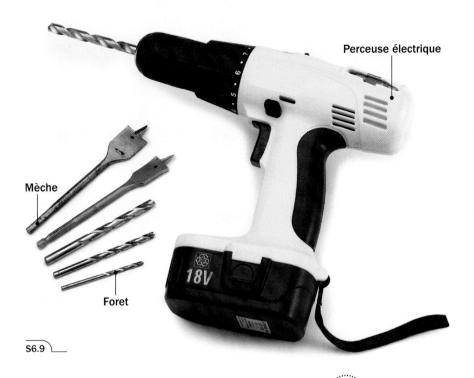

Perceuse électrique

Mèche

Foret

S6.9 —

Les outils

Section 6

- Suivre l'une ou l'autre de ces consignes, selon le mandrin de la perceuse :
  - avec mandrin à clé : ouvrir le mandrin avec la clé spéciale, insérer la mèche ou le foret, serrer le mandrin avec la clé ;
  - avec mandrin autoserrant : insérer la mèche ou le foret et visser le mandrin.
- Fixer solidement l'objet à percer avec un étau ou une serre.
- Choisir la mèche ou le foret en fonction du matériau à percer et de la grosseur du trou désirée.

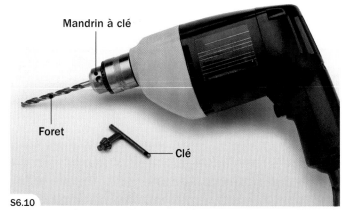

S6.10

La pièce qui fixe le foret ou la mèche à la perceuse s'appelle le « mandrin ». Pour resserrer certains mandrins, il faut utiliser une clé conçue à cet effet. D'autres modèles sont autoserrants : il suffit alors de les visser.

- Avant d'utiliser la perceuse, poinçonner avec un clou ou un poinçon le centre du trou à percer, surtout si le matériau est dur. Ainsi, la mèche ou le foret ne glissera pas sur la surface.
- Ajouter de temps en temps quelques gouttes d'huile sur la mèche lorsqu'on perce du métal. Ainsi, la mèche ne surchauffera pas.
- Éviter d'appuyer fortement sur la perceuse.

6.7 Le fer à souder

Le fer à souder permet de lier des métaux, qu'il s'agisse de petits fils métalliques, de circuits électriques ou de plaques métalliques.

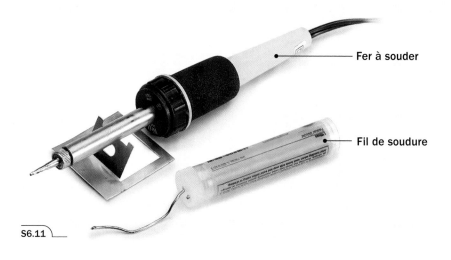

S6.11

- Nettoyer le bout du fer à souder avec une laine d'acier ou un papier émeri. Faire la même chose avec les parties métalliques à souder.

- Ajouter de la pâte à souder sur les parties métalliques à lier. Chauffer ensuite ces parties avec le fer. Quand le métal est chaud, appliquer le bout du fil de soudure sur les parties métalliques placées côte à côte (et non pas sur le fer). En fondant, le fil de soudure formera une liaison entre elles.

- Pour souder de très petites surfaces, par exemple deux fils électriques, inutile d'appliquer de la pâte à souder. Chauffer tout simplement les parties métalliques, puis appliquer entre elles un fil de soudure contenant de la résine.

> **ATTENTION :** le fer, le métal chaud et la soudure peuvent causer des brûlures !

6.8 Les clous, les vis et les boulons

Les clous

Pour assembler des pièces de bois, on peut se servir d'une multitude de clous. Les plus utilisés sont les clous à tête. Ils permettent de maintenir solidement en place des assemblages permanents. Pour la finition, on choisit plutôt des clous sans tête. Ils sont presque invisibles sur la surface clouée.

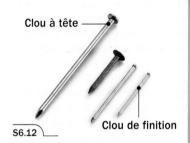

Clou à tête
Clou de finition
S6.12

Les vis

On utilise les vis lorsqu'on veut augmenter la solidité du lien ou lorsqu'on désire démonter par la suite les pièces assemblées. Pour que le bois ne fende pas quand on y insère une vis, on perce d'abord un trou à l'aide d'une perceuse. Le diamètre du foret doit être un peu plus petit que le diamètre de la vis. On peut aussi poser des vis dans le béton, le métal et le gypse.

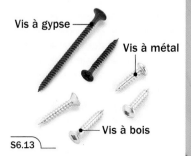

Vis à gypse
Vis à métal
Vis à bois
S6.13

Les boulons et les écrous

On trouve également plusieurs sortes de boulons et d'écrous. On se sert de ces éléments quand il est impossible d'utiliser des clous ou des vis, par exemple si l'on veut assembler des métaux minces. On s'en sert aussi quand on veut faire des assemblages extrarésistants ou qu'on veut pouvoir démonter les objets qu'on a fabriqués.

Avant d'insérer le boulon, il faut d'abord percer un trou dans les deux pièces à assembler. Pour éviter que l'écrou se desserre, on ajoute une rondelle de blocage avant d'y entrer le boulon. La clé à molette permet de bien serrer.

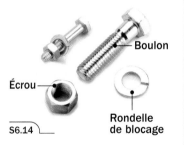

Boulon
Écrou
Rondelle de blocage
S6.14

6.9 Le pistolet-colleur et les colles

Pour assembler des pièces, on peut aussi simplement les coller. Le collage au pistolet est une méthode rapide et pratique. On s'en sert pour coller toutes sortes de matériaux.

LE COLLAGE AU PISTOLET CHAUD

- Brancher le pistolet quelques minutes avant de s'en servir.

- Appuyer doucement sur la gâchette pour faire avancer la colle.

- Appliquer la colle en dirigeant le pistolet vers le bas.

- Tenir les doigts loin de la colle chaude. Au besoin, utiliser un petit bâton ou une pince pour tenir les pièces à coller en place.

➤ **ATTENTION :** la colle atteint plus de 200 °C ! En cas de brûlure, rincer rapidement la partie atteinte avec de l'eau froide et avertir l'enseignante ou l'enseignant.

S6.15

Le pistolet-colleur permet de lier facilement et de façon permanente presque tous les types de matériaux.

Le choix de la colle dépend des matériaux que l'on veut assembler. Le tableau de la page suivante présente les principaux types de colle selon les matériaux à coller ainsi que quelques conseils d'utilisation.

LES TYPES DE COLLE ET LEURS USAGES

Types de colle	Matériaux à coller	Remarques
Colle blanche	Papier, bois et céramique	À utiliser pour les petits travaux.
Colle époxyde	Bois, porcelaine, verre, métal ; idéale pour coller deux matériaux différents	Mélanger le contenu de deux tubes juste avant usage.
Colle de menuisier	Bois, assemblage et réparation de meubles	
Colle contact	Cuir, placages et plastiques	Appliquer une couche sur chaque partie, laisser sécher quelques minutes et joindre les pièces.
Colle instantanée, cyanoacrylate	Tous, sauf les matériaux poreux comme le papier, le carton, le bois, les tissus et certains plastiques	Éviter tout contact avec les doigts. Colle très vite.
Colle thermoplastique (pistolet-colleur)	Tous, sauf les plastiques	

6.10 Les limes, les râpes et le papier émeri

La lime à métal et la râpe à bois permettent d'affûter les pièces et de leur donner une forme. Quant au papier émeri, il apporte la touche de finition : adoucir et polir la surface des matériaux.

Pour éliminer tout défaut sur le bois ou sur un matériau rugueux, on utilise la ponceuse électrique (pour les grandes surfaces) ou le bloc à poncer muni d'un papier émeri. Habituellement, on commence le ponçage avec un papier à gros grains pour finir avec un grain plus petit. Le papier à gros grains enlève plus de matériau, mais il laisse un fini plus rugueux.

Plus le numéro du grain est petit, plus le grain est gros. Par exemple, un papier n° 60 possède de gros grains abrasifs, alors qu'un papier n° 600 a des grains très fins.

Un conseil : ne jamais appuyer trop fortement sur le bloc à poncer.

Bloc à poncer

Lime à métal

Papier émeri

Râpe à bois

S6.16

Les techniques de fabrication se divisent en cinq catégories : le mesurage et le traçage, l'usinage et le formage, la finition, l'assemblage et, finalement, le démontage.

Vous n'utiliserez pas nécessairement toutes ces techniques chaque fois que vous construirez un objet. Mais pour que vous sachiez à quel moment vous en servir, nous verrons, dans cette section, la place qu'occupe chacune d'elles dans la construction d'un objet.

Comme exemple, nous prendrons la fabrication d'une mangeoire d'oiseaux.

ATTENTION : toujours porter des lunettes de sécurité durant la fabrication d'un objet !

7.1 Le mesurage et le traçage

Pour fabriquer un objet, par exemple une mangeoire d'oiseaux, il faut d'abord mesurer précisément les matériaux dont on se servira et tracer des lignes de coupe.

S7.1

Voilà à quoi la mangeoire devrait ressembler une fois finie.

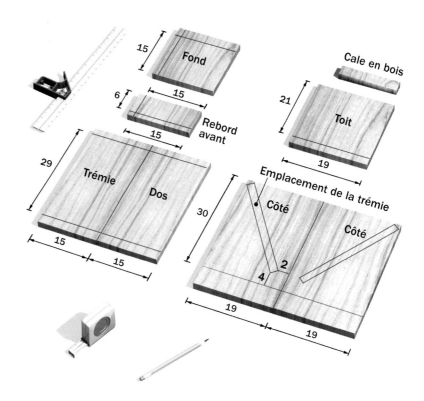

S7.2

Il est important de prendre des mesures exactes, car c'est la base de la construction.

- Mesurer chacune des pièces en suivant les mesures indiquées sur le plan (voir « Comment mesurer la longueur ? », page 243). Pour chaque mesure, marquer au moins trois repères au crayon.

- Tracer les lignes de coupe en reliant les repères. Utiliser :
  - la règle ou le mètre pour tracer des droites ;
  - l'équerre pour former des coins parfaits ;
  - le compas ou un gabarit de dessin pour dessiner des courbes.

- Vérifier si les lignes de coupe correspondent bien aux mesures du plan.

7.2 L'usinage et le formage

À cette étape, on découpe les pièces à l'aide d'outils (usinage) ou on les plie pour leur donner la forme requise (formage).

LA MARCHE À SUIVRE

- Placer un tapis de coupe ou un carton sur le plan de travail afin de protéger sa surface. Au besoin, maintenir solidement en place la pièce à couper, par exemple à l'aide d'une serre coulissante.

- Couper les pièces prévues avec l'outil approprié et selon la méthode requise. Aller lentement afin de suivre parfaitement les lignes de coupe.

> **ATTENTION :** le bord des feuilles de métal est tranchant ! De plus, de petits bouts de bois peuvent pénétrer dans la peau (c'est ce qu'on appelle des « échardes ») quand on manipule du bois coupé !

- Percer les trous aux endroits où les pièces seront assemblées avec des vis ou des boulons.

- Former les pièces, s'il y a lieu, en les pliant. On peut plier facilement à la main les métaux mous et le carton, mais il faut réchauffer un peu le plastique pour lui donner la forme désirée. Quant aux feuilles de métaux durs, on doit d'abord les coincer dans un étau. Ensuite, on les plie en frappant dessus avec un maillet.

S7.3

Il faut découper les pièces ou les former.

7.3 La finition

Une fois que toutes les pièces ont la dimension et la forme requises, on passe à une étape délicate : la finition.

S7.4

L'étape de la finition comprend l'ajustement des pièces à assembler. C'est aussi l'occasion de teindre, de peindre ou de vernir le bois.

LA MARCHE À SUIVRE

- Mesurer de nouveau les pièces pour vérifier si leurs dimensions (longueur, largeur et épaisseur) correspondent parfaitement aux indications du plan.

- Limer les métaux ou râper les pièces de bois, au besoin. Ces travaux permettent d'aplanir les bosses et d'enlever les légers surplus des pièces dont les dimensions ne sont pas tout à fait exactes ou qui ont été mal coupées.

- Poncer le bois dans le sens du grain pour lisser les surfaces. Ce polissage facilitera l'ajout de vernis ou de peinture.

- Teindre, peindre ou vernir les surfaces prévues. On peut aussi effectuer ce travail après l'assemblage, mais seulement si chacune de ces surfaces est alors facilement accessible.

7.4 L'assemblage

L'assemblage termine le processus de fabrication. Pour assembler les pièces, et obtenir ainsi l'objet désiré, il faut utiliser les éléments de liaison appropriés.

Les techniques de fabrication

Section **7**

S7.5

Durant l'assemblage, l'objet planifié prend forme peu à peu.

LA MARCHE À SUIVRE

- Choisir les éléments de liaison en tenant compte des matériaux et du type d'assemblage :
  - pour les assemblages permanents, on peut utiliser la colle, les clous ou la soudure ;
  - pour les assemblages non permanents, on optera pour les vis ou les boulons.
- Choisir les dispositifs de guidage, par exemple des charnières ou des rails, s'il doit y avoir un mouvement de certaines pièces.
- Assembler toutes les pièces selon le plan.

7.5 Le démontage

Il peut être utile, et même parfois nécessaire, de démonter en tout ou en partie un objet. Cela permet de le transporter plus facilement ou de le ranger dans peu d'espace.

Pour séparer les pièces sans les abîmer, il faut toutefois que l'objet ait été monté à l'aide d'éléments de liaison non permanents.

LA MARCHE À SUIVRE

- Démonter l'objet section par section.
- Placer les pièces de chaque section dans des sacs ou dans de petits plats. Au besoin, inscrire sur chacun ce qu'il contient et l'utilité des pièces.

8.1 Comment construire un tableau ?

Les tableaux permettent d'organiser et de présenter de façon claire des données. Les valeurs de ces données peuvent être des nombres ou des mots. Elles sont classées en colonnes et en rangées pour que l'on puisse les consulter rapidement. On appelle ces données des « variables ».

Il existe plusieurs façons de construire un tableau. Dans cette section, nous vous présentons un modèle simple, illustré de trois exemples.

UN MODÈLE

1 • Choisir une variable qui sert de point de comparaison ou de repère dans une observation, une recherche ou une expérimentation. Cette variable, qu'on appelle « variable indépendante », peut être modifiée volontairement (nombre de semaines d'une observation, liste des planètes que l'on veut étudier, etc.). Écrire cette variable dans l'en-tête de la première colonne du tableau. Dans les autres cases de la colonne, inscrire les valeurs de cette variable.

Par exemple, dans le tableau 1, on a inscrit dans la première colonne le nombre de semaines d'observation d'une plante : 1, 2, 3, etc.

2 • Choisir une variable à observer ou à étudier, en comparaison avec la variable indépendante. Cette deuxième variable s'appelle « variable dépendante ». L'inscrire dans l'en-tête de la deuxième colonne du tableau. Dans les autres cases de la colonne, inscrire les valeurs de cette variable dépendante.

Par exemple, dans le tableau 1, on a inscrit dans la deuxième colonne la hauteur de la plante observée à la fin de chaque semaine : 3,5 cm à la fin de la 1re semaine ; 4 cm à la fin de la 2e semaine, etc.

3 • Faire autant de colonnes qu'il y a de variables dépendantes observées ou étudiées.

TABLEAU 1
LA HAUTEUR D'UNE PLANTE SELON LE NOMBRE DE SEMAINES D'OBSERVATION

Nombre de semaines d'observation	Hauteur (cm)
1	3,5
2	4,0
3	5,0
4	6,5
5	7,5
6	9,0
7	10,0
8	10,5
9	11,5
10	12,0

4 • Indiquer les unités de mesure seulement dans l'en-tête des colonnes. Éviter de les répéter à chaque case pour alléger la présentation du tableau.

Par exemple, dans le tableau 1, on a inscrit « cm » sous « Hauteur », dans l'en-tête de la deuxième colonne.

5 • Donner un titre précis au tableau. Habituellement, le titre résume ce qui a été observé ou étudié.

6 • Répéter l'en-tête des colonnes à chaque page si le tableau se prolonge sur deux pages ou plus. Lorsqu'il y a plusieurs colonnes, le fait de placer sa feuille en format « paysage » (plus large que haut) peut permettre de faire entrer le tableau sur une seule page.

Le tableau 2 permet de comparer certaines caractéristiques des planètes de notre système solaire. Pour chaque planète, deux caractéristiques ont été étudiées : le rayon et la masse volumique.

Le tableau 3 présente pour sa part la proportion du volume terrestre qu'occupe chacune des trois grandes parties de la Terre.

TABLEAU 2
DEUX CARACTÉRISTIQUES DES PLANÈTES DU SYSTÈME SOLAIRE

Planète	Rayon (km)	Masse volumique (kg/m³)
Mercure	2 469	5 440
Vénus	6 061	5 240
Terre	6 380	5 500
Mars	3 381	3 940
Jupiter	71 456	1 310
Saturne	59 334	700
Uranus	25 520	1 300
Neptune	24 882	1 660
Pluton	1 148	2 000

TABLEAU 3
LA PROPORTION DU VOLUME TERRESTRE DES PARTIES DE LA TERRE

Partie de la Terre	Proportion du volume terrestre (%)
Croûte terrestre	2
Manteau	81
Noyau	17

La construction de tableaux par ordinateur

L'utilisation de capteurs permet de transmettre directement les données recueillies à un ordinateur. Il ne reste ensuite qu'à faire le traitement de ces données à l'aide d'un logiciel.

Lorsqu'on n'a pas de capteurs, on peut entrer soi-même les données recueillies dans un logiciel de type tableur et construire ses tableaux à l'aide de ce logiciel. Le principe des colonnes et des rangées reste le même.

On peut aussi demander à l'ordinateur d'effectuer des calculs et des traitements à partir de ces données, et même de tracer des diagrammes. Lorsqu'il y a une erreur, il suffit de la corriger dans le tableau pour que les calculs, les traitements et les diagrammes soient modifiés automatiquement.

S8.1

Pour plus de détails concernant les capteurs et les logiciels, consulter la section 10, de la page 298 à 300.

8.2 Comment bâtir un diagramme ?

Les diagrammes permettent de représenter graphiquement des variables. On les construit souvent à partir des valeurs contenues dans un tableau.

Il existe plusieurs types de diagrammes. Les trois diagrammes présentés dans cette section servent très souvent en science et en technologie.

Lorsque vous bâtirez vos diagrammes, ne ménagez pas l'espace : un diagramme qui occupe les trois quarts d'une page est toujours plus facile à lire qu'un diagramme limité à un petit coin !

Le diagramme à ligne brisée

Le diagramme à ligne brisée est utilisé pour représenter graphiquement des variables qui s'expriment par des nombres. On l'emploie surtout pour illustrer un phénomène continu dans le temps.

Le diagramme à ligne brisée de la page suivante a été construit à partir des valeurs du tableau 1 de la page 280. Il permet de voir rapidement les changements survenus dans la hauteur d'une plante au fil des semaines d'observation.

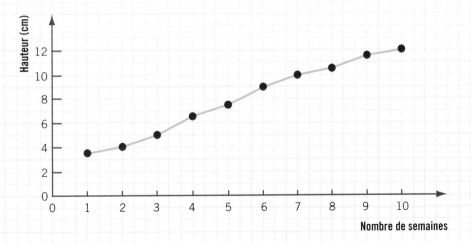

LA HAUTEUR D'UNE PLANTE SELON LE NOMBRE DE SEMAINES D'OBSERVATION

UNE MÉTHODE

1 • Utiliser du papier quadrillé. À l'aide d'une règle, tracer la ligne de l'axe horizontal et, à gauche, la ligne de l'axe vertical.

2 • Déterminer quelle variable placer sur chacun des axes. Habituellement, on place sur l'axe horizontal la variable indépendante, qui sert de point de comparaison ou de repère. On place ensuite sur l'axe vertical la variable dépendante, qui a été étudiée ou observée. Identifier les axes en indiquant pour chacun la variable représentée et l'unité de mesure employée.

Par exemple, dans le diagramme à ligne brisée ci-dessus, on a placé le nombre de semaines d'observation sur l'axe horizontal et la hauteur de la plante sur l'axe vertical, en indiquant que l'unité de mesure utilisée est le centimètre.

3 • Graduer les axes. Utiliser, par exemple, des multiples de 2, de 4, de 5 ou de 10 afin de simplifier la lecture. L'échelle dépend de l'écart entre les valeurs à placer.

4 • Tracer le diagramme point par point. Pour chaque couple de valeurs, placer un point où se rencontrent une ligne imaginaire partant de l'axe horizontal et une ligne imaginaire partant de l'axe vertical. Au besoin, utiliser une règle.

5 • Relier les points par une ligne brisée.

6 • Donner un titre qui résume le contenu du diagramme à ligne brisée. Ce peut être le titre du tableau correspondant.

Le diagramme à bandes

Tout comme le diagramme à ligne brisée, le diagramme à bandes est utilisé pour représenter graphiquement des variables. Il arrive souvent que l'une des variables s'exprime par des nombres, alors que l'autre s'exprime par des mots.

Le diagramme à bandes suivant a été construit à partir des valeurs du tableau 2 de la page 281. Il permet de comparer rapidement le rayon des planètes du système solaire.

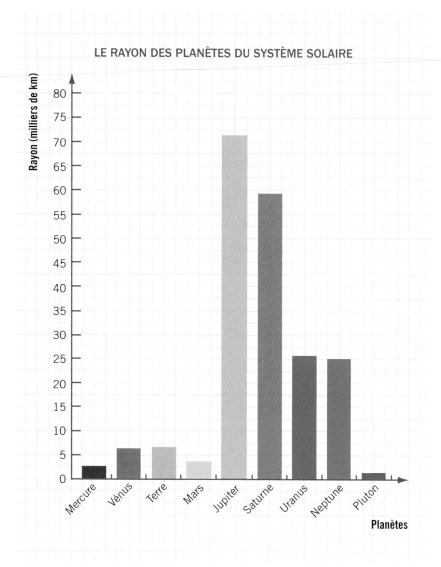

LE RAYON DES PLANÈTES DU SYSTÈME SOLAIRE

1 • Utiliser du papier quadrillé ou ligné. À l'aide d'une règle, tracer la ligne de l'axe horizontal et, à gauche, la ligne de l'axe vertical.

2 • Déterminer quelle variable placer sur chacun des axes. On place généralement sur l'axe horizontal la variable qui s'exprime par des mots. On place ensuite sur l'axe vertical la variable qui s'exprime par des nombres. Identifier les axes en indiquant pour chacun la variable représentée et l'unité de mesure utilisée.

Par exemple, dans le diagramme à bandes de la page précédente, on a placé le nom des planètes sur l'axe horizontal et le rayon sur l'axe vertical, en indiquant l'unité de mesure utilisée (des milliers de kilomètres).

3 • Diviser l'axe horizontal pour pouvoir placer les bandes à égale distance les unes des autres. Toutes les bandes doivent avoir la même largeur. Graduer ensuite l'axe vertical en utilisant, par exemple, des multiples de 2, de 4, de 5 ou de 10 afin de simplifier la lecture. L'échelle dépend de l'écart entre les valeurs à placer.

4 • Tracer avec une règle le bout de la première bande selon la valeur à représenter. Tracer ensuite les côtés de la bande. Répéter ces opérations pour chacune des bandes. Colorier les bandes, au besoin.

5 • Donner un titre qui résume le contenu du diagramme à bandes. Ce peut être le titre du tableau correspondant.

Le diagramme circulaire

Le diagramme circulaire représente graphiquement des variables sous la forme d'un disque. Ce type de diagramme est particulièrement utile pour comparer des parties d'un tout, souvent présentées en pourcentages.

Le diagramme circulaire suivant a été construit à partir des valeurs du tableau 3 de la page 281. Il permet de constater rapidement que le manteau occupe la majeure partie du volume terrestre.

LA PROPORTION DU VOLUME TERRESTRE DES PARTIES DE LA TERRE

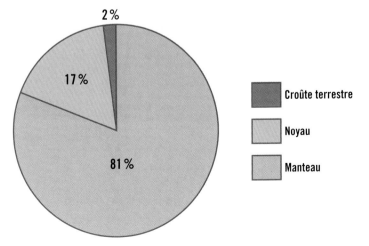

2 %

17 %

81 %

■ Croûte terrestre

□ Noyau

□ Manteau

Section 8

Les tableaux et les diagrammes

1 • Utiliser une feuille de papier non lignée. Tracer un grand cercle avec un compas.

2 • Pour connaître l'angle de la portion du disque associée à un pourcentage, multiplier ce pourcentage par 360° (il y a 360° dans un cercle). Arrondir le résultat s'il contient des décimales.

Par exemple, pour connaître l'angle de la portion du disque associée à 81% (proportion du volume terrestre du manteau), on a effectué le calcul suivant :

$$\frac{81}{100} \times 360° = 291{,}6° \text{ ou } 292° \text{ (nombre décimal arrondi)}.$$

3 • À partir du centre du cercle, tracer un angle correspondant à la mesure obtenue par le calcul. Utiliser un rapporteur d'angles.

4 • Répéter les étapes 2 et 3 pour chacune des valeurs à représenter.

5 • Colorier les différentes portions du disque pour les distinguer les unes des autres. Indiquer par une légende ce que chacune de ces portions représente.

6 • Donner un titre qui résume le contenu du diagramme circulaire. Ce peut être le titre du tableau correspondant.

La construction de diagrammes par ordinateur

Comme pour les tableaux, il est très facile de faire des diagrammes à l'aide d'un logiciel de type tableur.

Une fois les données entrées sous forme de tableau, on peut créer rapidement un diagramme à ligne brisée, à bandes ou circulaire. Lorsqu'on modifie des valeurs du tableau, le logiciel corrige automatiquement le diagramme correspondant.

Pour plus de détails sur ce type de logiciels, consulter la section 10, aux pages 299 et 300.

S8.2

Section 8 — Les tableaux et les diagrammes

Les dessins scientifique et technique

Ces deux types de dessin servent à communiquer visuellement de l'information scientifique ou technique. Ils doivent être descriptifs, clairs et faciles à comprendre.

Ils comportent toutefois quelques différences :

- Le dessin scientifique se fait à main levée, alors que le dessin technique nécessite habituellement l'utilisation d'instruments ;

- Le dessin scientifique sert à représenter le plus fidèlement possible ce que l'on voit, alors que le dessin technique permet de visualiser des projets que l'on souhaite réaliser ou des objets que l'on veut fabriquer ;

- Le dessin scientifique n'est jamais précédé d'une esquisse, alors que le dessin technique commence parfois par une esquisse.

9.1 Comment faire un dessin scientifique ?

Habituellement, le dessin scientifique se limite à deux dimensions. On peut s'en servir pour reproduire :

- ce que l'on voit dans un microscope, par exemple les composantes d'une cellule ;

- ce que l'on observe à l'œil nu, par exemple l'anatomie d'un végétal ou d'un animal, les différentes phases d'un mélange ou le trajet de la lumière qui éclaire un corps.

LA MARCHE À SUIVRE

- Prévoir les dimensions à donner au dessin afin qu'il soit bien clair. Utiliser toute la page au besoin, par exemple si l'objet observé comporte beaucoup de détails. Prévoir de la place pour le titre et pour la légende ou les lignes d'identification.

- Tracer un cercle à l'aide d'un compas si l'objet est observé au microscope. Ce cercle représentera le champ oculaire du microscope. S'assurer que son diamètre est suffisamment grand.

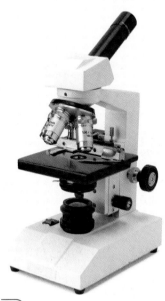

S9.1

Section 9 — Les dessins scientifique et technique

- Ne pas faire d'esquisse. Tracer directement avec un crayon à mine des lignes claires sur du papier blanc. Les stylos, les marqueurs et les crayons de couleur ne sont pas conseillés puisqu'ils ne sont pas effaçables.

- Dessiner exactement ce que l'on voit. Il ne faut surtout pas tenter de dessiner ce que l'objet devrait avoir l'air idéalement ni essayer de reproduire le dessin d'un manuel. Pour représenter l'objet fidèlement, il faut souvent lever les yeux de sa feuille et observer l'objet attentivement. Le dessin ne se fait pas de mémoire.

- Agrandir, au besoin, les détails d'une section du dessin dans un cercle à part, qu'on appelle « médaillon ».

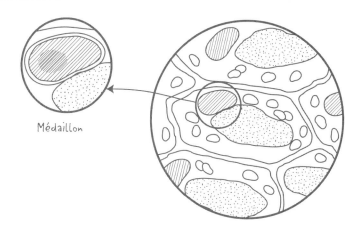

Médaillon

S9.2

Ce dessin illustre la cellule végétale qui apparaît dans le champ oculaire du microscope. Le noyau est présenté en médaillon.

- Identifier les éléments du dessin selon l'une des méthodes suivantes :
  - Ajouter une légende des symboles ou des fonds employés : pointillé, rayures, par exemple ;
  - Tracer, à l'aide d'une règle, des lignes d'identification menant aux noms des éléments. Ces lignes d'identification ne doivent jamais se croiser. Idéalement, elles sont horizontales. Placer les noms des éléments de façon ordonnée : si possible, en colonne et à la droite du dessin.

- Ajouter un titre descriptif qui résume ce que contient le dessin.

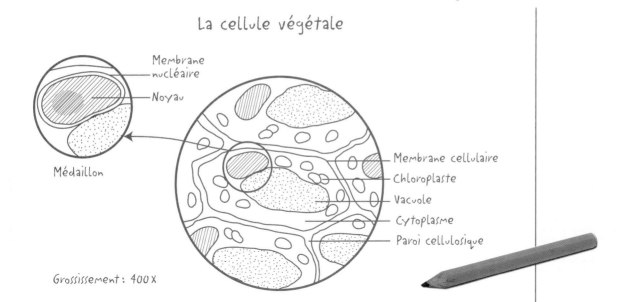

La cellule végétale

Membrane
nucléaire

Noyau

Médaillon

Membrane cellulaire

Chloroplaste

Vacuole

Cytoplasme

Paroi cellulosique

Grossissement : 400 X

S9.3

Le dessin a maintenant un titre et ses éléments sont identifiés.

- Indiquer l'échelle du dessin. Par exemple, si l'on a dessiné un objet qui est huit fois plus petit sur la feuille que dans la réalité, on écrira 1 : 8 cm. Si l'observation a été faite au microscope, indiquer plutôt le grossissement utilisé : 40 X, 100 X, 400 X ou 1000 X.

9.2 Comment faire un dessin technique ?

Le dessin technique peut comporter deux ou trois dimensions. Il permet de représenter, sous différentes vues, un objet que l'on veut fabriquer. Il est parfois précédé d'une esquisse.

LES PRINCIPES GÉNÉRAUX

Certains principes généraux du dessin scientifique s'appliquent au dessin technique :

- Se servir d'un crayon à mine ;
- Faire des traits clairs ;
- Utiliser efficacement l'espace libre sur la feuille ;
- Donner un titre descriptif au dessin.

Mais il y a aussi quelques différences. Par exemple, dans le dessin technique, on utilise :

- une feuille quadrillée ;
- des instruments de mesure ou de dessin : compas, règle, rapporteur d'angles, gabarits de dessin, etc.

L'esquisse

Avant de passer au dessin technique proprement dit, il peut être utile de faire une esquisse.

L'esquisse est un dessin simple que l'on fait à main levée, donc sans instrument, et sur lequel on inscrit des notes. Cette ébauche permet de communiquer ses idées rapidement et de planifier le travail à venir.

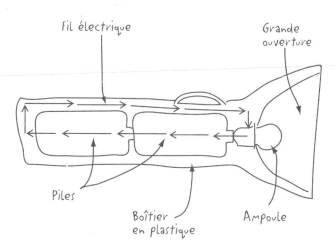

L'esquisse permet de regrouper ses idées dans un dessin vite fait.

Après l'esquisse, on passe au véritable dessin technique. On peut dessiner alors une projection orthogonale, une vue en coupe ou une vue agrandie.

La projection orthogonale

La projection orthogonale est souvent utilisée en dessin technique. Il s'agit de représenter les vues de face, de côté et de dessus d'un objet.

On transforme ainsi la vue d'un objet en trois dimensions en trois vues en deux dimensions. Cette façon de faire permet de montrer l'objet sous tous les plans.

On peut mentionner la vue représentée au-dessus de chaque dessin ou en dessous. Quant à l'échelle utilisée, on la place toujours sous les dessins. Par exemple, si le dessin de l'objet est quatre fois plus petit que l'objet dans la réalité, l'échelle sera 1 : 4 cm.

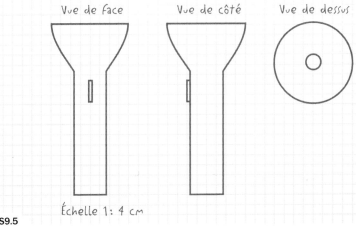

Lampe de poche

Vue de face   Vue de côté   Vue de dessus

Échelle 1: 4 cm

S9.5
La projection orthogonale présente les vues de face, de côté et de dessus de cette lampe de poche.

La vue en coupe

La vue en coupe, aussi appelée « vue transversale », permet de montrer l'intérieur d'un objet technique.

Pour le dessiner, on peut s'imaginer ce qu'on verrait si on coupait en deux l'objet. Il faut aussi mentionner l'échelle sur ce dessin.

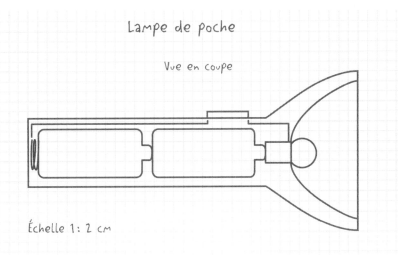

Lampe de poche

Vue en coupe

Échelle 1: 2 cm

S9.6
Une vue en coupe de la lampe de poche.

La vue agrandie

La vue agrandie permet de montrer les détails d'une partie de l'objet. Par exemple, on peut s'en servir pour illustrer les petites pièces difficiles à voir dans un grand dessin.

On fait ressortir la zone qui sera agrandie en la plaçant dans un cercle qu'on appelle « médaillon ». Ensuite, on relie, par une flèche, ce médaillon à la zone représentée sur le dessin général. Enfin, on mentionne l'échelle du dessin et celle du médaillon.

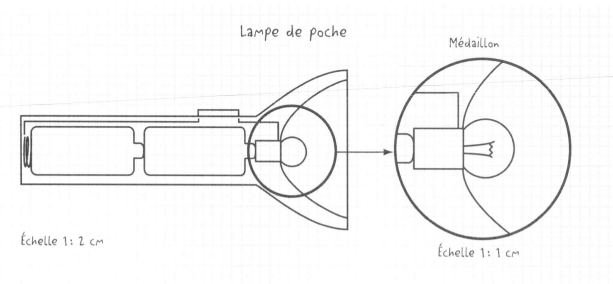

S9.7
Le médaillon présente une vue agrandie de l'ampoule.

Le dessin assisté par ordinateur

Dans l'industrie, on fait très peu de dessin technique à la main de nos jours. À part l'esquisse, que l'on dessine souvent dans un petit carnet au moment où l'inspiration surgit, la majorité des dessins techniques sont bâtis à l'ordinateur. Cette méthode permet de modifier facilement le dessin, de l'envoyer à des milliers de kilomètres pour consultation et de conserver l'original pendant plusieurs années sans craindre de l'abîmer.

Pour faire du dessin technique, on peut se servir de logiciels spécialisés, mais aussi de petits logiciels simples et faciles à utiliser. Consulter la section 10, aux pages 299 et 300, pour des détails sur ce type de logiciels.

SECTION 10 Les technologies de l'information et de la communication (TIC)

En science et en technologie, il y a plusieurs façons d'obtenir de l'information. Par exemple, on peut découvrir, par ses sens ou par des instruments de mesure, une foule de renseignements sur le monde dans lequel on vit. On peut aussi s'informer, entre autres, en assistant à des conférences, en lisant des textes (livres, encyclopédies, journaux, etc.), en examinant des cartes ou en regardant des documentaires à la télévision.

En plus de toutes ces possibilités, on peut maintenant profiter des technologies de l'information et de la communication. Les TIC, comme on les appelle souvent, permettent en effet de recueillir rapidement toutes sortes de données, de les traiter à l'aide de logiciels et de les communiquer à toute la planète si on le veut.

Parmi les TIC, le réseau Internet est certainement le plus populaire. Mais comment peut-on trouver rapidement dans Internet l'information dont on a besoin ? Comment juger si les renseignements trouvés sont valables ? Quelles sont les autres TIC couramment utilisées en science et en technologie ?

10.1 Comment trouver de l'information dans Internet ?

Le réseau Internet est un énorme regroupement de petits réseaux situés un peu partout dans le monde. Il relie, entre autres, des millions de sites offrant des renseignements sur tous les sujets imaginables. Pour y trouver rapidement l'information que l'on cherche, on peut se servir de différents outils, comme les moteurs de recherche ou les annuaires.

Les outils et les méthodes de recherche présentés dans cette section sont aussi valables pour trouver de l'information dans d'autres réseaux, par exemple dans les banques de données des bibliothèques.

Le moteur de recherche

Le moteur de recherche est un logiciel qui permet de faire des recherches dans les bases de données informatisées.

Pour lancer une recherche dans Internet, on inscrit certains mots clés ou de courtes phrases dans le champ de recherche. Le résultat sera une liste de pages Web.

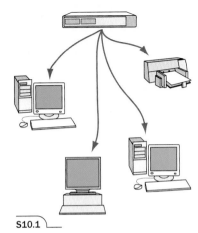

S10.1

Un exemple de réseau informatique.

Nombre de pages Web trouvées

Champ de recherche

Liste de pages Web

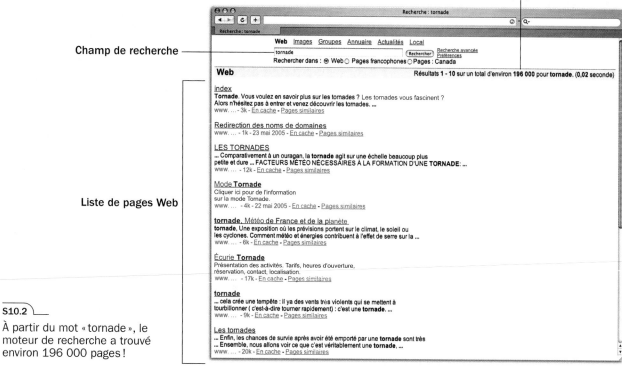

S10.2

À partir du mot « tornade », le
moteur de recherche a trouvé
environ 196 000 pages !

On obtient souvent une grande quantité de pages Web avec cette
méthode. Toutefois, plusieurs d'entre elles n'abordent pas le sujet choisi
de façon assez précise ou de la manière voulue. Il faut alors relancer
la recherche en précisant les mots clés.

UNE AIDE À LA RECHERCHE

Les moteurs de recherche ne fonctionnent pas tous exactement
de la même façon. Il est donc important de consulter leur
rubrique d'aide pour utiliser ces outils efficacement. On y
présente, entre autres :

• les règles de base, par exemple qu'il faut écrire, dans
le champ de recherche, chaque phrase entre guillemets
anglais (") pour que le moteur recherche exactement
cette suite de mots ;

• des conseils pour préciser la recherche ;

• des trucs pour trouver facilement des images, des tableaux
et des diagrammes.

L'annuaire

L'annuaire est un répertoire d'éléments qui ont été choisis, puis classés dans un ordre particulier.

Dans Internet, les éléments (pages Web) des annuaires sont classés par catégories et par sous-catégories. On peut ainsi trouver plus rapidement des pages qui abordent exactement le sujet que l'on cherche.

Pour faire une recherche à l'aide d'un annuaire, on peut :

- parcourir les catégories offertes et cliquer sur celle qui convient ;
- écrire un ou quelques mots clés dans le champ de recherche.

Champ de recherche

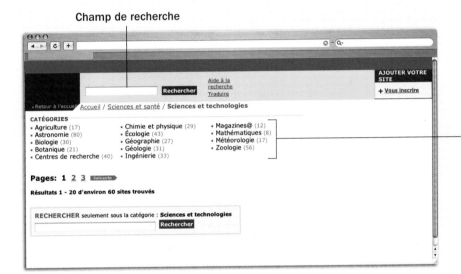

Liste des catégories

S10.3

Dans cet annuaire, les pages Web qui parlent de la météo, et plus précisément des tornades, sont classées dans la catégorie Sciences et technologies.

Le réseau des mots clés : un réseau de concepts

Une des façons les plus efficaces d'explorer un sujet, c'est de faire un remue-méninges. Avec les idées qui surgissent, on peut bâtir ce qu'on appelle un « réseau de concepts ». Il s'agit d'une représentation graphique d'idées que l'on associe en établissant des liens entre elles. Chaque idée est résumée dans un ou deux mots clés (illustration S10.4).

Pour un même mot clé de départ, chaque personne peut bâtir son propre réseau de concepts. Il y a autant de réseaux de concepts qu'il y a de façons de voir les choses.

On peut ensuite facilement utiliser ces mots clés pour lancer une recherche dans Internet ou pour la clarifier.

UNE MÉTHODE

- Inscrire sur une feuille le sujet principal de la recherche. C'est le mot clé de départ. Entourer ce mot.

- Inscrire les idées (en un ou deux mots) auxquelles on associe le mot clé de départ. Il peut s'agir d'une cause, d'une conséquence, d'une explication ou d'un synonyme. Tracer un trait entre ces termes et le mot encerclé. Ce sont les premiers embranchements du réseau.

- Partir des mots sur ces embranchements pour trouver d'autres associations. Lier ceux-ci par un trait.

- Lancer la recherche avec le mot clé de départ. Au besoin, préciser la recherche avec les mots clés du réseau.

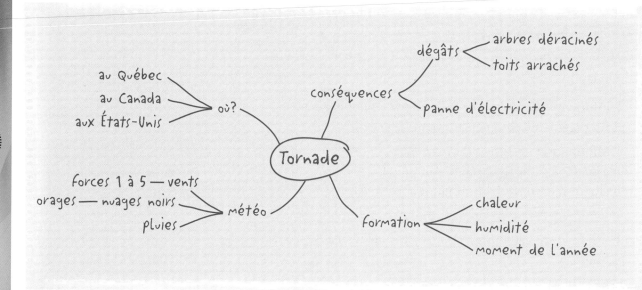

S10.4

Ce réseau de mots clés a comme point de départ le mot « tornade ».
Les mots clés des embranchements permettront de préciser la recherche.

10.2 Comment savoir si l'information trouvée dans Internet est valable ?

L'information obtenue au cours d'une recherche dans Internet peut provenir de toutes sortes de sites. Ces sites peuvent appartenir, entre autres :

- à des gouvernements ou à des organismes renommés, comme le ministère québécois responsable de l'environnement ou la NASA ;

- à des établissements d'enseignement, comme des universités ou des écoles spécialisées ;

- à des regroupements divers, comme des clubs d'utilisateurs de technologies ou des associations d'entraide ;

- à des compagnies qui veulent y vendre leurs produits ;

- à des individus (pages personnelles).

Quelle que soit la provenance de l'information, il faut toujours se demander si l'on peut s'y fier et faire preuve d'esprit critique. C'est vrai pour les sites Internet, mais aussi pour les autres sources d'information : livres, journaux, personnes-ressources, documentaires télévisuels, etc.

L'INFORMATION EST-ELLE VALABLE ?

Ces questions vous aideront à juger si l'information obtenue est valable.

- L'information provient-elle d'une personne-ressource ou d'un organisme auxquels on peut faire confiance ?

  L'information fournie dans les pages Web personnelles n'a pas toujours été validée. Elle peut donc contenir beaucoup d'erreurs. Les organismes reconnus, eux, vérifient habituellement l'information avant de la diffuser.

- L'information est-elle aussi publiée dans d'autres sources fiables ?

- L'information est-elle neutre ?

  Une information neutre ne reflète pas de point de vue particulier. Dans une opinion, l'information peut être intéressante, mais elle n'est pas nécessairement juste ni vraie.

- L'information est-elle à jour ?

  En science et en technologie, chaque année des découvertes viennent modifier nos connaissances. Un renseignement qui était valide il y a plusieurs années peut ne plus l'être aujourd'hui. Plusieurs auteurs de pages Web mentionnent la date de la dernière mise à jour de l'information qu'ils fournissent.

10.3 Les droits d'auteur et l'utilisation de l'information

On ne peut pas utiliser comme on le veut toute l'information (textes, images ou sons) que l'on trouve dans les livres, les journaux ou dans Internet. Cette information est la propriété de la personne ou de l'entreprise qui l'a créée. C'est ce qu'on appelle le « droit d'auteur », bien connu sous son appellation anglaise *copyright* (©).

En ce qui concerne les pages Web, il existe différentes façons de se servir de l'information. Habituellement, les auteurs de ces pages expliquent ce qu'on a le droit de faire de l'information qu'ils diffusent : certains limitent énormément son utilisation, alors que d'autres laissent beaucoup de liberté aux gens qui veulent s'en servir.

DES MENTIONS LIÉES À L'UTILISATION DE L'INFORMATION

- « Tous droits réservés » : cette mention signifie qu'on n'a pas le droit de copier ni de modifier le contenu du site. Il faut demander la permission à son auteur (donc au détenteur des droits) avant de l'utiliser d'une façon ou d'une autre. Toutefois, on peut citer une petite partie du contenu, en prenant soin de mentionner la source.

  ATTENTION : lorsque le site ne contient aucune mention, toujours agir comme si « tous les droits étaient réservés » !

- « Permission est accordée de copier, distribuer et/ou modifier ce document » : cette mention donne une très grande liberté d'action. Toutefois, cette liberté a quand même ses limites et il est important de les respecter. Pour connaître les limites d'utilisation de l'information, il faut lire les conditions que l'auteur a choisies. Ces conditions sont spécifiées dans un document appelé « licence ». On trouve habituellement, au bas de chaque page, un lien menant au texte de la licence. Évidemment, il faut toujours mentionner la source de l'information que l'on utilise.

10.4 D'autres TIC utiles en science et en technologie

D'autres TIC (appareils ou logiciels) rendent de grands services en science et en technologie car elles facilitent la collecte et le traitement des données. Certaines d'entre elles permettent même de recueillir de l'information à des endroits difficilement accessibles (par exemple, dans les fonds marins ou l'espace) et de la transmettre instantanément.

Pour la collecte des données

Plusieurs instruments spécialisés permettent d'obtenir rapidement des données et de les transférer directement à un ordinateur ou à d'autres TIC. Voici quelques exemples.

- **Le microscope numérique** fonctionne comme un microscope ordinaire, mais il est branché à un ordinateur. On peut s'en servir pour produire des photos, des documents vidéo numériques ou pour projeter en direct ce qu'on observe.

- **L'appareil photo numérique** peut enregistrer des images sous forme numérique et les garder dans une mémoire interne. Il fonctionne donc sans pellicule. On peut ensuite transférer les images à un ordinateur ou à un téléviseur.

- **Le capteur** permet de capter, comme son nom le dit, des données et de les transmettre directement à un ordinateur. Par exemple, certains capteurs mesurent la température ou le pH. Grâce à ce type de dispositif aussi appelé « sonde », on peut observer un phénomène sur une longue période de temps.

Pour le traitement et la communication des données

Une fois que l'on a recueilli les données, il est temps de les traiter. Plusieurs logiciels offrent une foule de possibilités, selon que l'information est présentée en mots, en chiffres ou en images.

- **Les traitements de texte** servent à composer des textes, à les corriger et à les mettre en forme. On peut y ajouter des tableaux, des diagrammes et des images.

- **Les tableurs** servent à faire des calculs à partir de données numériques. Ils permettent aussi d'organiser ces données en tableaux et de créer automatiquement des diagrammes basés sur ces tableaux.

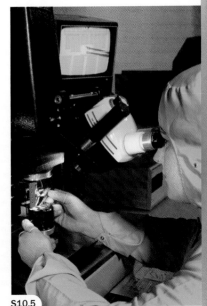

S10.5

Le microscope numérique permet de projeter en gros plan ce qui est infiniment petit.

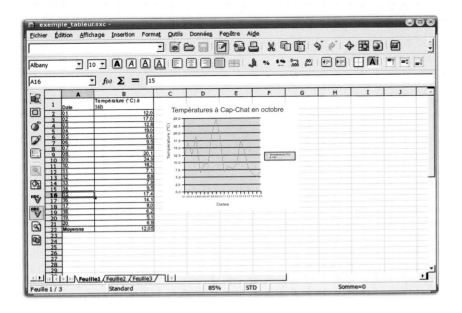

S10.6

À partir du tableau (à gauche), le tableur a bâti automatiquement le diagramme (à droite).

- **Les bases de données** sont des ensembles de fiches reliées entre elles de manière organisée. On pourrait les comparer à des classeurs. Lorsqu'on leur soumet une requête (ou question), elles combinent les données afin de fournir les résultats les plus complets possible.

- **Les logiciels de présentation** permettent de préparer des diapositives pour des présentations. On peut y placer du texte, des images, des tableaux et des diagrammes.

- **Les logiciels de dessin matriciel** servent à créer et à traiter des images à l'aide de points. On les utilise aussi pour faire le traitement des photos.

- **Les logiciels de dessin vectoriel** servent à faire et à modifier des images à l'aide de lignes et de formes géométriques. Certains logiciels contiennent des banques de symboles (pièces, forces, etc.), ce qui facilite la préparation des schémas. Dans le dessin assisté par ordinateur (DAO), c'est le type de logiciels que l'on utilise.

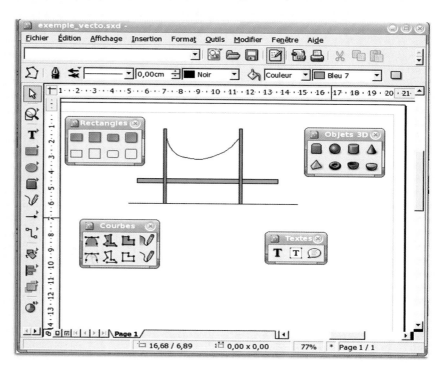

S10.7

Ce logiciel de dessin vectoriel facilite la préparation des schémas.

- **Les logiciels 3D** servent à faire des constructions virtuelles en 3 dimensions. Par exemple, en ingénierie, on les utilise pour planifier des constructions et pour faire des tests sur des structures, entre autres des ponts. On peut ainsi visualiser l'objet de divers points de vue et avoir une idée réelle de son fonctionnement.

- **Les logiciels de simulation** permettent de voir comment un phénomène se déroule, par exemple comment la Lune tourne autour de la Terre. On peut consulter plusieurs logiciels de simulation dans Internet.

Glossaire

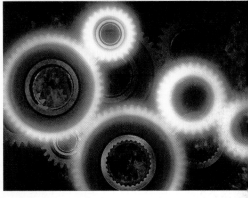

À la fin de chaque définition, une flèche •••▶ renvoie à la page du manuel où le mot est défini ou souligné. Les mots accompagnés d'un astérisque* ont été définis dans le manuel de 1ʳᵉ année du cycle.

A

Ampoule (du canal déférent)   Partie dilatée du canal déférent, près de la vésicule séminale. •••▶ **p. 63**

Astéroïde   Corps de type rocheux en orbite autour du Soleil. La majorité des astéroïdes font partie de la ceinture d'astéroïdes (située entre les orbites de Mars et de Jupiter). •••▶ **p. 166**

Atmosphère*   Couche de gaz qui entoure la Terre et qui contient l'air que nous respirons. •••▶ **p. 119**

Atome   La plus petite particule en laquelle un élément peut être divisé par des moyens chimiques. •••▶ **p. 39, 40**

Aurore   Phénomène lumineux engendré par la collision de particules de l'atmosphère avec les particules du vent solaire. Lorsque le phénomène se produit près du pôle Nord, on l'appelle « aurore boréale ». Lorsque le phénomène se produit près du pôle Sud, on l'appelle « aurore australe ». •••▶ **p. 157**

B

Biomasse   Terme qui désigne l'ensemble de la matière vivante, qu'elle soit animale ou végétale. •••▶ **p. 137, 208**

C

Canal déférent   Canal qui conduit les spermatozoïdes de l'épididyme jusqu'à l'ampoule du canal déférent, où ils sont entreposés. •••▶ **p. 63**

Caractère héréditaire   Caractéristique physique ou psychologique, apparente ou non, qui est transmise des parents à leurs descendants. •••▶ **p. 81**

Cardan   Mécanisme de transmission du mouvement de rotation. Le cardan ou « joint de cardan » transmet un mouvement de rotation entre deux axes dont l'orientation peut varier. •••▶ **p. 218**

Cellule*   Unité de base de tous les vivants. C'est la plus petite unité de vie. •••▶ **p. 15**

Changement chimique   Transformation qui change la nature et les propriétés caractéristiques de la matière. De nouvelles substances sont produites. •••▶ **p. 8, 13, 187**

Changement physique*   Transformation qui ne change ni la nature ni les propriétés caractéristiques de la matière. Aucune nouvelle substance n'est produite. •••▶ **p. 8, 9, 187**

Chlorophylle*   Substance verte du chloroplaste qui permet aux plantes d'absorber le gaz carbonique de l'air et d'effectuer la photosynthèse. •••▶ **p. 102**

Chloroplaste*   Partie de la cellule végétale qui contient la chlorophylle et capte la lumière solaire pour produire de la nourriture. •••▶ **p. 16**

Chromosome   Élément du noyau cellulaire qui renferme toute l'information héréditaire. Il a la forme d'un bâtonnet au moment où la cellule se divise. •••▶ **p. 82**

Circoncision   Ablation du prépuce. •••▶ **p. 62**

Clitoris   Organe érectile (qui peut se gonfler et durcir) de la vulve, très sensible au toucher, qui procure une partie du plaisir sexuel. •••▶ **p. 61**

Coin Machine simple dérivée du plan incliné. Le coin consiste en deux plans inclinés mis dos à dos. Il sert à minimiser la force nécessaire pour séparer des objets. ••• ➤ **p. 211**

Combustion Réaction chimique où une substance réagit avec l'oxygène de l'air, en dégageant une grande quantité de chaleur. ••• ➤ **p. 8**

Comète Petit bloc de roches et de glace dont l'orbite passe près du Soleil. ••• ➤ **p. 167**

Commande Opération qui permet de contrôler ou de modifier ce qui se passe dans un système. ••• ➤ **p. 188**

Composantes d'un système Éléments constituant un système, que ce soit ses pièces, ses mécanismes, ses appareils ou ses machines. ••• ➤ **p. 191**

Composé Substance formée par la combinaison d'atomes de deux ou de plusieurs éléments. ••• ➤ **p. 42**

Concentration (en soluté) Proportion d'un soluté dans une solution. Cette proportion peut être exprimée en pourcentage. ••• ➤ **p. 99**

Conservation de la matière Se dit de la quantité de matière qui reste la même dans tout changement, qu'il soit physique ou chimique. La masse de la matière ne change pas. ••• ➤ **p. 19**

Consommateur* Organisme dont le rôle est de consommer d'autres vivants. ••• ➤ **p. 102**

Constellation Ensemble d'étoiles qui, reliées par des lignes imaginaires, trace une figure particulière dans le ciel. ••• ➤ **p. 168**

Contraception Ensemble des moyens utilisés par l'homme ou la femme pour empêcher une grossesse. ••• ➤ **p. 74**

Cordon ombilical Tube contenant des vaisseaux sanguins qui relie l'embryon (puis le fœtus) au placenta. ••• ➤ **p. 67**

Cristaux Forme géométrique particulière que prennent certaines substances lorsqu'elles sont en phase solide. La plupart des roches sont formées de cristaux plus ou moins gros. ••• ➤ **p. 121**

Croûte terrestre* Partie externe de la Terre, constituée de roches formant les continents et le fond des océans. ••• ➤ **p. 120**

D

Déchiquetage Technique de transformation de la matière qui consiste à déchirer une pièce d'un matériau en petits morceaux irréguliers. ••• ➤ **p. 10**

Décomposeur* Organisme dont le rôle est de se nourrir des déchets et des cadavres d'autres vivants, que ceux-ci soient des animaux ou des végétaux. ••• ➤ **p. 102**

Découpage Technique de transformation de la matière qui consiste généralement à tailler une pièce d'un matériau en suivant un contour ou un dessin. ••• ➤ **p. 10**

Délivrance Dernière phase de l'accouchement. Durant cette phase, certains organes qui sont à l'intérieur du corps de la femme (entre autres, le placenta et une partie du cordon ombilical) sont expulsés hors de l'utérus. ••• ➤ **p. 69**

Diffusion Mouvement suivi par des particules de soluté, du milieu le plus concentré vers le milieu le moins concentré. ⋯▶ **p. 99**

Dilatation Première phase de l'accouchement. Durant cette phase, l'utérus commence à se contracter. Chaque contraction pousse le bébé vers le bas, en agrandissant peu à peu l'ouverture du col de l'utérus. Une fois totalement dilaté, le col de l'utérus atteindra jusqu'à 10 cm de diamètre. ⋯▶ **p. 69**

Distillation* Technique de séparation des mélanges. Cette technique consiste à faire chauffer un mélange jusqu'à ébullition afin de récupérer les gaz produits. On refroidit ensuite ces gaz dans un tube réfrigérant pour les liquéfier. ⋯▶ **p. 9**

Dureté* Capacité qu'a un corps de résister à l'abrasion, à la rayure. ⋯▶ **p. 8**

E

Écosystème* Ensemble d'organismes vivants qui interagissent entre eux et avec des éléments du milieu. ⋯▶ **p. 96**

Éjaculation Projection du sperme à l'extrémité du pénis. ⋯▶ **p. 63**

Électrolyse Méthode de décomposition de substances qui se fait à l'aide d'un courant électrique. ⋯▶ **p. 32**

Élément (chimique) Substance qui ne peut être séparée en d'autres substances par des moyens physiques ou chimiques. Les éléments sont classifiés dans un tableau périodique selon leurs propriétés. ⋯▶ **p. 33, 139**

Embryon Nom donné au futur bébé, de la nidation jusqu'à la huitième semaine de grossesse. ⋯▶ **p. 66**

Endomètre Membrane interne de l'utérus, riche en vaisseaux sanguins. C'est dans l'endomètre que l'ovule fécondé se développe. S'il n'y a pas de fécondation, son détachement de l'utérus, deux semaines environ après l'ovulation, va causer une perte de sang. ⋯▶ **p. 62**

Énergie Capacité de provoquer un changement. ⋯▶ **p. 9, 132**

Énergie électrique Énergie engendrée par le déplacement de l'électricité. ⋯▶ **p. 205**

Énergie éolienne Énergie emmagasinée par les masses d'air que l'on peut extraire du vent. L'énergie éolienne est une forme d'énergie mécanique. ⋯▶ **p. 137, 207**

Énergie fossile Énergie qui provient de la transformation de végétaux en substances minérales. Les énergies fossiles sont surtout le charbon, le pétrole et le gaz naturel. ⋯▶ **p. 138, 208**

Énergie géothermique Énergie qui provient de la chaleur interne de la Terre. ⋯▶ **p. 138**

Énergie hydraulique Énergie que l'on peut tirer de l'eau en mouvement. ⋯▶ **p. 133, 207**

Énergie lumineuse Énergie transportée par la lumière. ⋯▶ **p. 205**

Énergie marémotrice Énergie que l'on peut tirer du mouvement périodique des océans (les marées). ⋯▶ **p. 134**

Énergie mécanique Énergie due au mouvement ou à l'état d'un corps. ⋯▶ **p. 204**

Énergie nucléaire Énergie produite au cours d'une réaction nucléaire. ⋯▶ **p. 139, 208**

Énergie solaire Énergie libérée par le Soleil. Une partie de cette énergie est transportée par le rayonnement solaire jusqu'à la Terre. ⋯▶ **p. 132, 206**

Énergie thermique Énergie transférée sous forme de chaleur. Elle est due à l'agitation des particules de la matière. ⋯▶ **p. 205**

Engrenage Mécanisme de transmission du mouvement de rotation. Dans ce mécanisme, l'ensemble de roues dentées servent à transmettre un mouvement de rotation d'une pièce à l'autre. ⋯▶ **p. 217**

Épididyme Canal qui sert de réservoir. C'est dans l'épididyme que les spermatozoïdes séjournent, le temps qu'ils deviennent aptes à féconder. ⋯▶ **p. 63**

Érosion* Usure et transformation des roches ou du sol par l'écoulement des eaux à la surface du sol, les agents atmosphériques (pluie, vent, gel) et les glaciers. ⋯▶ **p. 123**

Étoile Corps céleste gazeux, qui produit de l'énergie par des réactions nucléaires. ⋯▶ **p. 155**

Étoiles filantes Brefs éclats de lumière dans le ciel nocturne. Ces éclats de lumière sont causés par l'arrivée, dans l'atmosphère, d'un grand nombre de débris de comètes qui se consument en même temps. ⋯▶ **p. 168**

Évaporation* Transformation lente d'un liquide en gaz, sans bouillir. Dans la séparation des mélanges, la technique de l'évaporation consiste à laisser le constituant liquide d'un mélange s'évaporer à la température ambiante afin de récupérer le constituant solide. ⋯▶ **p. 9**

Expulsion Deuxième phase de l'accouchement. Durant cette phase, la tête du fœtus passe par le col de l'utérus, descend dans le vagin et sort du corps de la mère. ⋯▶ **p. 69**

Extrant Terme qui désigne tout ce qui sort d'un système à la suite de son fonctionnement. ⋯▶ **p. 94, 188**

F

Fécondation Union des deux gamètes : l'ovule et le spermatozoïde. ⋯▶ **p. 65**

Fermentation alcoolique Réaction chimique qui se produit, sans oxygène de l'air, grâce aux levures. Les levures (des champignons microscopiques) se nourrissent des sucres qui se trouvent dans le jus des raisins et les transforment en alcool et en gaz carbonique. Les levures produisent ainsi de l'énergie (de la chaleur). ⋯▶ **p. 16**

Fœtus Nom donné au futur bébé, de la neuvième semaine de grossesse jusqu'à l'accouchement. ⋯▶ **p. 66**

Fonction globale (d'un système) Termes employés pour décrire ce que doit accomplir l'ensemble d'un système. ⋯▶ **p. 186**

Force* Action qui peut provoquer le mouvement d'un corps ou modifier le mouvement de ce corps s'il est déjà en train de bouger. Cette force peut également modifier la forme d'un corps. •••▶ **p. 210**

Force motrice Force qui peut provoquer un mouvement. •••▶ **p. 212**

Force résistante Force qui peut freiner ou arrêter un mouvement. •••▶ **p. 212**

Formule chimique Écriture constituée du symbole de l'élément et du nombre d'atomes (chiffre placé en indice) qui compose une molécule. Par exemple, la formule chimique de la molécule d'ammoniac est NH_3. •••▶ **p. 43**

G

Gamète Cellule sexuelle qui sert à la reproduction. Chez les femmes, les cellules spécialisées pour la reproduction sont les ovules. Chez les hommes, ces cellules spécialisées sont les spermatozoïdes. •••▶ **p. 64**

Gamme de fabrication Document qui décrit, pour une pièce donnée, une séquence d'opérations à réaliser, le temps d'exécution pour chacune ainsi que les matériaux et le matériel à utiliser. •••▶ **p. 184, 192**

Gène Unité d'information héréditaire qui occupe un lieu précis dans un chromosome. •••▶ **p. 83**

Génome Totalité de l'information génétique contenue dans les chromosomes d'un organisme. •••▶ **p. 82**

Gland Saillie ou renflement, en forme de cloche, à l'extrémité du pénis. •••▶ **p. 62**

Glande Organe du corps qui fabrique une substance spécifique. •••▶ **p. 60**

Glande de Bartholin Organe de l'appareil génital féminin, situé de part et d'autre de l'orifice vaginal, qui produit un liquide clair. •••▶ **p. 62**

Glande de Cowper Organe de l'appareil génital masculin, situé de chaque côté de l'urètre, qui sécrète un liquide. Ce liquide est déversé dans l'urètre. •••▶ **p. 63**

Gravité Force d'attraction exercée par une masse sur une autre masse. •••▶ **p. 133, 151**

Grossesse Période durant laquelle une femme porte un embryon (puis un fœtus) dans son utérus. •••▶ **p. 66**

H

Hérédité Ensemble des caractères reçus par les descendants. Ces caractères, qui sont inscrits dans les gènes (unités d'information héréditaire), sont transmis par les parents. •••▶ **p. 82**

Hormone Substance chimique fabriquée par certaines glandes du corps. Une hormone agit, de façon générale, sur l'ensemble du corps ou, de façon spécifique, sur certains organes. •••▶ **p. 60**

Humus Couche de la surface du sol, qui contient beaucoup de matière organique (matière provenant de la décomposition des organismes vivants) et qu'on remarque surtout en forêt. •••▶ **p. 129**

Hydrosphère* Ensemble des eaux du globe terrestre que l'on trouve sous les états liquide, solide et gazeux : océans, rivières, glaciers, vapeur d'eau en suspension dans l'atmosphère, etc. ⋯▶ **p. 119**

Hymen Membrane de peau qui ferme partiellement l'entrée du vagin. ⋯▶ **p. 61**

I

Impact météoritique Collision entre la Terre et une météorite de grande taille. ⋯▶ **p. 169**

Infections transmissibles sexuellement (ITS) Infections et maladies qui se transmettent par voie sexuelle. ⋯▶ **p. 78**

Intrant Terme qui désigne tout ce qui entre dans un système et qui est nécessaire à son fonctionnement. ⋯▶ **p. 94, 186**

Intrusion (de magma) Montée du magma à l'intérieur de roches déjà présentes dans la croûte terrestre, sans qu'il n'atteigne la surface de la Terre. ⋯▶ **p. 125**

L

Laminage Technique de transformation de la matière qui consiste à réduire, à l'aide de cylindres, l'épaisseur d'un matériau (aluminium, fer, acier) pour en faire des feuilles minces. ⋯▶ **p. 11**

Latitude Distance, mesurée en degrés, entre un point de la surface terrestre et l'équateur. ⋯▶ **p. 134**

Levier Machine simple composée d'une pièce rigide pivotant sur un point d'appui. Le levier permet de réduire la force nécessaire pour effectuer une tâche. ⋯▶ **p. 212**

Levure Champignon microscopique unicellulaire (une seule cellule) qui peut provoquer la fermentation des matières organiques (animales ou végétales) par la décomposition de leurs sucres en alcool et en gaz carbonique. ⋯▶ **p. 16**

Liaison* Tout ce qui peut maintenir ensemble au moins deux pièces d'un objet technique. ⋯▶ **p. 211**

Liquide amniotique Liquide contenu dans le sac amniotique, dans lequel baigne l'embryon, puis le fœtus. Le liquide amniotique assure la protection de l'embryon, puis du fœtus. ⋯▶ **p. 67**

Lithosphère* Enveloppe solide de la Terre qui englobe tous les éléments du relief : montagnes, plaines, plateaux, volcans, etc. ⋯▶ **p. 119**

M

Machine simple Dispositif comportant peu de pièces et permettant d'utiliser l'énergie mécanique de manière plus efficace ou plus confortable, souvent en réduisant la force nécessaire pour effectuer un même travail. Le plan incliné, la roue, le levier et la poulie sont des machines simples très répandues. ⋯▶ **p. 210**

Magma* Roche en fusion provenant du manteau de la Terre et sortant des volcans sous forme de lave. ⋯▶ **p. 120**

Magnétosphère Champ magnétique autour de la Terre, qui lui sert de bouclier contre les particules du vent solaire. ···▶ **p. 156**

Manteau* Partie de la Terre comprise entre la croûte terrestre et le noyau et occupant la plus grande partie du volume terrestre (81 %). Le manteau comprend une partie solide, près de la croûte terrestre, et une partie partiellement fondue. C'est de cette partie fondue que provient le magma (roche en fusion) qui sort des volcans sous forme de lave. ···▶ **p. 121**

Masse* Mesure de la quantité de matière qui compose un corps. ···▶ **p. 151**

Masse atomique Masse relative d'un élément par rapport à un autre. ···▶ **p. 36**

Masse volumique* Masse par unité de volume. ···▶ **p. 40**

Matière organique Matière qui provient de la décomposition des organismes vivants (végétaux et animaux). ···▶ **p. 129**

Méat urinaire Petite ouverture située en haut de l'entrée du vagin, chez la femme, et au bout du gland, chez l'homme. C'est par le méat urinaire que l'urine est expulsée. Chez l'homme, le sperme est aussi évacué par le méat urinaire. ···▶ **p. 61**

Mécanisme bielle-manivelle Mécanisme de transformation du mouvement. Dans ce mécanisme, la manivelle est une pièce en forme de roue et la bielle, la tige qui y est rattachée. Ce mécanisme est habituellement relié à un piston. Dans ce mécanisme, il y a transformation d'un mouvement de rotation (de la manivelle) en un mouvement de translation (du piston). ···▶ **p. 221**

Mécanisme came et tige-poussoir Mécanisme de transformation du mouvement. Ce mécanisme permet de transformer un mouvement de rotation en un mouvement de translation alternatif. ···▶ **p. 220**

Mécanisme de transformation du mouvement* Mécanisme qui transforme un type de mouvement en un autre type de mouvement. La plupart du temps, c'est un mouvement de rotation qui est transformé en un mouvement de translation ou l'inverse. ···▶ **p. 220**

Mécanisme de transmission du mouvement* Mécanisme qui transmet le même type de mouvement d'une partie d'un objet à une autre partie. Il peut s'agir d'un mouvement de translation, de rotation ou d'un mouvement hélicoïdal. ···▶ **p. 216**

Mécanisme pignon-crémaillère Mécanisme de transformation du mouvement. Dans ce mécanisme, le mouvement de rotation du pignon (la roue dentée) entraîne le mouvement de translation de la crémaillère (la tige dentée). Le mécanisme fonctionne aussi à l'inverse, la crémaillère étant alors la pièce motrice qui fait tourner le pignon. ···▶ **p. 220**

Mécanisme poulies-courroie Mécanisme de transmission du mouvement de rotation. Ce mécanisme permet de transmettre un mouvement de rotation à des pièces qui sont à une certaine distance les unes des autres. ···▶ **p. 217**

Mécanisme roues dentées-chaîne Mécanisme de transmission du mouvement de rotation. Dans ce mécanisme, les roues dentées sont reliées par une chaîne. La transmission du mouvement se fait au moyen des dents qui s'engrènent dans les mailles de la chaîne. ···▶ **p. 218**

Mélange* Association de plusieurs substances. Les propriétés d'un mélange dépendent des substances qui le composent. •••▶ **p. 126**

Menstruation (règles) Phénomène physiologique cyclique qui se produit chez la femme non enceinte (de la puberté à la ménopause). La menstruation, qui dure environ cinq jours tous les mois, est caractérisée par un écoulement sanguin d'origine utérine. C'est le détachement de l'endomètre de l'utérus, riche en vaisseaux sanguins, qui cause une perte de sang. •••▶ **p. 65**

Métamorphisme de contact Phénomène qui se produit sous l'effet de la chaleur dégagée par le magma présent dans la croûte terrestre. La chaleur dégagée par le magma pendant qu'il se refroidit cause la transformation de la roche environnante. •••▶ **p. 124**

Métamorphisme régional Phénomène qui se produit lorsque les roches d'une région se plissent sous l'effet de la pression et se transforment ainsi en roches métamorphiques. •••▶ **p. 124**

Météore Objet qui se consume en entrant en contact avec l'atmosphère de la Terre. On reconnaît le météore à sa traînée lumineuse. •••▶ **p. 168**

Météorite Objet céleste qui atteint la Terre sans se consumer lors de sa traversée de l'atmosphère. •••▶ **p. 168**

Minéraux Constituants des roches. Par exemple, le quartz, le feldspath et la biotite sont trois minéraux qui se trouvent dans le granite, une roche très commune au Québec. •••▶ **p. 120, 126**

Modèle atomique Représentation des caractéristiques et des propriétés de l'atome. •••▶ **p. 39**

Molécule Ensemble de deux ou de plusieurs atomes liés chimiquement entre eux. Par exemple, un atome de sodium (Na) se combine à un atome de chlore (Cl) pour former une molécule de sel de table (NaCl). •••▶ **p. 42**

Molécule complexe Grosse molécule formée de plusieurs atomes différents. Par exemple, une molécule de sucre de table ($C_{12}H_{22}O_{11}$), qui est le résultat de l'union de 45 atomes, est une molécule complexe. •••▶ **p. 101**

Moulage Technique de transformation de la matière qui consiste à verser un liquide ou une pâte dans un moule de façon à obtenir un produit qui aura une forme particulière. •••▶ **p. 11**

Mouvement de rotation* Mouvement que fait une pièce ou une partie d'un objet lorsqu'elle tourne autour d'un axe. •••▶ **p. 216**

Mouvement de translation* Mouvement que fait une pièce ou une partie d'un objet lorsqu'elle se déplace en ligne droite. •••▶ **p. 211**

Mouvement hélicoïdal* Mouvement que fait une pièce ou une partie d'un objet lorsqu'elle se déplace le long d'un axe, en tournant sur cet axe. •••▶ **p. 216**

N

Nidation Fixation du zygote (ovule fécondé) qui s'accroche à l'endomètre (de l'utérus) pour y faire son nid. •••▶ **p. 66**

Nomenclature chimique Façon précise de nommer les molécules. Par exemple, la molécule d'oxygène (O_2) se nomme le « dioxygène ». ••• ➤ **p. 43**

Noyau (de la Terre) * Partie située au centre de la Terre. Cette partie, qui est la plus chaude, comprend une portion solide (noyau interne) et une portion liquide (noyau externe). ••• ➤ **p. 156**

Numéro atomique Numéro qui donne l'ordre de l'élément dans le tableau périodique. ••• ➤ **p. 36**

Nutriment Substance nécessaire aux êtres vivants pour assurer leur fonctionnement. ••• ➤ **p. 95**

Organe reproducteur (organe génital) Organe spécialisé qui a pour fonction d'assurer la reproduction. ••• ➤ **p. 60**

Osmose Mouvement suivi par des particules de solvant, du milieu le moins concentré vers le milieu le plus concentré. ••• ➤ **p. 100**

Ovaire Glande génitale femelle, située à l'extrémité des trompes de Fallope. Cette glande a pour fonction la production d'hormones (femelles) et la fabrication des ovules (cellules sexuelles femelles). ••• ➤ **p. 62**

Ovulation Libération de l'ovule (par un ovaire) qui est devenu apte à s'unir avec le spermatozoïde. L'ovulation se situe généralement 14 jours avant la prochaine menstruation. ••• ➤ **p. 65**

Ovule Cellule sexuelle femelle (spécialisée pour la reproduction) qui, après avoir été fécondée, donne lieu au développement d'un nouvel organisme. ••• ➤ **p. 60**

Oxydation Réaction chimique d'un élément avec l'oxygène de l'air. Plusieurs métaux réagissent avec l'oxygène de l'air pour former de nouvelles substances. ••• ➤ **p. 16**

Pénis Organe sexuel mâle qui permet l'accouplement, le coït. ••• ➤ **p. 62**

Photosynthèse Processus par lequel les producteurs (les plantes vertes et certaines algues microscopiques) utilisent l'énergie de la lumière pour fabriquer leur nourriture (des sucres) en se servant du gaz carbonique et de l'eau. Ce processus s'effectue dans les cellules qui contiennent de la chlorophylle. ••• ➤ **p. 16, 102**

Placenta Organe formé au cours de la grossesse. Situé à l'intérieur de l'utérus, le placenta assure les échanges entre l'embryon et la mère. Il est éliminé après l'expulsion du fœtus du corps de la mère. ••• ➤ **p. 67**

Planète Corps céleste sphérique qui ne produit pas de lumière et qui gravite sur une orbite autour du Soleil (ou d'une autre étoile). ••• ➤ **p. 158**

Plan incliné Machine simple consistant en une surface plane qui est placée à angle par rapport à l'horizontale. Le plan incliné sert à diminuer la force requise pour descendre ou monter une charge. ••• ➤ **p. 210**

Plaques tectoniques * Grands morceaux de la lithosphère flottant sur la partie partiellement fondue du manteau de la Terre et formant le fond des océans ainsi que des continents. ••• ➤ **p. 124**

Pliage Technique de transformation de la matière qui consiste à donner un angle déterminé à une partie d'une pièce de matériau souple. ⋯▶ **p. 10**

Point de fusion* Température à laquelle une substance passe de l'état solide à l'état liquide. ⋯▶ **p. 8**

Poulie Machine simple composée d'une roue comportant une gorge (rainure) dans laquelle se déplace une corde. Utilisée seule, la poulie permet de modifier la direction d'un mouvement. En combinaison avec d'autres poulies, elle permet de diviser la force à appliquer pour soulever une charge. ⋯▶ **p. 214**

Précipitation Phénomène physique ou chimique à la suite duquel une substance solide insoluble prend naissance dans une phase liquide (dans l'eau, habituellement). Le dépôt obtenu, lors de la précipitation, est un précipité. ⋯▶ **p. 123**

Précipité Solide qui se forme lorsque deux liquides sont mélangés. ⋯▶ **p. 14**

Prépuce Peau qui recouvre le gland de l'homme non circoncis. ⋯▶ **p. 62**

Procédé Séquence d'actions qu'un système doit effectuer sur les intrants pour arriver à remplir sa fonction. ⋯▶ **p. 187**

Producteur* Organisme végétal dont le rôle est de produire de la matière vivante (organique) en absorbant et en réorganisant la matière non vivante. ⋯▶ **p. 101**

Prostate Glande génitale mâle, située sous la vessie, qui entoure la partie initiale de l'urètre. La prostate joue un rôle dans l'activation des spermatozoïdes et dans la fabrication des liquides qui constituent le sperme. ⋯▶ **p. 63**

Puberté Passage de l'enfance à l'adolescence, durant lequel de nombreux changements physiques et psychologiques se produisent. ⋯▶ **p. 60**

R

Rapport sexuel Acte sexuel. Accouplement d'un homme et d'une femme. ⋯▶ **p. 61**

Réaction chimique Transformation de la matière qui indique que l'on est en présence d'un changement chimique. ⋯▶ **p. 12**

Réaction nucléaire Transformation qui entraîne la modification du noyau des atomes et, par conséquent, de la nature des atomes. Dans une réaction nucléaire, une partie de la matière est transformée en énergie. ⋯▶ **p. 21, 39, 139, 155**

Règles (menstruation) Phénomène physiologique cyclique qui se produit chez la femme non enceinte (de la puberté à la ménopause). La menstruation, qui dure environ cinq jours tous les mois, est caractérisée par un écoulement sanguin d'origine utérine. C'est le détachement de l'endomètre de l'utérus, riche en vaisseaux sanguins, qui cause une perte de sang. ⋯▶ **p. 61**

Respiration cellulaire Processus par lequel une cellule vivante produit de l'énergie par la combustion de substances nutritives complexes. Dans cette transformation, l'oxygène brûle les sucres à l'intérieur de la cellule. La cellule génère ainsi l'énergie qui est nécessaire à son fonctionnement. ⋯▶ **p. 15, 104**

Ressource énergétique non renouvelable Source d'énergie qui ne se recrée pas naturellement ou qui ne se recrée pas en quantité suffisante par rapport à la vitesse à laquelle on l'utilise. Les énergies fossiles (charbon, pétrole et gaz naturel), par exemple, sont des sources d'énergie non renouvelables. ···▶ **p. 140**

Ressource énergétique renouvelable Source d'énergie qui se recrée naturellement et en quantité suffisante par rapport à la vitesse à laquelle on l'utilise. L'énergie solaire est un exemple de source d'énergie renouvelable. ···▶ **p. 140**

Roche Matériau formé de minéraux, qui constitue la croûte terrestre. ···▶ **p. 126**

Roche ignée Roche qui résulte du refroidissement du magma (roche en fusion). ···▶ **p. 120**

Roche ignée extrusive Roche qui se forme lorsque le magma se refroidit très rapidement à l'extérieur de la Terre. Cela se produit surtout quand un volcan entre en éruption. ···▶ **p. 120**

Roche ignée intrusive Roche qui se forme par refroidissement lent du magma à l'intérieur de la Terre. ···▶ **p. 120**

Roche métamorphique Roche qui a subi une « métamorphose », une transformation, à cause de la chaleur ou de la pression présentes dans la croûte terrestre. ···▶ **p. 124**

Roche sédimentaire Roche formée par l'accumulation graduelle de sédiments. ···▶ **p. 122**

Roche sédimentaire chimique Roche formée par la précipitation de substances présentes dans l'eau. ···▶ **p. 122**

Roche sédimentaire détritique Roche formée par l'accumulation de débris, de fragments rocheux qui se sont accumulés au fond de l'eau. ···▶ **p. 122**

Roue Machine simple dans laquelle on utilise la différence de grosseur entre l'essieu et la roue pour diminuer la force à appliquer ou pour augmenter la distance à parcourir. ···▶ **p. 214**

Roues de friction Mécanisme de transmission du mouvement de rotation. Dans ce mécanisme, le mouvement de rotation d'une pièce est transmis à une autre pièce par simple contact, grâce au frottement entre les deux roues. ···▶ **p. 216**

S

Sac amniotique Sac rempli de liquide (amniotique) dans lequel baigne l'embryon, puis le fœtus. ···▶ **p. 67**

Satellite Corps céleste qui gravite sur une orbite autour d'une planète. ···▶ **p. 162**

Scrotum Sac de peau qui renferme les testicules (glandes sexuelles mâles). ···▶ **p. 62**

Sédiment Couche de matériaux ou de matières solides entraînée par la mer et déposée au fond de l'eau. ···▶ **p. 122**

Sol Couche superficielle et meuble (qui se creuse ou qui se laboure facilement) de la croûte terrestre. ···▶ **p. 128**

Sol argileux Sol qui contient surtout des particules d'argile. Les particules d'un tel sol sont très petites.

Elles laissent donc peu d'espace pour la circulation de l'air ou de l'eau. •••➤ **p. 130**

Sol humifère Sol qui contient surtout des particules de matière organique. Son nom lui vient de la grande quantité d'humus qu'il contient. •••➤ **p. 130**

Sol limoneux Sol qui contient surtout des particules de limon. Les particules d'un tel sol sont un peu plus grosses que celles d'un sol argileux. Un sol limoneux laisse donc mieux circuler l'air et l'eau qu'un sol argileux. •••➤ **p. 130**

Sol sableux Sol qui contient surtout des particules de sable. Les particules d'un tel sol sont plus grosses que celles d'un sol argileux ou d'un sol limoneux. Elles laissent donc une plus grande quantité d'air ou d'eau s'infiltrer. •••➤ **p. 130**

Soluté* Substance qui est dissoute dans une autre substance appelée « solvant ». •••➤ **p. 98**

Solution* Mélange homogène dans lequel une substance ou plusieurs substances sont dissoutes dans une autre substance. •••➤ **p. 98**

Solvant* Substance qui dissout une autre substance appelée « soluté ». •••➤ **p. 98**

Spermatozoïde Cellule sexuelle mâle (spécialisée pour la reproduction) qui peut féconder l'ovule (cellule sexuelle femelle). •••➤ **p. 60**

Sperme Liquide blanchâtre, constitué de spermatozoïdes et de liquides provenant des vésicules séminales, de la prostate et des glandes de Cowper. •••➤ **p. 62**

Stades du développement humain Différentes périodes qu'un être humain traverse au cours de sa vie. Ces périodes sont le stade « bébé » (de la nais-

sance à 2 ans), le stade « petite enfance » (de 2 ans à 6 ans), le stade « enfance » (de 6 ans à 10 ans), le stade « adolescence » (de 10 ans à 18 ans), le stade « adulte » (vers 18 ans) et le stade « vieillesse » (vers 70 ans). •••➤ **p. 71**

Stérilité Incapacité de se reproduire. •••➤ **p. 78**

Substance pure* Substance dont toutes les particules sont semblables. •••➤ **p. 126**

Symbole chimique Abréviation qui représente un élément. Cette abréviation est constituée d'une ou de deux lettres. La première lettre est toujours une majuscule et la deuxième lettre, le cas échéant, une minuscule. Par exemple, le symbole chimique du magnésium est Mg. •••➤ **p. 35**

Système solaire Ensemble des planètes et autres corps célestes qui gravitent autour du Soleil. •••➤ **p. 153**

Système technologique Ensemble de pièces, de mécanismes, d'appareils ou de machines qui sont assemblés pour remplir une fonction donnée. •••➤ **p. 183**

T

Tableau périodique des éléments Sorte de catalogue qui fournit beaucoup de détails sur les propriétés des divers éléments chimiques. •••➤ **p. 36**

Testicule Glande sexuelle mâle qui est située sous le pénis, dans le scrotum. Cette glande a pour fonction la production de spermatozoïdes (cellules sexuelles mâles) et la fabrication des hormones (mâles). •••➤ **p. 62**

Trompe de Fallope Conduit qui s'étend de l'ovaire à l'utérus. Ce conduit est destiné à conduire l'ovule jusqu'à l'utérus. •••▶ **p. 62**

U

Unicellulaire Qui est fait d'une seule cellule. •••▶ **p. 80**

Urètre Canal qui conduit l'urine depuis le col de la vessie jusqu'à l'extérieur. Chez l'homme, l'urètre livre aussi le passage aux spermatozoïdes à partir de l'ampoule du canal déférent. •••▶ **p. 63**

Utérus Organe musculaire, creux, appartenant à l'appareil génital féminin. Cet organe est destiné à héberger l'ovule fécondé pendant son développement et à l'expulser à la fin de la grossesse. •••▶ **p. 62**

V

Vagin Tube souple et élastique qui relie l'utérus à la vulve. •••▶ **p. 62**

Vent Déplacement d'air causé par la différence de pression entre deux endroits et par la rotation de la Terre. •••▶ **p. 137**

Vent solaire Flux de matière (de petites particules) émise par le Soleil. •••▶ **p. 156**

Vésicule séminale Réservoir situé au-dessus de la prostate, dans lequel les spermatozoïdes s'accumulent dans l'intervalle des éjaculations. La vésicule séminale sécrète aussi un liquide qui est déversé dans l'urètre au moment de l'éjaculation. •••▶ **p. 63**

Vis Machine simple dérivée du plan incliné. La vis agit comme un plan incliné enroulé autour d'un axe. •••▶ **p. 211**

Vulve Ensemble des organes génitaux externes de la femme. •••▶ **p. 61**

Z

Zygote Ovule fécondé. •••▶ **p. 65**

Index

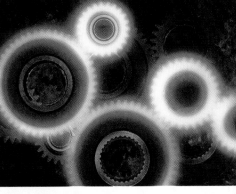

E

Écosystème, 96

Éjaculation, 63, 64

Électrolyse, 32

Élément(s), 33, 34, 35, 36, 37, 42, 43, 44, 139

Embryon, 66, 67, 68

Endomètre, 62, 66, 67

Énergie(s), 9, 12, 13, 15, 16, 21, 22, 93, 95, 101, 104, 132, 137, 138, 140, 155, 156
    électrique, 205, 206, 207, 208, 209
    éolienne, 137, 207
    fossiles, 138, 208
    géothermique, 138, 139
    hydraulique, 133, 207
    lumineuse, 205, 209
    marémotrice, 134
    mécanique, 204, 207, 208, 209
    nucléaire, 139, 155, 208
    solaire, 16, 132, 155, 206
    thermique, 205, 206, 208, 209

Engrenages, 217

Entrée du vagin, 61

Épididyme, 63

Érosion, 117, 123, 129, 130

État (solide, liquide ou gazeux), 4, 9, 36

Étoile(s), 155
    filantes, 168

Évaporation, 6, 9, 18, 133

Expulsion (du fœtus), 69, 70

Extrant(s), 94, 98, 185, 188

F

Fécondation, 65

Fermentation alcoolique, 16

Fœtus, 66, 67, 68, 69, 70

Fonction globale, 185, 186

Force, 210, 211, 212, 214, 218
    motrice, 212, 213
    résistante, 212, 213

Formation des roches
    ignées, 121
    métamorphiques, 125
    sédimentaires, 123

Formule(s) chimique(s), 43

G

Gale, 79

Gamète(s), 64, 65

Gamme de fabrication, 192, 193

Gène(s), 82, 83

Génome, 82

Gland, 62, 64

Glandes, 60, 63
    de Bartholin, 62, 64
    de Cowper, 63, 64

Gonorrhée, 78

Gravité, 133, 150, 151

Grossesse, 66

H

Hépatite B, 79

Hérédité, 82

Herpès génital, 79

Hormones, 60, 74, 75, 76
    femelles, 72
    mâles, 72
    sexuelles, 60

Humus, 129

Hydrogène, 32, 33, 40, 42, 43, 44, 45

Hydrosphère, 117, 119, 132

Hymen, 61

Sources des photographies

AGRICULTURE ET AGROALIMENTAIRE CANADA

p. 131 (5.37)

ALPHA PRESSE

p. 131 (5.36) : G. BOILY

ANIMAL ANIMAL/EARTH SCENES

p. 105 (4.29) : C. MILKINS

ANNE-MARIE BOUVIER

p. 72 (3.29)

ARCHIVES DE LA PRESSE CANADIENNE

p. 15 (1.20)

ARCHIVES DU CHEMIN DE FER DU CANADIEN PACIFIQUE

p. 224 (8.56)

AUSTRALIAN NATIONAL UNIVERSITY/DORLING KINDERSLEY

p. 167 (6.35)

CAROLYN SHOEMAKER

p. 170 (6.39)

CCDMC/LE QUÉBEC EN IMAGE

p. 120 (5.3) :
   J. BOUDREAULT

p. 137 (5.47) :
   G. BEAULIEU

COMMISSION GÉOLOGIQUE DU CANADA

p. 168 (6.37)

CONSEIL NATIONAL DE RECHERCHES DU CANADA

p. 174 (6.41)

p. 198 (7.24) : H. TURNER

CORBIS

p. 27 (1.36) : P. BECK

p. 28 (1.39) : R.T. NOWITZ

p. 35 (2.12) :
   R. HUTCHINGS

p. 38 (2.19)

p. 51 (2.41) : P. BECK

p. 91 (3.56)

p. 94 (4.4)

p. 102 (4.25,
   voir mosaïque : J, L)

p. 109 (4.36) :
   R.H. SMITH

p. 109 (4.38) :
   L.-S. WELSTEAD

p. 110 (4.39) : C. MAAX

p. 111 (4.40) : N. DUPLAIX

p. 113 (4.43) :
   G. MENDEL/ACTION AID

p. 120 (5.4) : G. JECAN

p. 124 (5.20) :
   S. AUSTIN/PAPILIO

p. 144 (5.54) :
   A. GRIFFITHS BELT

p. 145 (5.57) :
   M. FREEMAN

p. 146 (5.58) :
   M.S. YAMASHITA

p. 178-179 : L. LEFKOWITZ

p. 183 (7.2) : J. LEYNSE

p. 190 (7.17) :
   ALINARI ARCHIVES

p. 190 (7.18) :
   ALINARI ARCHIVES

p. 198 (7.25) : J. LEYNSE

p. 201 (7.36) :
   W. WHITEHURST

p. 204 (8.3)

p. 204 (8.4) :
   M.S. YAMASHITA

p. 208 (8.15) : T. BEAN

p. 214 (8.30) :
   N. RABINOWITZ

p. 215 (8.32) : C. HELLIER

p. 219 (8.44)

p. 221 (8.51) : C. KARNOW

p. 225 (8.57) : P. GOULD

p. 225 (8.59) : W. TAUFIC

p. 228 (8.62) :
   G. STEINMETZ

p. 282 (S8.1) : N. NEY

CORBIS/BETMANN

p. 151 (6.5)

p. 201 (7.35)

CORBIS/EYE UBIQUITOUS

p. 206 (8.9) : J. HULME

CORBIS/SIME

p. 214 (8.28)

CORBIS/STAPLETON COLLECTION

p. 215 (8.31)

CORBIS/SYGMA

p. 132 (5.38) : P. DA SILVA

p. 134 (5.42) : A. MAHER

CORBIS/ZEFA

p. 44 (2.34) : L. JANICEK

p. 211 (8.19) : R. GERTH

p. 212 (8.23) : O. GRAF

CP IMAGES/AP

p. 201 (7.32) :
   M. LENNIHAN

DOON HERITAGE CROSSROADS DE WATERLOO

p. 23 (1.35)

DORLING KINDERSLEY

p. 11 (1.12, 1.13)

p. 12 (1.14)

p. 13 (1.17)

p. 14 (1.18)

p. 34 (2.9)

p. 66 (3.16)

p. 117

p. 121 (5.5, 5.6, 5.7, 5.8)

p. 122 (5.10) :
   THE NATURAL HISTORY MUSEUM, LONDON

p. 123 (5.14, 5.15, 5.16, 5.17)

p. 125 (5.21, 5.22)

p. 126 (5.24, 5.25, 5.26, en bas, à gauche)

p. 126 (5.26, en haut, à droite) :
   THE NATURAL HISTORY MUSEUM, LONDON

p. 127 (5.27, 5.29)

p. 127 (5.28) :
   THE NATURAL HISTORY MUSEUM, LONDON

p. 159 (6.17, 6.18)

p. 173 (C)

p. 189 (7.14)

p. 192 (7.20)

p. 194 (7.22) :
   THE SCIENCE MUSEUM, LONDON

p. 201 (7.31, 7.33)

p. 218 (8.41)

p. 250 (S3.11)

ÉCOLE DES MÉTIERS DE L'AÉROSPATIALE DE MONTRÉAL

p. 174 (6.43)

ECP TÉLÉVISION

p. 199 (7.27)

E.I. DU PONT CANADA COMPANY

p. 17 (1.24)

FUNDAMENTAL PHOTOGRAPHS

p. 36 (2.14, 2.15) :
   R. MEGNA

p. 47 (2.37) : R. MEGNA

GETTY IMAGES
p. 67 (3.20): S. ALLEN

GETTY IMAGES/PHOTODISC BLUE
p. 9 (1.6)

GETTY IMAGES/TAXI
p. 11 (1.11): B. BLEVINS
p. 76 (3.41): D. MCGLYNN

INDEX STOCK IMAGERY
p. 89 (3.52): F. SITEMAN

JUPITER IMAGES
p. 10 (1.10)
p. 14 (1.19)
p. 27 (1.37)
p. 29 (1.40)
p. 31 (2.2, 2.3)
p. 33 (2.8, à droite)
p. 34 (2.10)
p. 35 (2.13)
p. 37 (2.18)
p. 40 (2.23)
p. 44 (2.35)
p. 84 (3.49)
p. 93 (4.1)
p. 94 (4.5)
p. 101 (4.22)
p. 102 (4.25, voir mosaïque: A, B, C, D, E, F, H, L, K)
p. 106 (4.30, 4.31, 4.32)
p. 108 (4.35)
p. 112 (4.42)
p. 135 (5.44)
p. 137 (5.48)
p. 148 (5.62)
p. 171 (6.40)
p. 183 (7.1)
p. 188 (7.10)
p. 198 (7.26)
p. 203 (8.1, 8.2)

p. 205 (8.7)
p. 207 (8.11)
p. 211 (8.20)
p. 217 (8.39)
p. 229 (8.63)
p. 250
p. 254
p. 265
p. 282
p. 299

J. WILLARD MARRIOTT LIBRARY (Special Collections, Rare Books Division, University of Utah)
p. 154 (6.10)

MÉDIATHÈQUE DU JARDIN BOTANIQUE DE MONTRÉAL
p. 58 (en bas)

MEGAPRESS
p. 129 (5.31): PHILIPTCHENKO

MICHEL CLOUTIER
p. 80 (3.43)

MINERAL INFORMATION INSTITUTE
p. 126 (5.26, en bas, à droite)

MIRA.COM/CREATIVE EYE
p. 89 (3.54): B.M. SEITZ

M. SIMONEAU
p. 56

NASA
p. 149 (6.1)
p. 155 (6.11): EIT CONSORTIUM
p. 160 (6.19): GPN-2002-000112
p. 160 (6.20): GPN-2000-000923

p. 160 (6.21): SPACE TELESCOPE SCIENCE INSTITUTE
p. 161 (6.22): P-23883C
p. 161 (6.23): H. HAMMEL/MIT
p. 161 (6.24): JPL/GPN-2000-000443
p. 162 (6.25)
p. 162 (6.26): AS16-3021
p. 165 (6.31)
p. 166 (6.32)
p. 173 (A): GPN-2000-000923
p. 173 (B, D)
p. 205 (8.6)

NATIONAL CHILD LABOR COMITEE COLLECTION/ LIBRARY OF CONGRESS/ PRINTS AND PHOTOGRAPHS
p. 194 (7.23)

NOAA/NESDIS
p. 137 (5.46)

PALOMAR OBSERVATORY/ CALTECH UNIVERSITY
p. 177 (6.46)

PARC NATIONAL DE MIGUASHA
p. 124 (5.19)

PARCS CANADA
p. 164 (6.29, 6.30): J. STEEVES

PEARSON EDUCATION INC.
p. 61 (3.7, 3.8)
p. 63 (3.9)
p. 67 (3.21)
p. 70 (3.25, 3.26, 3.27)
p. 85 (3.50)

PHILIPPE MOUSSETTE
p. 149 (6.2)
p. 157 (6.14)

PHOTOEDIT
p. 50 (2.38): J. GREENBERG

PHOTOLIBRARY
p. 55: N. BROMHALL

PHOTOTHÈQUE ERPI
p. 2
p. 7 (1.1)
p. 16 (1.21, 1.22)
p. 17 (1.23)
p. 31 (2.1)
p. 35 (2.11)
p. 50 (2.39, 2.40)
p. 54
p. 57 (en bas)
p. 59 (3.3)
p. 60 (3.4)
p. 72 (3.30, 3.31, 3.32, 3.33)
p. 73 (3.34, 3.35, 3.36)
p. 75 (3.39)
p. 81 (3.44)
p. 89 (3.53)
p. 96 (4.09, 4.10, 4.11, 4.12)
p. 97 (4.13)
p. 102 (4.25, voir mosaïque: G)
p. 109 (4.37)
p. 114
p. 119 (5.2)
p. 184 (7.4)
p. 187 (7.8)
p. 189 (7.15, 7.16)
p. 200 (7.28)
p. 201 (7.29)
p. 201 (7.30)
p. 205 (8.5)

MOSAÏQUE [p. 102 (4.25)]

A	B	C	J
D	E	F	K
G	H	I	L

Illustrateurs